ハイブリッド
刑法総論［第3版］

松宮孝明❖編
Matsumiya Takaaki

The Hybrid Textbooks of
Criminal Law:
General Part

法律文化社

第3版はしがき

　本書の第2版を上梓してから5年が経過しました。この間に、日本版「司法取引」の導入に伴う「司法作用に対する罪」の法定刑の引上げや性犯罪規定の改正など、各論の分野における刑法の一部改正が相次いだほか、これまで「傾向犯」と解されてきた強制わいせつ罪における「性的意図」を不要とするかのような最高裁大法廷判決をはじめ、正当防衛や過失犯の共同正犯、実行の着手などに関する重要判例が出てきました。

　そこで、本書では、これらの法改正や重要判例を、刑法の総論に関する限りで反映させ、その内容を最新のものとしました。あわせて、さらにわかりやすいように、いくつかの個所で表記をあらためています。もちろん、簡単な具体例を用いて刑法総論の理論をわかりやすく解説するという本書の特色は、本版でも維持されています。これまでの版と同様、多くの読者に恵まれることを期待します。

　第3版の刊行については、法律文化社編集部の梶原有美子氏にお世話になりました。記して謝意を表します。

　2020年1月

立命館大学教授　松宮　孝明

第2版はしがき

　ハイブリッドシリーズの刑法各論に続き，このたび，刑法総論も改訂することとなりました。本書は，2009年の初版以来，幸いにも多くの読者に恵まれることができました。その間に，2010年の公訴時効・刑の時効に関する改正のほか，2011年の「情報処理の高度化等に対処するための刑法等の一部を改正する法律」，2013年の一部執行猶予制度導入に関する改正および「自動車運転による死傷行為等の処罰に関する法律」の制定等があり，総論を扱う本書でも，記述を改めるべき分野が出てきました。あわせて，重要な新判例も出てきています。

　そこで，わかりやすさと水準の高さをあわせて追求するという本書の目標から，初学者の学習のために必要最小限の改訂をしたのが，この第2版です。初版同様，多くの読者に恵まれることを期待します。

　なお，第2版の刊行については，法律文化社編集部の掛川直之氏にお世話になりました。記して謝意を表します。

　　2015年3月

立命館大学教授　　松宮　孝明

は し が き

　本書は，ハイブリッドシリーズの刑法総論の教科書です。同じシリーズの刑法各論と対をなすもので，わかりやすさと水準の高さをあわせて追求したものです。そのため，口語体の表記で，随所に具体例（**case**）を差し挟んで解説することにしました。執筆陣には，関西刑法読書会で育った若手・中堅の刑法学者を結集し，「思いつき」でない，しっかりした基礎研究に裏づけられた本物の刑法学を展開してもらいました。もちろん，判例や学説の紹介は客観的であることを心がけていますが，分担執筆ですので，各部分の執筆担当者の注目すべき見解も，随所にみられます。その意味で，学習上でも学問的にも価値の高いものに仕上がったと思います。初学者の方は，**Topic** や **Further Lesson** は後にして，「刑法の学習の指針」を参考にしつつ，本文から先に読み進めてください。その後に全体を読み通すことで，ほかの教科書では得られなかった納得と満足が得られるものと思います。

　なお，本書の企画から監修・編集までの作業には，近畿大学准教授の豊田兼彦氏の多大なる貢献をいただきました。また，執筆者各位には，本書を読みやすくするためとはいえ，編者の相当に無理な注文にも快く応じていただきました。さらに，編集・出版には，法律文化社編集部の山科典世氏にお世話になりました。記して謝意を表します。

　最後に，本書が，多くの読者に恵まれることを祈念します。

　2008年9月

立命館大学教授　松宮　孝明

目　　次

第Ⅰ部　刑法の基礎理論

第**III**部　刑　罰　論

✐ Topic 目次

▶▶▶ Further Lesson 目次

凡　　例

● 本書では，以下の略号を用いる。

「➡」は「参照されたい」の意味である。

「大判明治42・10・19刑録15輯1420頁」は，大審院の明治42年10月19日の判決であり大審院刑事判決録15輯1420頁に掲載されているという意味である。また，「最大判昭和48・4・4刑集27巻3号265頁」は，最高裁の昭和48年4月4日の大法廷判決であり最高裁判所刑事判例集27巻3号265頁に掲載されているという意味である。

【1】　判例集等の略語

刑　　　録……大審院刑事判決録	東高時報……東京高等裁判所刑事判決
刑　　　集……大審院刑事判例集，	時報
最高裁判所刑事判例集	下 刑 集……下級裁判所刑事判例集
裁 集 刑……最高裁判所裁判集刑事	刑　　　月……刑事裁判月報
裁　　　時……裁判所時報	評論全集……法律評論全集
高 刑 集……高等裁判所刑事判例集	判　　　時……判例時報
高 刑 速……高等裁判所刑事裁判速報集	判　　　タ……判例タイムズ
裁　　　特……高等裁判所刑事裁判特報	新　　　聞……法律新聞
判　　　特……高等裁判所刑事判決特報	

百選Ⅰ……西田典之ほか編『別冊ジュリスト　刑法判例百選Ⅰ総論〔第7版〕』（有斐閣，2014年）

百選Ⅱ……西田典之ほか編『別冊ジュリスト　刑法判例百選Ⅱ各論〔第7版〕』（有斐閣，2014年）

争　　点……西田典之ほか編『ジュリスト増刊　刑法の争点』（有斐閣，2007年）

【2】　法令名の略記

　本文カッコ内での法令条文号数の引用に際して，刑法典については，条文号数のみをかかげ，その他の法令で引用頻度の高いものは，その法令名を，通例慣用されている方法により略記した。

● 本書で引用した判決文・条文等については，①年月日・条文数などの漢数字は算用数字に，②促音は小活字に書き改めている。

■ 執筆者紹介 （＊は編者，執筆順）

＊松宮　孝明（まつみや　たかあき）　　　　　　　　　**第4章6，第7章**
1958年生まれ．京都大学大学院法学研究科博士課程後期課程学修，博士（法学）
現在，立命館大学大学院法務研究科教授

『刑事過失論の研究』（成文堂，1989年）
『刑事立法と犯罪体系』（成文堂，2003年）
『過失犯論の現代的課題』（成文堂，2004年）
『刑法総論講義〔第5版補訂版〕』（成文堂，2018年）
『刑法各論講義〔第5版〕』（成文堂，2018年）
『先端刑法総論』（日本評論社，2019年）

金　　尚均（きむ　さんぎゅん）　　　　　　　　　　　**第1章，第2章**
1967年生まれ．立命館大学大学院法学研究科博士課程後期課程中退，博士（法学）
現在，龍谷大学法学部教授

豊田　兼彦（とよた　かねひこ）　　**第3章，第4章1，第6章1・6～10，第8章，第9章**
1972年生まれ．立命館大学大学院法学研究科博士課程後期課程修了，博士（法学）
現在，大阪大学大学院法学研究科教授

平山　幹子（ひらやま　もとこ）　　　　　　　　　　　**第4章2・3**
1972年生まれ．立命館大学大学院法学研究科博士課程後期課程修了，博士（法学）
現在，甲南大学法学部教授

安達　光治（あだち　こうじ）　　　　　　　　**第4章4，第5章7・8**
1972年生まれ．立命館大学大学院法学研究科博士課程後期課程修了，博士（法学）
現在，立命館大学法学部教授

玄　　守道（ひょん　すど）　　　　　　　　　　　　　**第4章5**
1975年生まれ．立命館大学大学院法学研究科博士課程後期課程単位取得退学
現在，龍谷大学法学部教授

塩谷　　毅（しおたに　たけし）　　　　　　　　　　　**第5章1・6**
1969年生まれ．立命館大学大学院法学研究科博士課程後期課程修了，博士（法学）
現在，岡山大学法学部教授

大下　英希 （おおした　ひでき）　　　　　　　　　　**第5章2・3**

　　1975年生まれ．大阪市立大学大学院法学研究科後期博士課程単位取得退学
　　現在，立命館大学大学院法務研究科教授

井上　宜裕 （いのうえ　たかひろ）　　　　　　　　　**第5章4・5**

　　1970年生まれ．大阪市立大学大学院法学研究科後期博士課程修了，博士（法学）
　　現在，九州大学大学院法学研究院教授

野澤　　充 （のざわ　みつる）　　　　　　　　　　**第6章2〜5**

　　1974年生まれ．立命館大学大学院法学研究科博士課程後期課程修了，博士（法学）
　　現在，九州大学大学院法学研究院教授

第 I 部　刑法の基礎理論

第1章　刑法の意義と機能

1　刑法の定義

刑法とは　　XがAを絞殺した。YがBの大切にしているダイヤの指輪を盗んだ。これらの行為が犯罪であることは周知のことです。そして、これらの行為に対して刑罰が科せられることもまた周知の事実です。それでは、犯罪とその刑罰は、どのような法で定められているのでしょうか。

　刑法とは、一般的にいえば、**犯罪と刑罰に関する法**のことです。その代表である現行「刑法」は、1907（明治40）年4月24日に制定、1908（明治41）年10月1日に施行されました。その後、1995（平成7）年に改正され、現代用語化されました。

形式的意味（狭義）の刑法　　「刑法」は、第1編「**総則**」（▶1条～72条）と第2編「**罪**」（▶77条～264条）から構成されています。「総則」では、すべての犯罪に共通する一般的な犯罪成立要件と阻却事由（正当防衛のように、犯罪の成立が否定される場合）などが規定されています。第2編「罪」は、「**各則**」ともいわれることがありますが、それは個別の犯罪の成立要件と効果について規定しています。「刑法」という名のこの法律を、**形式的意味の刑法（狭義の刑法、刑法典）**と呼びます。

実質的意味（広義）の刑法　　しかし、刑罰を科せられる行為は、何も刑法典に規定されている犯罪行為に限ったことではありません。実際には、日本の法律では、刑法典以外にも多くの刑罰法規が存在します。このことを予定して、刑法8条は、「この編の規定は、他の法令の罪についても、適用する。」と規定していますが、このように、刑罰が科せられ

るすべての場合について，原則的に「刑法」の総則の適用があります。

　たとえば，軽犯罪法，暴力行為等処罰ニ関スル法律，爆発物取締罰則，ハイジャック処罰法，自動車の運転により人を死傷させる行為等の処罰に関する法律などは，刑法典とは別の法律ですが，これらの法律も犯罪と刑罰を規定しています。道路交通法，所得税法，火薬類取締法などの行政法規にも，犯罪と刑罰が規定されています。さらに，各都道府県・市町村で制定される条例（公安条例，青少年保護育成条例など）にも，犯罪と刑罰が定められています。これらの法律や条例は，犯罪と刑罰を規定する点で刑法典と共通しています。このように，刑法典のほか，犯罪と刑罰が規定されている法律などを含め，およそ犯罪と刑罰に関する法のことを，**実質的意味の刑法（広義の刑法）**と呼びます。

一般刑法と特別刑法　　実質的意味の刑法に関して，刑法典に規定されている犯罪と刑罰のことを**一般刑法**と呼びます。これに対して，刑法典以外の法律で規定されている犯罪と刑罰のことを**特別刑法**と総称します。

　なお，特別刑法についてもう少し詳しく述べますと，軽犯罪法，爆発物取締罰則，暴力行為等処罰ニ関スル法律，自動車の運転により人を死傷させる行為等の処罰に関する法律などのように，刑法典とほぼ同じように犯罪と刑罰を規定する法律を**狭義の特別刑法**といい，これと異なり，行政法規の実効性の担保として罰則を置くようなものを**行政刑法**といいます。そして，刑法典と狭義の特別刑法における犯罪は**自然犯（刑事犯）**といわれ，これに対して行政刑法における違反行為は**法定犯（行政犯）**といわれます。犯罪と刑罰は原則的に刑法典において規定されているということは，市民の認知度などからいっても明らかでしょう。しかし，現実はそうなってはいません。刑法典上の犯罪よりも，むしろそれ以外の刑罰法規のほうがその数において明らかに多いのです。特に，行政刑罰法規の氾濫という現象は，原則と例外の逆転現象を如実に表しています。しかし，このような状況は罪刑法定主義の見地からは好ましいものとはいえません。なぜなら，法曹関係者でさえ，行政刑法と呼ばれる領域の全容を知ることはできませんし，ましてや一般市民にとっては，いかなる行為が犯罪なのかを事前に知ることは困難な場合が多いと考えられるからです。

2　刑法と民法の区別──刑罰の意義の強調

公法としての刑法　　刑法とは，犯罪と刑罰に関する法のことです。刑法に規定されている行為をした場合には，その効果として刑罰という制裁を科せられます。刑法に抵触する市民の行為に対して国家が制裁を加えます。このような意味で，刑法は，憲法と並んで公法に属します。刑法では国家－市民（私人）の関係が成り立ちます。この関係とは，犯罪に対して刑罰が科せられることから，いわば作用（犯罪）－反作用（刑罰）の関係です。

刑法と民法の関係　　これに対して，私法である民法は，一般市民が社会生活を営む上で日々遭遇する私人間の権利義務関係，契約のきまり，相続，そして親族等の家族関係を規律する法です。

　民法は，刑法との関係でいえば，特に不法行為が問題になってきます。民法709条は，「故意又は過失によって他人の権利又は法律上保護される利益を侵害した者はこれによって生じた損害を賠償する責任を負う。」と規定しています。不法行為とは，故意または過失によって他人の権利を侵害し，他人に損害を与える行為です。本条文を読むと，おのずと刑法における犯罪行為の多くが民法における不法行為にも関係するということがわかります。典型的には，殺人罪（▶199条）は，刑法上の犯罪であると同時に，民法上の不法行為でもあります。この殺人の場合には，刑法上，「死刑又は無期若しくは5年以上の懲役」刑を科せられることが予定されています。民法の場合には，殺人という不法行為の成立要件が充たされた場合には，加害者は被害者の損害に対して（原則的に金銭によって）賠償する責任を負う，つまり損害賠償責任を負うことになります。ここにおいては，私人（債権）－私人（債務）の関係が成立します。民法上の制裁である損害賠償請求は，被害者の被った経済的・精神的な損害を補償することが主な目的です。損害賠償請求は被害者の個人的な損害を塡補するものであって，被害者側は民事訴訟によって損害賠償請求権を実現することもあれば，加害者との和解によって賠償の方法を決定することもできます。そして場合によっては，この請求権を放棄することもできます。

　これに対して，刑罰は，犯罪行為をした者に対する国家的な制裁です。刑罰

は，まずもって犯罪を行った者に対する非難を含んだ応報を基調としていま
す。刑法の特色は，犯罪が社会生活に重大な侵害をもたらしたがゆえに，これ
に対して制裁を加えなければ社会の存立が危ぶまれることから，刑罰を科すこ
とによって，刑法で保護されている法益を保全し，それによって市民社会の安
定を維持するところにあります。このように，刑罰は，あくまで国家的または
社会的関心事として国家が犯罪者に対して科す制裁ですから，この国家と犯罪
者の関係に被害者は直接的に関わるわけにはいきません。やはり原則的には，
被害者と犯罪との関係は民事上のものにとどまるというべきです。

3　刑事法における区分

　法的な効果とその要件を定めた法を，一般に**実体法**といいます。犯罪成立の
ための一定の要件（犯罪構成要件）と効果（刑罰）を規定する刑法は，実体法に
属します。これに対して，実体法を実現するための手続を定めた法は，**手続法**
と呼ばれます。刑事事件の捜査，被疑者の逮捕，被告人のした行為がどの刑罰
法規に抵触するのか，その刑罰法規の要件に該当するのか，そしてどのような
刑罰を科すべきなのかなどの，捜査から裁判に至る一連の手続を規律するの
が，手続法としての刑事訴訟法です。憲法31条は，「何人も，法律の定める手
続によらなければ，その生命若しくは自由を奪はれ，又はその他の刑罰を科せ
られない。」と定めています。このことから，国家の刑罰権の実現は裁判手続
によってのみ可能であるということと同時に，逆に，被告人は裁判手続によら
なければ刑罰を科せられることはないということが明らかになります。

2　刑法の諸原理と機能

1　刑法の諸原理

刑法の謙抑性　私たちの生活している社会には，数多くの法が存在しま
す。その中でも，とりわけ刑法は，ある一定の行為が犯罪
であることを規定すると同時に，犯罪行為に対して刑罰を科すことを規定する
法律です。刑法は，犯罪とこれに対する刑罰を規定し，いかなる行為が犯罪で

あるか，どのような刑罰を科せられるのかといった情報を市民にあらかじめ提供することで，市民の行動を規制します。同じく裁判においても，犯罪行為に対して刑罰を科すことで，市民の行動を規制します。このような意味で，刑法は，社会コントロールの手段の1つといえます。刑法は，他の様々な社会コントロール手段と相互に関連しあいながら，社会の安定に寄与しています。おおまかにいえば，市民に対して刑法規範を示すことによる犯罪予防と裁判プロセスを示すことによる犯罪予防によって社会の安定を維持することが，その寄与の中身です。それゆえ，刑法には，予防的・抑止的な機能があることは否定できません。たしかに，刑法の刑罰法規だけをみると，基本的にそこからは一定の行為の禁止を読み取れるにすぎません。たとえば，刑法246条の「人を欺いて財物を交付させた者は，10年以下の懲役に処する。」との規定からは，人々は「他人を騙してものをとってはいけない」という禁止を読み取るでしょう。一般的に，これに従って，人々は自己の行動を制御するでしょう。

　しかし，このような犯罪と刑罰に対する認識論的側面のみを捉えて，刑法の予防的・抑止的側面のみを強調することは，厳に慎まなければいけません。近代市民社会においては，何よりも市民の自由な活動の保障が社会の根本理念とされなければなりません。国家権力の発動としての刑罰権の行使は，自由主義社会の基盤を崩壊させるような社会侵害的な行為に対してのみ許容されるのです。そうでなければ，社会の安全保障欲求や処罰欲求を根拠に，そのためならばいかなる刑事立法や厳罰も許容されることになりかねません。刑法の特徴は，その制裁手段である刑罰にあるといっても過言ではありません。刑罰は，生命・自由・財産を剥奪する制裁であり，これは他の法領域における制裁と比べて最も重く厳しいものです。刑罰は，しばしば峻厳な制裁であるといわれます。この刑罰の峻厳さにのみ着目して，あたかもこれを社会問題の解決のための特効薬であるかのように積極的に用いることは，基本的人権の尊重の面からいっても問題ですし，また安全を求めて不自由で不寛容な社会が形成されるなど，自由主義社会の存続の面からいっても問題です。したがって，刑法は，できるだけ控えめに用いることが望ましいのです。これを，刑法の**謙抑性**（**謙抑主義**）といいます。

　より具体的には，刑法以外の法的制裁手段（民事的制裁，行政的制裁など）によるだけでは問題の解決にとって不十分な場合にのみ，刑罰による規制，つまり刑罰規定の創設と適用が行われるべきです。これを刑法の**補充性**と呼びます。その意味で，まずは民法の不法行為とこれに対する損害賠償などによる問題解決が行われるべきであるとすると，民法などが第一次規範としての性格をもつのに対して，刑法は第二次規範性をもつことになります。このように，民法上の不法行為などのうち，このような事態が放置されれば社会の共同生活が成り立たないと考えられるほど社会的に有害で，しかも重大な行為だけが刑法で規制されることになります。これを，刑法の**断片性**と呼びます。

罪刑法定主義　フランス人権宣言からも明らかなように，近代市民社会の骨子は，基本的人権の尊重と国家からの自由です。近代刑法も近代市民社会の趣旨に即したものでなければならないことは当然です。刑法の根本理念も，国家からの自由という目的から構成されなければなりません。

　刑法の根本理念を具現するものとして，**罪刑法定主義**（罪刑法定原則）を挙げることができます。詳しくは後で述べますが，罪刑法定主義は，犯罪と刑罰は法律によって犯罪が行われる前にあらかじめ市民に対して予告されていなければならないということをその主旨としています。この罪刑法定主義が刑法の基本原理であることについて，異論はありません。これに対して，近代以前の刑法の多くがそうであったように，犯罪と刑罰が時の権力者によって恣意的に決定されることを罪刑専断主義といいます。あらかじめ何が犯罪であるかを知らなければ，市民は自己の行動の適否を判断することができず，自由に経済活動，思想活動などをすることが不可能となります。そのような社会は不自由な社会です。日本にも罪刑法定主義の萌芽とみられる法律がありました。それは「御定書百箇条」です。しかし，これは，明文で示されたものがあったとしても，これが人々に示されず，奉行がする裁きの手引きにすぎない場合には，罪刑専断主義の域を出ません。

　罪刑法定主義のもとでは，社会生活における市民の行動の予見可能性を保障し，法律で示された犯罪行為以外の市民の行動に対して国家権力は介入できな

いとすることで，その行使の抑制がなされます。近代刑法においては，刑法による犯罪予防・抑止の側面よりも，国家権力の市民社会に対する介入の抑制と市民の自由の保障の側面に重点が置かれます。

法益保護　刑法の任務は**法益保護**です。国家は，各々の刑罰法規で保護されている法益の侵害または侵害の危険に対してのみ刑罰を科すことができます。たとえば，殺人罪（▶199条）では，刑法にとっての関心事は，人を殺す行為そのものではなく，人が死ぬことでもなく，「人の生命」という法によって保護されている利益（＝**法益**）が侵害されたことと，この法益侵害行為に対するリアクションとして侵害行為を行った行為者を処罰することです。内乱罪（▶77条）では「国家の存立」，放火罪（▶108条以下）では「不特定または多数の人々の生命・身体・財産」，傷害罪（▶204条）では「人の身体」などの法益が保護されています。一定の行為によってそれぞれの刑罰法規の構成要件が予定する可罰的な法益侵害または危険が惹起された場合に，そのような行為は犯罪とされ，行為者は刑罰を科せられます。

　刑法は，道徳や倫理を直接的に保護するものではありません。たとえ社会常識からみて見苦しい，または見るに忍びない行為が行われたとしても，刑法は決して人々の内心に干渉して道徳観や倫理観を強制してはいけません。実際には，刑法が法益を保護することで間接的または他の形で社会における道徳や倫理を保護し，促進することがあるかもしれません。しかし，このことは，結果的に生じる効果かもしれませんが，刑法の直接的な任務ではありません。たとえ不道徳な態度であったり，社会倫理に反する態度であったとしても，法益に対する侵害・危険がない場合には，これに対して刑罰を科すことはできないのです。

行 為 原 理　1789年 8 月26日に憲法制定のためのフランス国民議会が議決した「人と市民の諸権利の宣言」（フランス人権宣言）の第 5 条（法律による禁止）は，「法律は，社会に有害な行為しか禁止する権利をもたない。法律によって禁止されていないすべての行為は妨げられず，また，何人も，法律が命じていないことを行うように強制されない。」と定めています。すでにこのフランス人権宣言によって，近代刑法において規制すべき対象が示

されています。その対象とは，人の行為です。人の客観的な行為のみが犯罪と
なりうると考えることで，思想・信条などを刑法による規制の対象から外すこ
とが可能になります。さらに，単に客観的な行為があれば刑法によって規制す
ることができるというわけではなく，当該行為が社会侵害性をもたなければな
らないとされています。このように，刑法の対象は，社会侵害性のある人の行
為に限られるという考えを，**行為原理**といいます。

責任原理　犯罪行為をしたことについて行為者に対して責任を問うこと
ができなければ，刑罰を科すことはできません。たとえ自ら
がしでかした犯罪であっても，それだけを理由として責任を問うことはできな
いのです。責任を問うためには，犯罪について行為者の側に非難に値する理由
がなければなりません。これを刑法における**責任原理**と呼びます。この原理
は，「責任なければ刑罰なし」という標語で示されるのが一般的です。現行刑
法では，刑法38条ならびに39条において，責任原理が採用されていることが示
されています。

　責任原理とは，犯罪を行った具体的な行為者に対して法的見地から非難でき
る場合にのみ刑罰を科すことが可能であるとする原理と解されます。犯罪行為
について，行為者に責任を問うことができる場合にのみ刑罰適用の可能性が検
討されることになります。一般的には，行為当時に，当該行為者が適法な行為
を選択することができたにもかかわらず，あえて（故意）または不注意（過失）
で，適法な行為を選択せずに，違法な行為に出た場合に，遵法的な態度を要請
する法の見地から行為者に対して非難が向けられます。これは，違法行為をし
た行為者自身に向けられることから行為者の内心に対する非難（主観的非難）
です。たとえば，行為時において，違法行為をした行為者が心神喪失状態に
陥っておりそのため責任能力がないか，または心神耗弱状態で責任能力が著し
く減弱している場合には，行為者を非難することができないか，その非難が弱
められることになります。

2　刑法の諸機能

社会秩序維持と自由保障　刑法は，いったいどのような機能をもつのでしょうか。大きく分けて，刑法には，**社会秩序を維持する機能と自由を保障する機能**があるといえます。刑罰は，法的制裁としては最も峻厳なものであり，自由や財産ひいては生命の剥奪もありえます。そのことから，前者の機能のみを強調してしまうと，あたかも刑法が国家の抑圧的な統率手段であるかのような印象を与えてしまうおそれがあります。たしかに，刑法には社会秩序を維持する機能があります。一般的に，犯罪を行ったとの嫌疑をかけられた者（被疑者）を逮捕し，この事件について裁判所に起訴し，有罪・無罪の判決を下し，有罪の場合には裁判官が被告人に対して刑罰を科します。この一連の手続が適正に行われることで社会秩序は維持されるのです。このことを抜きにして刑法の社会秩序維持機能を論じるべきではありません。一連の刑事手続が法定の適正な手続に従って進行し，それによって犯罪が処理されることも，社会秩序の維持に寄与するのです。

　ここでは，市民の自由の保障という近代市民社会の基本原則に即して，刑法の機能について，いくつかのものを挙げることにします。

行為規制機能　第1は，**行為規制機能**です。これは，一定の行為に対する法的評価を刑罰法規によって示すことで，市民の行動を規制するという機能です。市民にとって，刑法は，社会生活を営む上での行為規範の1つです。刑法によってあらかじめ何が犯罪であるかを知ることで，一定の態度に対して否定的評価を下すことが可能となることにより，自己の行動を制御することができます。

　ただし，刑法が行為規範であることは認めつつも，規範であることを強調することで，その倫理性・道徳性を混在させて理解すべきではありません。これはあくまで法規範であって，刑罰法規に示されている行為をすべきでないと評価することで自己の行動を制御するのです。刑法は法規範であって，道徳ないし倫理規範そのものではありません。刑法の規範的または倫理的側面を強調して，社会倫理規範または道徳規範までを強制することには，刑法は抑制的でなければなりません。

法益保護機能

第 2 に，**法益保護機能**です。すでに述べたように，刑法の任務は法益の保護です。これは，端的にいうと，法益とは，法的に保護される利益のことですが，各刑罰法規は法益を保護しており，これに対する侵害または危険が発生した場合に，行為者に対して刑罰を科すことが可能になる，ということです。

ここで 1 つ問題となるのは，法益を可能な限り事実的に理解するのか，それとも社会倫理規範なども含めながら法益を規範的に構想するのかということです。たとえば，真夜中，X が他人 A の家に侵入して布団の上からピストルで A を狙撃したところ，実は外出中で，家人がぬいぐるみを寝かせていた場合，刑法 199 条の法益である「人の生命」を事実的に把握した場合には，A は外出中のため法益である A の生命が侵害される可能性はなかったのですから，法益に対する危険もなかったとして殺人未遂罪（▶203 条）は成立しないと解することが可能となります。これに対して，後者の法益の理解によると，生命尊重という社会倫理規範に背く行為が実際に行われた場合には，法益に対する危険はあったと評価され，殺人未遂罪が成立すると解することになります。

自由保障機能

第 3 に，**自由保障機能**です。これは，罪刑法定主義と密接に関係します。人間のある態度が，たとえ社会侵害的なものであったとしても，刑法に明示されていなければ，それを処罰することはできません。刑法によって規制されていない限り，市民の活動は刑罰から自由であり，国家によって刑罰を科せられることはないとするのが自由保障機能の本旨です。ここでは，刑罰の恣意的な行使や濫用を防ぐことに最大の力点が置かれます。その意味で，罪刑法定主義は，自由保障機能を具現したものといえます。

形成的機能

第 4 に，**形成的機能**です。これは，法は，市民社会の基礎づけに共働し，人間を育成し，社会化することにおいて，市民社会を形成する力を行使するというものです。端的にいえば，一定の目的に向けて市民の行動パターンを変更することを刑法の機能の 1 つと考えるものです。しかし，行動パターンの変更の前提である人間の内心への介入の問題が当然に出てくることから，刑法が社会倫理の教育のために作用することを認めて

しまうことにもなりかねず，このような機能を安易に認めることはできないように思われます。

3　犯罪と刑罰の基礎理論

1　刑罰の内容

刑罰の種類　刑法 9 条は，「死刑，懲役，禁錮，罰金，拘留及び科料を主刑とし，没収を付加刑とする。」と規定して，現行刑法における刑罰の種類を示しています。主刑とは，独立して言い渡すことのできる刑

Further Lesson 1-1

▶▶▶▶▶　死刑存廃論

　死刑存置論の基礎づけとしては，①「目には目を，歯には歯を」という同害報復原理，②社会の応報感情の満足，③被害者遺族からの要請，④法秩序の維持のため，重大な犯罪に対して死刑を置くべきであるという法政策的見地，⑤死刑の威嚇力に対する信頼，⑥憲法31条が死刑を予定しているように読めること，などが挙げられます。これらの中で，②の社会の応報感情，復讐感情，犯罪者に対する社会の制裁感情の満足は，たしかに，直截的・情緒的な見解のように思えます。しかし，これは人間の感情と合致しており，世間を不安に陥れると同時に憤激させる事件が起きた際には決まって主張されることからして，死刑存置論の有力な基礎であるといっても過言ではありません。

　これに対して，死刑廃止論の根拠は，①死刑は憲法36条が禁止している残虐な刑罰に当たる，②死刑の威嚇力は証明されていない，③死刑は，犯罪者の社会復帰を阻害し，逆に無害化するにすぎない，④刑法で殺人が禁じられているにもかかわらず，なぜ国家によって人を殺すことが許容されるのか，また生命の尊重をうたう法が生命を奪うことができるのか，⑤人は完全な存在ではなく，常に誤りの危険があり，専門家による裁判といえども，誤判の恐れから逃れることはできない（死刑囚の冤罪事件として，免田・財田川・松山・島田事件などがあります），などです。

　以上のように，他の刑法上の多くの問題と同様，死刑存廃の論議はいまだ決着をみない状況にあります。しかし，憲法が最高法規であることから，刑法も憲法から導出された利益を保護し，しかもその制裁手段および態様は，憲法上許容されるものでなければなりません。これは，刑法理論にも当てはまるものであり，刑罰としての死刑を論じる際にも，必ず憲法を前提にしながら検討しなければなりません。

のことであり，付加刑とは，主刑に付加してのみ科すことのできる刑のことです。刑罰は，犯罪をしたことを理由に行為者の法益を剝奪することで実現します。たとえば，死刑は生命（生命刑）を，懲役，禁錮，拘留は自由（自由刑）を，罰金，科料，没収は財産（財産刑）を剝奪します。

　なお，労役場留置，追徴，未決勾留（▶21条），保護観察（▶25条）は刑罰ではありません。

　保護処分（▶少年24条），補導処分（▶売春17条），選挙権・被選挙権の停止（▶公選252条），過料も，刑罰ではありません。

死　刑　日本の刑法には，刑罰として死刑が予定されています。犯罪と刑罰は，憲法を基礎に置いたその国の政治・社会状況，市民感情，規範意識および人権感覚などと密接に関連しています。とりわけ死刑は，この関連が現れる究極の例であり，死刑存廃の問題は，日本の憲法ならびに刑法のあり様を映し出す重要な問題といえましょう。

2　刑罰の国家的正当化根拠

展望的な制裁としての刑罰　犯罪に対する法的効果として，法益剝奪という苦痛を内容とする刑罰を，行為者に対してどうして科すことができるのでしょうか。刑法の他の法と異なる特徴は制裁として刑罰を科することにあるわけですから，刑罰についての論争が刑法の本質に関わる重要な問題であることに異論はないといえるでしょう。

　日本の刑法では，刑罰の種類として，最も重い生命刑としての死刑，そして次に重い自由刑としての懲役刑があることから明らかなのですが，刑罰は，他の法領域の制裁に比して最も重いものとして位置づけられます。国家が市民に対して苦痛を科すことが正当化されるのは，それが将来に向けて他の市民に利益を与える場合だけです。その意味で，刑罰は，**相対的・展望的**なものでなければなりません。

応報刑論　形式的には，刑罰は，犯罪が行われたことに対して事後的に科されます。刑罰適用のこの形式的な側面だけを取り上げますと，刑罰は犯罪に対するリアクションとして，まさに**応報**として理解するこ

とができます。応報的に理解される刑罰は，近代刑法において刑罰が発動されるのは客観的な行為によって実定法の予定する客観的な実害が発生した場合に限られることからすれば，犯罪に対する事後的措置であることは間違いありません。では，事後的措置としての刑罰はどのような理由から正当化されるのでしょうか。まさに犯罪に対する報いとしてのみ，その意味を有するのでしょうか。

　応報刑論では，犯罪に対して処罰をすること自体が刑罰の（自己）目的であるとされます。その意味で，これが絶対的刑罰論と総称されることも肯けます。近代刑法においては，刑法が犯罪に対する事後法としての性格を必然的にもつことになります。現実に行われた犯罪への対処として刑罰という制裁が加えられます。刑法における「行為先にありき」原則に従うと，これは当然のことといえます。このことからしますと，刑罰が犯罪に対する応報的性格をもつことは当然といえます。

　絶対的応報刑論は，刑罰が犯罪者に対してのみ科せられることに照らして，刑罰適用自体をまさに犯罪者の排他的権利として性格づけ，応報そのものが刑罰の目的であると解するものです。これによれば，行われた犯罪に対して常に刑罰を科すことが正義の実現であると解することができます。犯罪に対する刑罰適用によって社会の平穏が取り戻されるとしても，応報刑論からは，そのことは結果としての意味しかもたず，正義の実現とは次元を異にするということになります。それ以外の目的，つまり他者ないし社会にとって積極的な効果を及ぼすために刑罰が用いられてはならないということになります。

　しかし，刑罰という制裁は単に私的な制裁ではなく，歴然として，近代国家においては，刑罰権は国家のみが行使できるように構成されてきました。国家が刑罰行使を独占している社会において，国家的な制裁である刑罰はその意義として単に犯罪に対するリアクションのみにつきるのでしょうか。犯罪の多くは，第一義的には，民法上の不法行為であるといえます。これに対して原状回復を目的として損害賠償請求という形式で民法上の制裁が行われます。第二義的には，犯罪とは，刑法上の違法行為です。これに対しては，まさに刑罰適用という形式で制裁が加えられます。ここで，民法上の制裁が私人間で行われる

のに対して，刑法上のそれは国家によって私人に対して行われます。この国家的制裁が応報以外の他の目的を含まないという意味で，刑罰とその適用は無目的なのでしょうか。

目 的 刑 論　刑法の任務が法益保護，ひいては法益保護を介しての社会の安定化にあるとすれば，刑法を法たらしめる根本的要素である刑罰とその適用には，一定の目的があると考えるべきではないでしょうか。刑法に一定の任務があることに照らして，その本質的制裁手段である刑罰に応報以外の何らの目的も加味しないというのは納得できません。

そこで，目的刑の思想が登場することになります。**目的刑論**の中でも**一般予防**に重点を置く見解によれば，刑罰の正当化根拠は，刑罰を科することによって一般人が犯罪に陥ることを抑止する効果があることに求められます。ここでは，犯罪予防効果という刑罰適用の要件が加わることで，刑罰の適用は刑罰による犯罪予防という効果がある場合に限定され，刑罰はその限度でのみ正当化

Further Lesson 1-2
▶▶▶▶▶　懲役刑の正当化根拠

　懲役では，受刑者は刑務作業を強制されます。刑罰が純粋に懲らしめのためにのみ科せられるのであれば，人権保障の観点から問題があるといわなければなりません。国家が刑罰として犯罪者に一定の作業を強制させる以上，やはりそこには何らかの社会的な目的がなければなりません。その目的が社会復帰です。犯罪を行ったことは罪を犯した者の社会不適応の表れと理解して，受刑期間中，受刑者に社会復帰のための訓練として一定の作業をさせることで，反省と社会適応を促進させることに特別予防のねらいがあります。

　しかし，自由刑という刑罰の本質は，そもそも自由の剥奪にあるはずです。これに加えて，刑務作業を強制させることの根拠はどこから出てくるのでしょうか。現行法上，刑務作業を強制することが定められており，これを正当化する根拠として特別予防を持ち出すことは可能でしょうが，このことによって，自由刑の本質として自由の剥奪以外に，刑務作業の強制も加わることがあたかも必然であるかのように理解すべきではないと思われます。自由刑の本質はあくまで受刑者の自由の剥奪にとどまるべきです。もちろん，受刑者にとって社会復帰のための何らかの訓練が必要であることはいうまでもありません。しかし，だからといって，これを強制することは別問題です。なお，現在，法務省では，懲役と禁錮の区別を廃した自由刑の単一化が検討されています。

されることになります。

　これに対して，刑罰目的を犯罪者の更生・再社会化（特別予防）に置く立場があります。これを特別予防論と呼びます。構成要件に該当する違法で有責な行為を理由に刑罰を適用する必要性が認められる場合に，行為者に対して刑罰を科し，国家的資源を使って行為者を処遇するのです。たとえば，刑事収容施設に刑罰として収容したり，仮釈放の際に保護観察に付す場合のように，国家的資源を用いて犯罪者を処遇することから，行為者にとって，そして社会にとっても何らかの意義ないし目的が刑罰にはあると考えるべきではないかと考えるのです。

第2章　罪刑法定主義・刑法の適用範囲

1　罪刑法定主義

1　歴史・沿革

　現行刑法の根本原則として，**罪刑法定主義**があります（**争点1**）。これは，犯罪と刑罰は，**行為の前に法律**で定められていなければならないという原則で，「法律なければ犯罪なし」，「法律なければ刑罰なし」という金言をもって表現されます。近代市民社会においては，市民の自由な経済活動の保障が重要な課題です。そのためには，大前提として，当然に思想信条や行動の自由などが保障されなければなりません。これらの自由とは，まさに国家からの自由を本質としていたのです。これなしには自由な発意に基づく市民の活動はありえません。国家の統治に不都合な市民や活動を規制するために，時の為政者の恣意的判断によって，むやみに，または不意打ち的に逮捕され，処罰されたのでは，市民の自由な活動は保障されないことはいうまでもありません。しかも，このような社会は不自由な社会です（このように，法律によらず，または罪と罰について事前に市民に知らせずに，為政者の恣意的な判断で罪と罰を決定することを，罪刑専断主義といいます）。このように，罪と罰の問題は，市民の自由の保障と直接的に関係しています。

　市民の自由の保障を求めるための歴史は，その端緒をマグナ・カルタ（1215年）にみることができます。しかし，これは，あくまで特権階級である貴族とジョン王との取決めであったことから，いまだ市民の自由を保障することを内容とするものではありませんでした。本格的に市民の自由の保障を要求したものとしては，フランス革命において出されたフランス人権宣言を挙げることができます。その第4条（自由の定義・権利行使の限界）は，「自由とは，他人を害

しないすべてのことをなしうることにある。したがって，各人の自然的諸権利
の行使は，社会の他の構成員にこれらと同一の権利の享受を確保すること以外
の限界をもたない。これらの限界は，法律によってでなければ定められない。」
と定め，第5条（法律による禁止）は，「法律は，社会に有害な行為しか禁止す
る権利をもたない。法律によって禁止されていないすべての行為は妨げられ
ず，また，何人も，法律が命じていないことを行うように強制されない。」と
規定しました。ここには，「法律なければ刑罰なし」の原則が示されており，
罪刑法定主義が明文化されています。罪刑法定主義は，刑罰権が発動される行
為，つまり犯罪をあらかじめ明示することで国家権力を抑制し（**自由主義**），市
民の定めた法律に明示されていない事柄については自由であるとして（**民主主
義**），市民の自由を保障しようとするものです。

　フォイエルバッハは，罪刑法定主義の自由主義的側面を肯定しつつ，しかし
同時に犯罪と刑罰をあらかじめ市民に示すことで犯罪の抑止に資すると考え，
罪刑法定主義の犯罪予防機能をも構想しました。このフォイエルバッハの構想
を心理強制説と呼びます。それによれば，人は自己の犯罪行為を抑止する不快
と犯罪行為の結果，受ける刑罰という不快とを衡量して，後者の不快が大きい
ときには犯罪行為を抑止するというのです。この立場は，法律で一定の刑罰を
規定することにより，刑罰による事前の威嚇によって人の心理を強制して犯罪
を事前に防止することができると主張します。このような考え方は，威嚇予防
とも呼ばれます。しかし，威嚇予防論に対しては，人を犬のように扱うもので
あるとの批判があります。また，人は自分の犯罪はみつからないから実行する
のであって，威嚇予防論には意味がないとする批判もあります。

2　現行法における罪刑法定主義

法律主義　罪刑法定主義を採用する現行刑法のもとでは，法源は成文の
法律に限られます。これを**法律主義**（罪刑の法定）といいま
す。日本国憲法や刑法にも罪刑法定主義を直接に明文で規定した条文はありま
せん。しかし，「何人も，法律の定める手続によらなければ，その生命若しく
は自由を奪はれ，又はその他の刑罰を科せられない。」との憲法31条の規定

は，単に刑事手続の保障を示すだけでなく，その前提となる実体法における罪刑法定主義の保障を意味すると解するべきです。犯罪と刑罰はあらかじめ成文の法律で定められ，市民に知らされなければなりませんから，慣習法による処罰は排除されます（慣習刑法の排除）。しかも同時に，その法律は明確でなければなりません。この**明確性の原則**（争点2）も，法律主義の一内容といえるでしょう（もっとも，学説には，これを法律主義とは別に，後述する実体的適正の原則のところで扱うものもあります）。

　しかし，法律主義には例外が認められています。**政令**（▶憲73条6号）と**条例**（▶憲94条，地自14条3項）です。

　日本国憲法は，「この憲法及び法律の規定を実施するために，政令を制定すること。但し，政令には，特にその法律の委任がある場合を除いては，罰則を設けることができない。」（▶憲73条6号）と規定して，法律の委任のある場合には政令（内閣が定める法）に罰則を設けることを認めています。これは，憲法が31条で法律によってのみ刑罰賦課が認められるとして罪刑法定主義を規定しつつも，憲法73条6号で，法律ではない政令の罰則を認めていることで，憲法自身が罪刑法定主義の原則と例外を認めているということです。

　また，憲法94条は，「地方公共団体は，その財産を管理し，事務を処理し，及び行政を執行する権能を有し，法律の範囲内で条例を制定することができる。」と規定し，地方自治法14条3項は，「普通地方公共団体は，法令に特別の定めがあるものを除くほか，その条例中に，条例に違反した者に対し，2年以下の懲役若しくは禁錮，100万円以下の罰金，拘留，科料若しくは没収の刑又は5万円以下の過料を科する旨の規定を設けることができる。」として，条例違反に対して刑罰を科することを定めています。罰則を規定した法は，本来，国会において制定されるべきですが，国が地方公共団体に条例の制定ならびに罰則について委任しています。ここでは，このような委任（包括委任）が憲法31条との関係で罪刑法定主義に反しないかが問題になります。条例は，国会で議論され制定されたのではないことから，その違反に刑罰を科すことに問題がまったくないとはいえませんが，そもそも条例は当該地方公共団体の議会において制定され，その地方で適用可能である限りで，違憲の疑いは免れるでしょ

う。また，地方公共団体の立法権は，地方自治の原則の見地からはむしろ当然であり，しかも必要ともいえます。

明確性の原則に関して，徳島市公安条例事件判決では，「ある刑罰法規があいまい不明確のゆえに憲法31条に違反するものと認めるべきかどうかは，通常の判断能力を有する一般人の理解において，具体的場合に当該行為がその適用

✐ Topic 2-1

猿払事件

国家公務員法102条1項は，「職員は，政党又は政治的目的のために，寄附金その他の利益を求め，若しくは受領し，又は何らの方法を以てするを問わず，これらの行為に関与し，あるいは選挙権の行使を除く外，人事院規則で定める政治的行為をしてはならない。」と規定していますが，ここでは犯罪の成立要件が示されていません。その要件は，「人事院規則」で定められているのです。その違反については，国家公務員法110条19号で刑罰が科せられています。問題は，犯罪と刑罰は法律によって定められていますが，「人事院規則で定める」とあるように，犯罪の成立要件が法律そのものには規定されておらず，命令・規則に委任されている場合です。これを白地刑罰法規と呼びます。これは，法律が，科する刑罰の種類，程度だけを規定し，その犯罪構成要件の具体的内容を他の法令あるいは行政処分に譲ったものです。このような白地刑罰法規は，果たして罪刑法定主義に違反しないのでしょうか。

A村の郵便局に勤務する郵政事務官で，労働組合協議会事務局長を務めていた被告人が，衆議院議員選挙に際し，ある政党を支持する目的をもって，選挙用ポスター6枚を自ら公営掲示場に掲示したほか，右ポスター合計約184枚の掲示を依頼して配布したことにつき，国家公務員法102条1項違反に問われました（猿払事件）。最高裁は，これについて，保護法益の重要性に照らして，罰則制定の要否および法定刑についての立法機関の決定がその裁量の範囲を著しく逸脱しているものであるとは認められないとして，本規則6項13号の政治的行為は，特定の政党を支持する政治的目的を有する文書の掲示又は配布であって，政治的行為の中でも党派的偏向の強い行動類型に属するもので，公務員の政治的中立性を損なうおそれが大きく，このような違法性の強い行為に対して国公法の定める程度の刑罰を法定したとしても，決して不合理とはいえず，したがって，国家公務員法102条1項が憲法31条に違反するものということはできないと判示しました（最大判昭和49・11・6刑集28巻9号393頁。もっとも，最判平成24・12・7刑集66巻12号1337頁によって，その射程は限定されました）。

を受けるものかどうかの判断を可能ならしめるような基準が読みとれるかどうかによってこれを決定すべきである。」と判示されました（最大判昭和50・9・10刑集29巻8号489頁）。

　満18歳に満たない少年と性交し，もって青少年に対し淫行をしたとして被告人が福岡県青少年保護育成条例10条1項違反に問われた事件でも，罰則の文言の明確性が問題となりました。本条例によれば，「何人も青少年に対し，淫行又はわいせつの行為をしてはならない。」（旧条例10条1項，その後，改正され，現行条例によると，「何人も，青少年に対し，淫行又はわいせつな行為をしてはならない。」〔現条例31条1項〕）と規定されていますが，「淫行」の文言がいかなる行為を含むのか不明確で，憲法31条に違反するのではないかが問題になりました。これについて，最高裁は，「広く青少年に対する性行為一般をいうものと解すべきでなく，青少年を誘惑し，威迫し，欺罔し又は困惑させる等その心身の未成熟に乗じた不当な手段により行う性交又は性交類似行為のほか，青少年を単に自己の性的欲望を満足させるための対象として扱っているとしか認められないような性交又は性交類似行為をいうものと解するのが相当である。」と解釈した上で，「本件は，被告人において当該少女を単に自己の性的欲望を満足させるための対象として扱っているとしか認められないような性行為をした場合に該当するものというほかない」と判示しました（最大判昭和60・10・23刑集39巻6号413頁／**百選Ⅰ2**）。

類推解釈の禁止　　刑法定主義の見地から，**類推解釈が禁止**されています。類推とは，刑罰法規に規定された文言の意味を法規にない類似の事項に拡充して当てはめる解釈手法です。その最もよく知られているのは電気窃盗の例で，電気が「物」に当たるかが問題になりました（大判明治36・5・21刑録9輯874頁）。本件が問題になった当時，電気の窃取を規制する刑罰規定は刑法典にはありませんでした（▶旧刑法366条「人ノ所有物ヲ窃取シタル者ハ窃盗ノ罪ト為シ2月以上4年以下ノ重禁錮ニ処ス」）。窃取の客体は物です。しかし電気は物とはいいがたいでしょう。そこで判例は，物とは管理可能であればよいと解釈して窃盗罪の成立を肯定したのです。このように判例は電気窃盗を肯定するに至りましたが，さすがにこのような解釈は物の概念に対して類似

の対象を当てはめていると意識されており，今日では，刑法245条において「この章の罪については，電気は，財物とみなす。」と電気の窃盗を別個規定するに至りました。

　ほかに類似の問題として，ガソリンカーが過失往来危険罪（▶129条）における「汽車」に該当するかが問題になりましたが，判例は，交通機関による交通往来の安全を維持するためにこれを妨害する行為を禁止して危険の発生を防止することが本刑罰規定の目的であることから，汽車だけを本規定の客体とし，汽車代用の「ガソリンカー」を除外する理由はないと解釈して，汽車に含めることを肯定しました（大判昭和15・8・22刑集19巻540頁）。写真コピーが文書（▶155条）に該当するかが問題になった事案では，判例は，「公文書の写真コピーが実生活上原本に代わるべき証明文書として一般に通用し，原本と同程度の社会的機能と信用性を有するものとされている場合が多いのである」として，写真コピーの文書性を肯定しました（最判昭和51・4・30刑集30巻3号453頁／**百選Ⅱ87**）。また，道路運送車両法に規定する電子情報処理組織による自動車登録ファイルが，「権利，義務ニ関スル公正証書ノ原本」（1987年改正前の刑法157条1項）に当たるかが問題になった事案について，判例はこれを肯定しています（最決昭和58・11・24刑集37巻9号1538頁）。

遡及処罰（事後法）の禁止　　憲法39条は，「何人も，実行の時に適法であった行為又は既に無罪とされた行為については，刑事上の責任を問はれない。」と規定しています。これは遡及処罰禁止の原則（事後法の禁止の原則）を定めたものです。成文の法律でもって何が禁止されているのかを事前に知らされていなければ，市民は何をして良いかの悪いのかを判断することができず，市民の自由な活動は保障されません。遡及処罰の禁止は，罪刑法定主義によって市民の予測可能性を保障することを意味しています。遡及処罰禁止の原則は，罪刑法定主義の重要な機能といえます。

実体的適正の原則　　憲法31条には，「何人も，法律の定める手続によらなければ，その生命若しくは自由を奪はれ，又はその他の刑罰を科せられない。」と規定されています。本規定を形式的に読めば，法律に定められていれば刑罰の名のもとに生命や自由を剥奪してもかまわないと

も解釈できなくもありません。しかし，犯罪と刑罰が法律で明確に規定されてさえいれば，その刑罰規定とこれを根拠とする刑罰適用は正当といえるのでしょうか。

　憲法31条の法律とは，手続に関する法律のことだけでなく，手続の前提となる実体法についても当てはまらなければ意味がありません。刑事手続を定めた法律とそれに基づく手続が適正でありさえすれば，実体法の規定の内容は何ら問題にならないのでしょうか。実体法の内容そのものに重大な人権侵害がある場合には，当然，その法律は違憲の疑いを免れません。したがって，憲法31条の「法律」には，手続法だけでなく，実体法も含まれるとするのが当然の解釈であるといえます。これを**実体的デュープロセス**といいます（**争点3**）。

　刑罰規定の制定に際しては，次のことが十分に配慮されるべきです。

　憲法36条が，「公務員による拷問及び残虐な刑罰は，絶対にこれを禁ずる。」と規定しているように，刑罰規定の刑罰の態様について非人道的な刑罰は許されません。

　思想信条の自由（▶憲19条）は，近代市民社会における根本的権利であることから，これ自体を取り上げてあえて規制する刑罰規定は現行法秩序において許容されません。思想・信条を処罰することが許されないのは，憲法からの要請です。まず，犯罪とされるには，客観的な「行為」が存在しなければいけません。「行為先にありき」は，刑法における絶対的な原則であるといえます。先に主観ありきでは決してありません。このような考え方は，後に犯罪論で具体的に説明・検討されます。この「行為先にありき」の考え方は，すでに述べたように，行為原理と呼ばれます。行為原理は，刑事立法だけでなく，犯罪認定においても不可欠な原則とされています。

　刑事立法の場面では，新たな刑罰規定を創設するに際して規制すべき対象は，人の客観的な行為でなければいけません。これによって行為原理の要請の一端は充たされるのです。しかし，行為であればそれだけで足りると考えてよいのでしょうか。刑罰で規制される行為とは，社会の市民の共同生活の諸利益を侵害するものでなければならないといえます。これを社会侵害原理と呼びます。刑法の刑罰規定において刑罰をもって規制されている行為は，一般的に社

会侵害性を有していなければならず，社会侵害性のないものは刑法から除外されなければいけません。このように一般的に刑罰規定で定められている行為が，具体的に法益侵害・危殆化によって社会侵害的な結果を発生させた場合に刑罰が科せられることになります。

　では，一定の社会侵害的な行為であればすべて刑罰によって規制すべきなのでしょうか。そうとはいえません。社会の共同生活の安定によって，刑罰で規制することが必要であり，しかも合理性を有することが重要でしょう。

2　刑法の適用範囲

1　刑法の場所的適用範囲

　刑法の適用範囲には，場所的，時間的，人的な制約があります。まず，場所的適用範囲からみてみましょう（**争点5**）。

属地主義の原則　日本において罪を犯した場合，日本国籍の有無に関係なく，日本の刑法が適用されることになっています（**属地主義**）。これについては，「この法律は，日本国内において罪を犯したすべての者に適用する。」（▶1条）と規定されており，これにより，現行刑法の場所的効力が明確にされています。「日本国内」とは，日本の領土・領海・領空内のことを指します。では，たとえば，日本国籍を有する飛行機や船舶で日本国籍以外の者が罪を犯した場合に，この法律が適用されるのでしょうか。この問題に関して，刑法は，「日本国外にある日本船舶又は日本航空機内において罪を犯した者についても，前項と同様とする。」（▶1条2項）と規定していますが，これは国内犯として扱われ，日本の刑法が適用されることを意味しています。このことを旗国主義といいます。

　他人を銃殺して即死させた場合，実行行為がなされた場所も結果が発生した場所も日本であれば，刑法1条が適用されることは当然ですが，毒薬を混入させた飲み物を日本で飲まされた者が，アメリカ国籍旅客機内で体調を急変させ，たまたま同機に乗客として乗り合わせていた医師の治療によって一命をとりとめた場合や，日本にあるサーバ・コンピュータにアップロードした画像

を，これをインターネットを通じて他国でダウンロードする場合はどうなるの
でしょうか。「日本国内において罪を犯した」との文言について，通説は，犯
罪を構成する事実の一部が日本国内で行われていること（遍在説）と解して，
実行行為地，結果発生地，その中間地のいずれかが日本であればよいと解して
います。しかし，とりわけインターネットを通じた犯罪の場合，ダウンロード
した国における立法事情によっては，犯罪か否かが一様ではありません。その
ため，国際的なルール作りが必要となるでしょう（国外にある，ダウンロード操
作に応じて自動的にデータを送信する機能が備わっているサーバから顧客が国内でダウ
ンロードした場合に刑法175条の国内犯としたものとして，最決平成26・11・25裁時
1616号19頁）。

保護主義　刑法には，「この法律は，日本国外において次に掲げる罪を
犯したすべての者に適用する。」（▶2条）とも規定されてい
ます。内乱罪，通貨偽造罪，公文書偽造罪，支払用カード電磁的記録不正作出
等，不正電磁的記録カード所持等の犯罪については，これらが日本の重要な法
益を侵害することを理由に，日本国外で犯罪が行われた場合にも日本の刑法が
適用されるということです。本規定の目的を日本の法益を保護することとして
いることから，これを**保護主義**と呼びます。ここでは，日本国籍を有する者と
いう限定が加えられておらず，国籍の如何を問わず処罰することが示されてい
ます。

　なお，刑法4条に，「この法律は，日本国外において次に掲げる罪を犯した
日本国の公務員に適用する。」と規定されています。ここでは，看守者等によ
る逃走援助罪，虚偽公文書作成罪，公務員職権濫用罪，特別公務員暴行陵虐
罪，収賄罪，特別公務員職権濫用等致死傷罪等，公務員による国外犯を処罰す
ることが定められています。これは，公務員による公務の適正な遂行が重要な
日本の法益であることから，国外犯であっても日本の刑法で処罰することを示
したものです。これもまた，日本の法益を保護することを目的としていること
から，保護主義を定めたものとされています。

属人主義　刑法3条は，「この法律は，日本国外において次に掲げる罪
を犯した日本国民に適用する。」（▶3条）と定めています。

本規定では，一定の放火罪，私文書偽造罪，一定の性犯罪，殺人罪，傷害罪，一定の財産犯罪について，日本国籍を有する者が国外で犯した場合にも，日本の刑法を適用することが示されています。これを（積極的）**属人主義**といいます。

「日本国民」とは，日本国籍を有する者をいいます。日本国籍については，国籍法に定められています。日本では，父母両系主義が採用されています（▶国籍 2 条）。また，日本国籍と同時に他国の国籍を有するいわゆる二重国籍者も，日本国民と解されています。日本国民の定義に関連して，どの時点で日本国籍を有していれば本条の適用を受けるのかが問題になります。これについては，行為時説（通説）と手続時説があります。前者は，行為時に日本国籍を有していなければならないと解するのに対して，後者は，刑事訴追時に日本国籍を有していればよいと解しています。刑法における罪刑法定主義の見地から，行為の時に日本刑法の適用を受けることがあらかじめ行為者に対して示されると同時に，行為者も日本の刑法の適用を受ける客体である必要があります。それゆえ，行為時説が妥当です。

刑法 3 条の 2 は，「この法律は，日本国外において日本国民に対して次に掲げる罪を犯した日本国民以外の者に適用する。」と定めています。性犯罪，殺人罪，傷害罪，略取・誘拐罪，強盗罪などに関しては，日本国外において，日本国民以外の者が行ったとしても，日本国民の重要な個人的法益を侵害または危険にさらした場合には，日本の刑法の適用を受けることを定めたものです（消極的属人主義）。

世界主義　刑法 4 条の 2 は，「第 2 条から前条までに規定するもののほか，この法律は，日本国外において，第 2 編の罪であって条約により日本国外において犯したときであっても罰すべきものとされているものを犯したすべての者に適用する。」と定めています。本規定は，条約によって定められた犯罪について，行為地，行為者，被害者の国籍を問わず，日本の刑法が適用される可能性を示しています。これを**世界主義**といいます。本規定は，犯罪者処罰に関する国際協調の観点から設けられました。本規定と類似するものは，「航空機の不法な奪取の防止に関する条約」（ハイジャック防止条約）を受けて制定された「航空機の強取等の処罰に関する法律」（ハイジャック防止

法）です。本法律5条では，刑法2条の準用が定められています。本法律のような特別法で個別に日本の刑法の適用の有無を定めることが煩雑であることから，刑法4条の2で包括的に「条約による国外犯」として規定するに至ったのです。

外国判決の効力 一般的に日本で犯罪をしたとの嫌疑を受け，日本の裁判所で無罪判決が下され，それが確定した場合，その後本件について再び刑事責任を問われることはありません。これを一事不再理の原則と呼びます（▶憲39条「何人も，実行の時に適法であった行為又は既に無罪とされた行為については，刑事上の責任を問はれない。又，同一の犯罪について，重ねて刑事上の責任を問はれない。」）。たとえば，日本国籍を有する者がアメリカで殺人の嫌疑を受け，その結果，アメリカの裁判所で無罪判決を受けたが，日本に帰国後，日本の捜査当局によって新証拠が発見されたとして，日本の警察によって逮捕され，その後起訴されたとしましょう。刑法5条は，「外国において確定裁判を受けた者であっても，同一の行為について更に処罰することを妨げない。ただし，犯人が既に外国において言い渡された刑の全部又は一部の執行を受けたときは，刑の執行を減軽し，又は免除する。」と規定しています。本規定では，外国の判決については一事不再理の原則が及ばないとされており，これによれば，アメリカで殺人罪で処罰された日本国籍を有する者が帰国後に日本でも同じ罪名で処罰されることがありうることになります。しかし，これは二重処罰の禁止の原則（▶憲39条）に抵触するのではないのでしょうか。これにつき判例は，「憲法39条は，同一犯罪につき，わが国の憲法による裁判権によって二重に刑事上の責任を問うことを禁じた趣旨と解すべきであって，占領軍軍事裁判所は，連合国最高司令官によって設けられ，その裁判権は同司令官の権限に由来し，わが国の裁判権にもとずくものではないのであるから占領軍軍事裁判所の裁判を経た事実について，重ねてわが裁判所で処罰をすることがあっても，憲法39条に違反するものでない」（最大判昭和30・6・1刑集9巻7号1103頁）と判示しました。しかし，国際協調が進む中，ある国での確定判決については，日本の刑法の適用に際して一事不再理の原則が適用されるべきであるように思われます。

2　刑法の時間的適用範囲

　日本の刑法は，刑の変更があった場合について，「犯罪後の法律によって刑の変更があったときは，その軽いものによる。」（▶6条）と規定しています。一般的に，憲法39条の遡及処罰の禁止の原則に基づいて，事後的な法律の新設や，実行行為時の刑罰より重い刑罰を定めて処罰すること，実行行為時に違法とされていたが刑罰がなかった場合に後に刑罰を定めて処罰することが禁止されています。しかし，行為後に刑が軽くされた場合には本原則が及ばないので，刑法6条がこれを補っています。具体的には，被告人が問責されている犯罪について裁判時までに刑の変更があった場合には，変更の前の刑に比して変更後のより軽い刑が適用されることになります。

　「犯罪後」とは，犯罪の実行行為の終了後を意味しており，その後に結果犯の結果が発生し，あるいは客観的処罰条件が充たされる場合も，本条に含まれることになります。また，本条の「法律」とは，すべての刑罰法規を含みます。

　次に，犯罪の実行行為が旧法と新法にまたがって行われた場合には，本条の適用があるのでしょうか。

　監禁罪や覚せい剤等の所持罪などの継続犯では，判例が一個の罪が成立し継続中，たとえその刑罰法規に変更があっても，常に新法を適用処断することを相当とするとしているように（最決昭和27・9・25刑集6巻8号1093頁），新法を適用すべきです。

　常習賭博罪（▶186条）のような常習犯について，判例は，施行期日の前後にまたがる行為が不可分の関係にあって一罪と認められる場合でない限り，これをその前後によって区分し，それぞれ行為時法に従って法律上の処遇を判断すべきものと解するのが相当であるとしました（最大判昭和31・12・26刑集10巻12号1746頁）。常習犯は一般的に同様の行為が個別に行われることから，罪名としては同じであっても，行為自体は区分することが可能です。したがって，行為時法の適用を受けると解するべきでしょう。ただし，常習犯は包括一罪ですので，併合罪ではなく，一罪として処理すべきです。

　観念的競合，牽連犯などの科刑上一罪については，数罪であることから，本

条を適用した上で，科刑上一罪として処理すべきだというのが通説です。

　共犯については，共犯行為自体を基準に判断する行為時法説が通説です。これについて，判例は，「改正前の犯罪行為を幇助したに過ぎない被告人に対し幇助の範囲を改正後の本犯の犯罪行為にまで及ぼして一罪の一部に対する幇助は全部に対する幇助に当るという結論を採用すべき限りではないのである」と判示して，通説と同じ結論をとっています（大阪高判昭和43・3・12高刑集21巻2号126頁）。

3　刑法の人的適用範囲

　日本の現行刑法は，「この法律は，日本国内において罪を犯したすべての者に適用する。」（▶1条）と規定しています。これは，原則的に，身分，性別，国籍，出自に関係なく，罰則を設けている法律に違反した場合には等しく処罰され，現行刑法は人的適用範囲を設けていないことを示しています。

　ただ，「摂政は，その在任中，訴追されない。」（▶皇典21条）とされており，この規定から，天皇が訴追されることはないと解されています。また，国会議員については，「両議院の議員は，議院で行った演説，討論又は表決について，院外で責任を問はれない。」（▶憲51条）と定められており，国務大臣についても，「国務大臣は，その在任中，内閣総理大臣の同意がなければ，訴追されない。」（▶憲75条）とされており，外国の元首，外交官については，治外法権を理由に日本の裁判権が及ばないとされています。

　ここでは，これらの者が訴追されないことの根拠が問題になります。これについて，一身的刑罰阻却事由説，訴訟障害説，折衷説の対立がありますが，これらの者に対する正当防衛や共犯の可能性の有無を問う場合に，これらの者の行為の違法性や責任を無視して構成される一身的刑罰阻却事由説には与しがたいでしょう。その意味で，訴訟障害説が妥当といえます（ただし，憲法51条の場合は在任中に限らないので，一身的刑罰阻却事由でしょう）。

第Ⅱ部 犯罪論

第3章　犯罪論の体系

1　「犯罪」の意義

犯罪とは行為である

「犯罪」という言葉は，私たちの日常生活で頻繁に登場する，たいへん馴染み深いものですが，ここでは，法律上の，より厳密には**刑法における犯罪**の意義を明らかにしましょう。

　まず，**犯罪は行為**でなければなりません。人殺しをしようとか万引きをしようとか，いくら頭の中で悪いことを考えても，それだけで犯罪として処罰されることはありません。犯罪として処罰されるためには，実際に行為に出ることが必要です。これを**行為原理**といいます。

　では，行為とは何かというと，学説上争いがあります（**争点7**）。多数説は，行為とは，**意思に基づく身体の動静**をいうと定義します。これによれば，意思に基づかない身体の動静は行為ではありませんので，たとえば，単なる**反射運動や睡眠中の行為**は，初めから犯罪でないとして，刑罰の対象から除かれます。また，行為は身体の動「静」ですので，**作為**だけでなく**不作為**も行為に含まれることになります。もっとも，行為が「意思に基づく」ものでなければならないとしますと，「忘却犯」と呼ばれる無意識的な過失不作為（たとえば，踏切警手が飲酒により居眠りして遮断機を降ろし忘れた場合）を行為に含めることが困難になるという問題があります（行為について，詳しくは➡**第4章・3**）。

形式的意味における犯罪

犯罪とは行為ですが，では，具体的にどのような行為でしょうか。形式的にいえば，犯罪とは，刑罰を科される行為であると定義できます。ここにいう刑罰とは，刑法に定められた，死刑，懲役，禁錮，罰金，拘留，科料および没収（▶9条）のこ

とです。これらの刑罰を科されることが法律に定められている行為，それが犯罪である，ということです。

　たとえば，殺人や窃盗が犯罪とされるのは，それらの行為に対して刑罰が予定されているからです（▶199条・235条）。反対に，たとえば，スポーツ選手が審判に暴言を吐き，あるいはドーピング（禁止薬物の使用）をしたときに，所属するスポーツ組織から「罰金」が科されたなどと報道されますが，ここにいう罰金は，刑法上の罰金ではなく，組織内の私的な制裁金ですので，審判への暴言やドーピングは，刑法上の犯罪に当たらない限り，それ自体が犯罪というわけではありません。同じように，借金を期限までに返済しない行為は，違法な行為ではありますが（▶民415条），刑罰は科されていませんので，犯罪ではありません。

実質的意味における犯罪　では，犯罪には，なぜ刑罰が科されるのでしょうか。刑罰という国家的な制裁が科される犯罪の実体は，いったい何なのでしょう。このような観点からみると，犯罪とは，

Further Lesson 3-1
▶▶▶▶▶　行為の定義

　古くは，行為とは「何らかの意思に基づく身体の動き」であるとする**因果的行為論**が一般的でした。しかし，この見解に対しては，赤ん坊にミルクを与えないで餓死させるという不作為を行為と捉えることができないのではないかという批判がありました。

　その後，犯罪は行為であるという出発点を放棄して，犯罪には行為であるものと行為でないものとがあるとする**目的的行為論**が現れました。それによれば，行為とは，行為者が目標に向かって自己の行動を意識的に操縦する過程そのもの（目的的行為）であり，それゆえ，そうではない過失や不作為は行為に含まれないとされました。しかし，刑法では，「行為」という言葉が，すべての犯罪に共通する基本概念として使われていますので（わが国の刑法では，たとえば，35条の「法令又は正当な業務による行為」，36条1項の「やむを得ずにした行為」），刑法の解釈において，この見解をとることには問題があると考えられました。

　これに対し，**社会的行為論**は，行為を「社会的に意味のある人の態度」と定義して，不作為や過失も行為に含まれると説明しました。また，わが国では，行為とは「行為者人格の主体的現実化」であるとする**人格的行為論**も登場しました。しかし，現在，行為概念をめぐる議論は下火になっています。

実質的にみて**違法で，責任のある行為**であると定義できます。ここにいう違法
や責任（有責性）の意味については，とりあえず，法的にすべきでないとされ
ることが違法で，責任とは，すべきでない行為をしたことに対して行為者を法
的に非難できることと理解しておきましょう（詳しくは，**第5章**で説明します）。

犯罪の意義　　しかし，実質的にみて違法な行為のすべてが犯罪として刑罰
を科されているわけではないことは，先に挙げた例からも明
らかでしょう。この点も踏まえて犯罪を実質と形式の両面から再度定義する
と，犯罪とは，**実質的にみて違法で責任のある行為で，かつ，法律によって刑
罰が予定されているもの**であるということができます。

2　犯罪の構成要素と阻却事由

犯罪の構成要素　　犯罪は，以上のように定義できますが，具体的には，ど
のような要素から成り立っているのでしょうか。

犯罪は，大きく分けると，客観的要素と主観的要素から構成されます。犯罪
の客観的要素としては，行為の**主体と客体**，**行為**と**結果**，行為と結果との間の
因果関係などがあり，主観的要素としては，**故意**または**過失**などがあります。

たとえば，Xが，殺意をもって，Aを包丁で刺殺したという殺人罪（▶199
条）の例で考えますと，X（主体）がA（客体）を包丁で刺したこと（行為），A
が死亡したこと（結果），包丁で刺した行為によってAが死亡したこと（因果関
係）が殺人罪の客観的な構成要素に相当し，殺意があったこと（故意）が殺人
罪の主観的な構成要素に相当します。

犯罪が成立するためには，以上のような客観的・主観的な構成要素がすべて
そろうことが必要であるということになります。

犯罪の成立を妨げる事由　　しかし，犯罪の構成要素がすべてそろったとして
も，犯罪が成立しない場合があります。たと
えば，上の例で，XがAを包丁で刺したのは，突然，Aが包丁を持ってXを刺
殺しようとしてきたのに対して，自分の命を守るために，やむをえずにした行
為であったとしますと，それは**正当防衛**（▶36条1項）に当たり，殺人罪は成
立しません。この正当防衛のように，犯罪の成立を妨げる（否定する）事由の

ことを，**犯罪成立阻却事由**（**可罰性阻却事由**）といいます（「阻却」は否定，「事由」は理由・根拠という意味です）。犯罪成立阻却事由としては，正当防衛のほか，**正当行為**（▶35条），**緊急避難**（▶37条1項），**被害者の同意**，**心神喪失**（▶39条1項），**刑事未成年**（▶41条）などがあります。

　では，これらの事由が認められると，なぜ犯罪は成立しないのでしょうか。それは，これらの事由が認められる行為は，**実質的にみて違法性または責任がない**からです。先に述べたように，犯罪とは，実質的にみて違法で責任のある行為でなければなりませんから，違法性や責任がない行為を犯罪として処罰することはできないのです。

2　犯罪論の体系

1　犯罪論の体系

体系化の必要性　　以上の検討から，犯罪とは，実質的にみて違法で責任のある行為で，かつ法律によって刑罰が予定されているものをいい，具体的には，行為と結果，因果関係などの客観的要素および故意または過失といった主観的要素から構成され，かつ，正当防衛などの犯罪成立阻却事由が認められない行為であるということがわかりました。したがって，ある行為について犯罪が成立するかどうかは，その行為がその犯罪の構成要素をすべて充たしているか，犯罪成立阻却事由は存在しないかを検討することによって明らかになる，ということになります。

　ところで，刑法総論は，刑法の基礎理論および**犯罪論**の総論と**刑罰論**の総論から成り立っています。犯罪論の総論とは，**犯罪の一般的な成立要件**（すべての犯罪に共通する成立要件）を論ずる分野であり，刑罰論の総論とは，刑罰を一般的に論ずる分野です。ここでは，犯罪論の総論がテーマですので，犯罪の一般的な成立要件は何かが問題となります。それは，上に述べたことからしますと，犯罪の構成要素がすべてそろっていることと，犯罪成立阻却事由が存在しないこと，ということができるでしょう。

　しかし，すでにみたように，犯罪構成要素や犯罪成立阻却事由には多種多様

なものがあります。それらを整理しないままバラバラに検討しても，思考経済上の無駄が出てきます。そればかりか，犯罪を誤って認定する危険性も高くなります。そこで，思考の指針を示し，犯罪の理論的分析や認定を安定的なものにするために，犯罪の構成要素や阻却事由を，一定の観点から，整理・体系化する必要が出てきます。このようにしてできた体系を，一般に，**犯罪論の体系**といいます。

通説的な犯罪論の体系　通説は，犯罪は行為であることを前提に，**構成要件，違法性，責任（有責性）**という３つの概念を用いて，犯罪を体系化します。それによれば，**犯罪とは，構成要件に該当する違法で有責な行為**であると定義されます。

　そして，犯罪の成否を検討する順序としては，まず，ある具体的な行為が構成要件に該当するかどうか（具体的な行為が構成要件に該当することを**構成要件該当性**といいます），次に，構成要件に該当した行為について違法性が認められるか否か，最後に，構成要件に該当して違法な行為について責任（有責性）が認められるかどうか，という順番で検討するものとされます。つまり，**犯罪の一般的な成立要件は，構成要件該当性，違法性，責任の３つであり，これらを順に検討していけばよい**ということになります。以下で，より具体的にみていきましょう。

2　構成要件該当性・違法性・責任

構成要件該当性　構成要件とは何かというと，後で述べるように，その定義については争いがあるのですが（**争点6**），ここでは，とりあえず，**法律によって犯罪として定められた行為の類型（行為の枠）**のことであると定義しておきましょう。たとえば，殺人罪（▶199条）の構成要件は「人を殺した」ことであり，強盗罪（▶236条1項）の構成要件は「暴行または脅迫を用いて他人の財物を強取した」ことです。犯罪が成立するためには，まず，具体的な行為が犯罪の構成要件に該当することが必要となります。通説によれば，**構成要件該当性が犯罪成立の第1の要件**ということになります。

　構成要件には，先に説明した犯罪の構成要素のうち，客観的な構成要素（行

為の主体と客体，行為と結果，因果関係）が含まれます。このような，構成要件に含まれる犯罪の構成要素のことを**構成要件要素**といいます。他方，責任能力は，犯罪を構成する要素ではありますが，構成要件要素ではないとされています（それは「責任」に位置づけられています）。

これに対し，主観的な犯罪構成要素である**故意**や**過失**が構成要件要素であるかについては争いがあります。また，通貨偽造罪（▶148条）における「行使の目的」のような**特殊な主観的要素**（主観的不法要素，主観的違法要素）も，構成要件要素とされることがあります。この点を含め，構成要件については，後で詳しく説明します。

犯罪成立阻却事由は，次の違法性や責任に位置づけられます。

違 法 性　**違法性**の概念をめぐっても見解の対立がありますが（**争点15**），ここでは，先に述べたように，**法的にすべきでないとされること**（法的に許されないこと）と考えておきましょう。

違法性には，犯罪成立阻却事由のうち，違法性に関係するものが含まれます。正当行為（▶35条），正当防衛（▶36条1項），緊急避難（▶37条1項），被害者の同意などがこれに当たります（ただし，緊急避難については争いがあります。➡第5章・5）。これらの阻却事由のことを，**違法性阻却事由**（違法阻却事由）と呼びます。

犯罪の成否は，構成要件該当性から検討されますが，それが肯定されると，次に違法性の有無が判断されます。検討の結果，違法性がないということになれば，犯罪は成立しません。その意味で，**違法性は犯罪成立の第2の要件**です。

もっとも，そこでは，違法性の存在を積極的に明らかにする必要はなく，**違法性阻却事由の有無を検討すれば足りる**とされています。それはなぜかというと，**構成要件には違法性推定機能がある**（構成要件は違法行為の類型である）と考えられているからです。構成要件に該当した行為については，違法性があるとの推定が働きますので，その推定を破る特別の事情，つまり違法性阻却事由があるかないかを検討すれば足りるのです。

責任（有責性） 通説によれば，**責任（有責性）**とは，違法な行為をしたことに対して行為者を法的に非難できることを意味します（**争点26**）。構成要件該当性と違法性が肯定されても，責任が認められなければ犯罪は成立しません。**責任は犯罪成立の第3の要件**です。

　責任には，まず，**責任能力**が含まれます。その意味で，責任能力は**責任要素**の1つです。心神喪失者の行為（▶39条1項）や刑事未成年者（14歳未満の者）の行為（▶41条）は，責任能力が欠けて責任が認められませんので，犯罪不成立とされます。心神喪失や刑事未成年のように，責任の欠如を理由とする犯罪成立阻却事由を**責任阻却事由**といいます。責任の判断においては，責任阻却事由の有無が検討されます。

✐ Topic 3-1

違法性と責任を区別する意味

　通説は，犯罪成立阻却事由を違法性阻却事由と責任阻却事由とに分けていますが，その実践的な意味はどこにあるのでしょうか。1つは，正当防衛（▶36条1項）の可否に関わります。正当防衛が成立するためには，防衛行為が「不正」の侵害，つまり「違法」な侵害に対する行為でなければなりません。ですので，同じく犯罪成立阻却事由が存在する行為であっても，違法性が阻却される行為は適法であり，不正な侵害ではありませんから，これに対する正当防衛は認められません。これに対し，責任を阻却されるにとどまる行為は違法ではあるので，これに対する正当防衛が可能となります。

　もう1つは，共犯の成否に関わります。詳細は共犯のところ（➡第6章・**6**）で説明しますが，制限従属形式（制限従属性説）という通説的な見解によると，共犯が成立するためには，正犯の行為が構成要件に該当し，違法であることは必要であるが，責任は不要であるとされています。たとえば，殺人罪の構成要件に該当する他人の行為を助けたとしますと，助けた者に殺人罪の共犯が成立する可能性が出てきますが，その他人の行為が正当防衛であった場合，違法性が阻却される（違法でないとされる）ので，制限従属形式によれば，それに対する共犯は成立しません。これに対し，その他人の行為が責任を阻却されるにすぎないもの（たとえば，責任無能力状態での行為）であれば，それを助けた者には殺人罪の共犯が成立します。このように，違法性と責任を区別することには，共犯の成立範囲を画するという意味もあるのです。

ところで，伝統的な見解では，**故意・過失**も責任要素と考えられています。
この見解によれば，責任の段階で，故意や過失の有無が検討されます。しか
し，最近では，故意・過失は責任要素であると同時に構成要件要素でもあると
する見解や，故意・過失は責任要素であると同時に違法要素でもある（あるい
は純粋に違法要素である）とみて，違法行為の類型である構成要件の要素になる
とする見解が有力に主張されています。故意・過失を構成要件に位置づける見
解は，現在では多数説といってよいかもしれません。この見解は，構成要件要
素としての故意・過失を**構成要件的故意・過失**，責任要素としての故意・過失
を**責任故意・過失**と呼んで区別します（この見解について，詳しくは➡第4章・
1）。

3　本書の構成と故意・過失の位置づけ

本書の構成　　本書も，構成要件該当性，違法性，責任という通説的な体系
を前提としますが，叙述の構成としては，まず，大きく**犯罪
成立の積極的要件**（刑訴法335条1項にいう「罪となるべき事実」）と**犯罪の成立を
妨げる事由**（刑訴法335条2項にいう「犯罪の成立を妨げる理由」）の2つに分けた
上で，前者に構成要件該当性，後者に違法性と責任を位置づけることにしまし
た。

故意・過失の位置づけ　　ところで，**故意・過失**については，すでに述べた
ように，それを構成要件の要素とするか否かにつ
いて争いがあります。しかし，故意・過失が犯罪を構成する要素であり，阻却
事由でないということについては争いがありませんので，本書では，故意と過
失を，**犯罪成立の積極的要件**（➡第4章）で扱うことにします。

第4章　犯罪成立の積極的要件

1　構成要件の意義・機能・要素

1　構成要件の意義と機能

「構成要件」の重要性

通説的な犯罪論体系においては，犯罪が成立するためには，まず，行為が**構成要件**に該当すること（**構成要件該当性**が認められること）が必要であるということでした。そうだとしますと，構成要件は，犯罪の成否を検討するときに，最初に**犯罪とそうでない行為とを振り分ける**という，大変重要な役割を担っているということになります。

　もっとも，構成要件の定義や，そこにどのような犯罪構成要素が含まれるかについては，学説上争いがあります（**争点6**）。それは，構成要件が，上で述べた役割のほかに，どのような機能を果たすべきかについての見解の相違に由来します。

構成要件の意義と機能

構成要件の機能としては，主として，**犯罪個別化機能，故意規制機能，違法性推定機能**の3つが挙げられてきました。

　犯罪個別化機能とは，犯罪の成否を検討する最初の段階で，殺人罪（▶199条），過失致死罪（▶210条），窃盗罪（▶235条）といった個別の犯罪に分類する機能です。故意規制機能とは，一定の犯罪の故意があるとするためには，その犯罪の構成要件に該当する事実の認識・予見が必要であるというように，故意の成立に必要な認識・予見の対象を明らかにする機能のことです。違法性推定機能とは，文字どおり行為の違法性を推定する機能のことで，構成要件に該当する行為は違法性阻却事由がない限り違法性があると評価してよいとする機能

です。

　これらの機能のうち，**違法性推定機能は一般的に承認**されています。そこで，構成要件とは，（可罰的な）**違法行為の類型**であると定義することができます。

故意・過失の位置づけ　　しかし，構成要件の犯罪個別化機能と故意規制機能については，これを承認するかしないかで見解が分かれています。それは，**犯罪個別化機能と故意規制機能とは両立しがたい**ものであるために，どちらか一方を承認すれば他方を否定しなければならないと考えられているからです。

　殺人罪と過失致死罪を例にとりましょう。殺人罪と過失致死罪は，人を死亡させるという客観的要素は同じで，違いは，故意か過失かという主観的要素にあると考えられています。そうしますと，構成要件に犯罪個別化機能を与えて，構成要件の段階で殺人罪と過失致死罪とを区別するためには，殺人罪の構成要件に故意が含まれていなければなりません。しかし，これは，故意規制機能とは両立しがたいものです。というのも，故意の成立に必要な認識・予見の対象に故意が含まれることになってしまうからです。構成要件の**故意規制機能を重視すれば，故意は構成要件に含まれない**ことになります。

　しかし，現在の多数説は，**犯罪個別化機能を重視して，故意は構成要件に含まれる**としています。この見解においては，故意規制機能は，構成要件という概念によってではなく，そこから故意などの主観的要素（**主観的構成要件**）を除いた客観的要素（**客観的構成要件**）によって果たされることになります。つまり，この見解は，構成要件を客観的構成要件と主観的構成要件とに分け，犯罪個別化機能は上位概念である構成要件（故意または過失を含む）に，故意規制機能は下位概念である客観的構成要件に担わせる見解であるということができます。構成要件に位置づけられる故意・過失は，**構成要件的故意・構成要件的過失**と呼ばれます。

　これに対し，故意規制機能を重視して故意を構成要件に含めない見解においては，犯罪個別化機能は，構成要件と故意または過失によって構成される**犯罪類型**という概念によって果たされることになります。これによれば，殺人罪と

過失致死罪とは，構成要件は基本的に同じですが，故意・過失が加わった犯罪類型としては異なるということになります（故意の体系的位置づけの詳細については➡本章・5-2）。

主観的不法要素（主観的違法要素）の位置づけ　もっとも，故意を構成要件に含めない見解をとったとしても，通貨偽造罪（▶148条）における「行使の目的」のような**主観的不法要素**（主観的違法要素）をどう扱うかという問題が残ります。主観的不法要素も構成要件の要素とされることが多いのですが，「行使の目的」といった主観的な要素を故意に必要な認識・予見の対象とすることはできないでしょう。そうだとすると，主観的不法要素を含む構成要件では，故意規制機能は果たせないことになります。

Further Lesson 4-1
▶▶▶▶▶ **多数説の問題点**

　構成要件に故意を含める多数説の見解は，誤想防衛のような，違法性阻却事由に該当する事実の錯誤があった場合に問題が生じるとされています。

　誤想防衛とは，正当防衛（▶36条1項）の要件である急迫不正の侵害がないのにあると誤信して，正当防衛のつもりで行為に出る場合をいい，一般に，故意が否定されています。たとえば，けん銃を突きつけられたので，とっさに暴行を加えて相手に傷害を負わせたが，じつはけん銃はおもちゃであったという場合ですと，傷害を負わせた行為は傷害罪（▶204条）の構成要件に該当し，急迫不正の侵害がないので正当防衛は成立せず，違法性も認められるが，傷害罪の故意が欠けて傷害罪は成立せず，本物のけん銃と勘違いしたことについて過失があれば，過失傷害罪（▶209条）が成立すると考えられています。

　これについて，多数説は，まず，傷害罪の構成要件的故意を認めて傷害罪の構成要件該当性を肯定しつつ，誤想防衛の場合には**責任故意**を欠くことから故意が阻却され，故意の傷害罪は成立しないとし，その後に過失傷害罪の成否を，その構成要件該当性から検討します（このように，いったん構成要件該当性，違法性，責任が検討された行為について，再び構成要件該当性から検討をはじめることを，**ブーメラン現象**といいます）。しかし，いったん故意の傷害罪の構成要件に該当するとされた行為が，過失傷害罪の構成要件にも該当するということになりますと，ここでは，犯罪を個別化する（最初の段階で故意犯と過失犯とを区別する）という構成要件の機能が果たされていないといわざるをえません。これは，犯罪個別化機能を重視する多数説の出発点からすると，おかしなことです。

2　構成要件の要素

構成要件要素　構成要件には，行為の主体と客体，行為，結果，行為と結果との間の因果関係，さらに犯罪によっては，一定の状況や，目的などの主観的要素が含まれます。また，先述のとおり，学説によっては，故意・過失も構成要件に含まれます。構成要件に含まれる要素は，**構成要件要素**と呼ばれます。

　構成要件要素の骨格部分は，**行為**と**結果**，および行為と結果との間の**因果関係**ですが，それ以外の要素も含め，簡単にみておきましょう。

行為の主体　まず，行為の主体についてです。刑法上，犯罪の主体は「者」と書かれていますが，これは生身の人間，すなわち**自然人**を指します。**法人**は，これを処罰することを定めた特別の規定がある場合にのみ，処罰されます。

　犯罪の中には，主体に一定の属性，つまり**身分**を要求し，主体の範囲を限定しているものがあります。これを**身分犯**といいます。たとえば，主体を公務員に限定している収賄罪（▶197条）がこれに当たります。身分犯においては，特に，それに関与した身分のない者の罪責が問題となります（これについては，**第6章**で説明します）。

行　為　行為の意義については，すでに触れました。ここでは，**行為**には作為だけでなく**不作為**（期待された作為をしないこと）も含ま

Further Lesson 4-2
▶▶▶▶▶　**法 人 処 罰**

　行政刑法には，事業活動において取締りの基準に違反する行為をした自然人だけでなく，その事業主も処罰するものがあります。これを**両罰規定**といいます（**争点4**）。事業主には法人も含まれており，法人が処罰されるのは，ほとんどがこの両罰規定による場合です。判例は，両罰規定によって事業主が処罰されるのは，従業者の違反行為に対しその選任，監督その他の違反行為を防止するために必要な注意を尽くさなかった過失の存在が推定されるからであるとし（**過失推定説**。最大判昭和32・11・27刑集11巻12号3113頁），さらに，このような考えは事業主が法人である場合にも及ぶとしています（最判昭和40・3・26刑集19巻2号83頁／**百選Ⅰ3**）。

れるということ，その不作為が犯罪として処罰される場合，すなわち**不作為犯**については，作為による犯罪（**作為犯**）の場合よりも難しい，不作為犯に固有の問題ないし論点があるということを指摘しておきます（不作為犯の詳細については，➡**本章・3**）。

| 結　　果 |

すべての犯罪は，**結果**の発生を伴います。それは，行為者の動作そのものである場合もあれば，行為者の動作から離れた一定の状態である場合もあります。たとえば，住居侵入罪（▶130条）においては，住居に侵入するという動作それ自体が，結果に当たります。ここでは，行為者の身体運動が同時に結果になりますので，身体運動だけで犯罪が成立することになります。このような犯罪を**挙動犯**（**単純行為犯**）といいます。これに対し，殺人罪（▶199条）においては，人を殺そうとする動作とは別に，人の死亡という状態の発生が必要とされます。このように，行為者の身体運動とは別に，行為客体に変化が生じることが必要とされる犯罪を，**結果犯**といいます。

　なお，結果犯と挙動犯の区別とは別に，**侵害犯**と**危険犯**の区別もあります（これについての詳細は，➡**本章・2**）。

| 因 果 関 係 |

行為と結果との間の**因果関係**は，特に殺人罪などの結果犯において重要な要件とされています。つまり，結果犯においては，その行為からその結果が生じたという原因結果の関係が必要であるということです（因果関係の詳細については，➡**本章・4**）。

| 主観的構成要件要素 |

以上にみてきた構成要件要素は，いずれも客観的な要素（外部的，外形的な要素）ですが，犯罪によっては，構成要件に一定の主観的要素（行為者の内心に関わる要素）が含まれることがあります。このような要素を**主観的構成要件要素**（主観的不法要素，主観的違法要素）といいます。たとえば，通貨偽造罪（▶148条）や文書偽造罪（▶155条以下）における「行使の**目的**」，窃盗罪（▶235条）における「不法領得の意思」，強制わいせつ罪（▶176条）における「わいせつな**意図**」（ただし，最大判平成29・11・29刑集71巻9号467頁1688号1頁は，「犯人」の性欲を刺激興奮させ又は満足させるという性的意図は必ずしも必要でないとした。）などがこれに当たるとされます。このうち，通貨偽造罪における「行使の目的」などの目的は，偽造行為の

後になされる行使についての意思を内容とするものであり，偽造行為という客観を超過しているという意味で，**超過的内心傾向**と呼ばれます。なお，「行使の目的」を必要とする文書偽造罪のように，一定の目的を必要とする犯罪を**目的犯**，「わいせつな意図」を要件とする強制わいせつ罪のように，行為者の意図ないし傾向を要件とする犯罪を**傾向犯**といいます。

故意・過失を構成要件に含める見解によれば，**故意・過失も主観的構成要件要素**になります。また，故意一般を構成要件要素としない見解の中にも，**未遂犯の故意**は構成要件要素であるとするものがあります。

主観的構成要件要素がどのような実質を有する要素なのか，すなわち違法要素なのか責任要素なのかについては争いがあります（**争点12**）。

3　客観的処罰条件と一身的刑罰阻却事由

客観的処罰条件　行為の違法性や責任とは関係のない，処罰のための客観的な条件を**客観的処罰条件**といいます（**争点14**）。たとえば，事前収賄罪（▶197条2項）における公務員への就職，詐欺破産罪（▶破産265条）における破産手続開始決定の確定がその例です。もっとも，客観的処罰条件を行為の違法性ないし責任と無関係なものとみることについては批判もあります。

客観的処罰条件は，**構成要件要素**ではないとされるのが一般的ですが，近時，これを構成要件要素として理解する見解も現れています。

一身的刑罰阻却事由　行為者の特別の地位や身分を理由として，その刑が免除される場合があります。たとえば，配偶者，直系血族または同居の親族との間で窃盗が行われた場合，窃盗罪は成立しますが，親族間の特例として，その刑は免除されます（▶244条1項）。ここでは，親族という身分の存在が刑を免除する理由とされています。しかし，刑の免除の効果は，親族でない共犯には及びません（▶244条3項）。そこで，このような刑罰阻却事由は，**一身的刑罰阻却事由**（**人的処罰阻却事由**）と呼ばれています。一身的刑罰阻却事由が行為の違法性や責任と関係するか否かについては，見解の対立があります。

2　結　　果

構成要件的結果　　結果とは，行為から生じた外界の変動をいいます。そして，犯罪はすべて，何らかの結果を伴います。たとえば，殺人罪（▶199条）が成立するためには，人の死という，行為によって惹起された結果の発生が必要です。また，住居侵入罪（▶130条）のように，「住居……に侵入」するという行為のみが規定されているようにみえる犯罪でも，侵入者の身体が他人の住居に侵入するという状態そのものが，犯罪結果として発生しています。こうした結果は，**構成要件的結果**と呼ばれ，構成要件の要素である行為客体の侵害として法文上規定されています。そうすることで，刑法は，犯罪が成立するための要件として，保護法益が侵害もしくは侵害の危険にさらされていることを，求めているのです。

結果犯・挙動犯　　ここで，殺人罪のように，結果が行為者の動作から離れ，その身体運動とは別の状態として発生する犯罪を，**結果犯**といいます。これに対し，住居侵入罪のように，行為者の動作そのものが結果に当たり，その身体運動だけで成立する犯罪を，**挙動犯**といいます。もっとも，たとえば，覚せい剤譲受け罪（▶覚せい剤41条の2）は，通常，譲受け自体が結果に当たる挙動犯とされていますが，覚せい剤を注文し郵送してもらったという場合には覚せい剤の到着が結果と解されているように，両者の区別は相対的です。

侵害犯・危険犯　　上記の区別と混同してはならないのは，侵害犯と危険犯との区別です。**侵害犯**とは，構成要件的結果として保護法益の侵害を必要とする犯罪をいい，**危険犯**とは，法益侵害の危険で足りる犯罪をいいます。結果犯と挙動犯とが行為客体の変化の有無によって区別されるものであるのに対し，侵害犯と危険犯とは，犯罪の成立に法益の侵害が必要か，その危険で足りるのかという観点から区別されます。たとえば，建造物等放火罪（▶108条以下）は，客体である建造物の焼損を必要とする結果犯であると同時に，それによって公共の安全が侵害される危険が発生すれば成立する危

険犯でもあります。

　危険犯は，さらに，**具体的危険犯**と**抽象的危険犯**とに分かれます。具体的危険犯とは，法文上，危険の発生が要件として規定されている危険犯のことを指し，たとえば，建造物等以外放火罪（▶110条）がこれに当たります。他方，抽象的危険犯とは，危険の発生が規定されず，所定の要件が充たされれば危険が発生するものと擬制または推定される危険犯のことを指します。たとえば，建物を焼損しただけですでに「公共の危険」が発生したとみなされる現住建造物放火罪（▶108条）などが，これに当たります。

即成犯・継続犯・状態犯　以上のような形で構成要件的結果が発生し，他の要件が充たされれば，犯罪は成立します。しかし，いったん成立した犯罪がいつ終わるのかということも，実務上問題となります。なぜなら，行為が終了しても，犯罪が終了していない間は公訴時効（▶刑訴250条・253条）が進行しないからです。

　こうした点で重要な意味をもつ終了時期の観点から，犯罪は，**即成犯**または**状態犯**と**継続犯**とに区別されます。即成犯とは，構成要件的結果の発生により成立し，それと同時に終了する犯罪をいいます。たとえば，殺人罪（▶199条）は，人の死という結果発生により成立しますが，それによって人の生命という法益は消滅するため，直ちに終了することが明らかな即成犯です。これに対して，継続犯とは，構成要件的結果発生により犯罪が成立し，その結果が持続する間，犯罪行為が継続しているものをいいます。監禁罪（▶220条）がその例であり，監禁状態が生じることによって成立しますが，その状態が持続する限り，同罪に当たる行為は持続・継続し，被害者が解放されてはじめて終了します。これと似ていますが区別されなければならないのが，状態犯です。状態犯とは，構成要件的結果の発生により犯罪が成立した後も法益侵害状態が継続するものの，犯罪行為自体は結果の発生により終了するものをいいます。たとえば，窃盗罪（▶235条）は財物の窃取（財物の占有の移転）によって成立し，同時に終了しますが，その後も財物が無権利者の手元にあるという「違法状態（法益侵害状態）」が継続する状態犯です。

　即成犯・継続犯・状態犯の区別は，共犯の成立可能性や罪数処理にとっても

一定の意味をもちます。

3　行　　為

1　行　為　論

行為の意義と機能

犯罪は，行為でなければなりません。思想・信条や意思は，それが行為者の内心にとどまる限り，処罰の対象とはなりません。行為でないものは犯罪ではないのです（**行為原理**）。別の言い方をすると，犯罪は行為を対象とするものであり，行為は犯罪の対象を画するものであるということです（限界要素としての機能）。たとえば，睡眠中の寝返りや反射運動などはおよそ行為ではないため，それによって他人に有形力を行使したようにみえても，犯罪ではないというわけです。

　また，犯罪はすべて行為なのですから，たとえば，手動の踏み切りを下ろし忘れたために列車事故が発生して死傷者が出たという場合に，業務上過失致死傷罪（▶211条）が成立すると考えるならば，踏切を下ろし忘れたこと，すなわち，過失や不作為も，行為である必要があります。つまり，行為は，刑法が犯罪とするものをすべて含むものでなければなりません（基本要素としての機能）。

　さらに，行為は，そこに構成要件該当性や違法性，有責性の評価が加えられていくことにより犯罪となるわけですから，そういった評価が結び付きうるよう，評価を先取りしないものであることを要します（結合要素としての機能）。

　もっとも，以上のような機能をすべて充たす形で行為を定義することは，必ずしも容易ではありません。行為の意義についてはかつて盛んに論じられ，様々な見解が主張されてきました。しかし，そのどれをとっても，3つの機能をすべて充足するような形で行為を定義することに成功していたとはいえません。行為を「行為者の何らかの意思に基づく身体の動き」と定義する**因果的行為論**や，行為を「目的によって支配された身体の運動」とする**目的的行為論**では，赤ん坊にミルクを与えないという不作為や，目標を意識していない過失の説明が困難です。また，行為を「行為者人格の主体的現実化である身体の動静」と解する**人格的行為論**では，心神喪失者の行為を含めて考えることができ

ないのではないかという問題が残ります。

　そこで，現在の通説は，行為を「**意思に基づく身体の動静**」と解していま
す。ここでの「意思」は，何らかの意思であればよく，反射運動等は除外され
ますが，過失を含みます。また，身体の動静のうち，「動」は作為を，「静」は
不作為を意味します。ここで，不作為とは「何もしないこと」ではなく，「期
待された作為を行わないこと」を意味し，「期待された作為」以外の作為を
行っていた場合を含みます。もっとも，行為が「意思に基づく」ものでなけれ
ばならないとしますと，「忘却犯」と呼ばれる無意識的な過失不作為（たとえ
ば，踏切警手が飲酒により居眠りして遮断機を降ろし忘れた場合）を行為に含めるこ
とが困難になります。そこで，「社会的に意味のある身体の動静」を行為と解
する**社会的行為論**も，有力に主張されています（**争点7**）。

　構成要件的行為　いずれにせよ，現実に行われた行為が構成要件的結果を
もたらしたとしてその責任を行為者に問うためには，そ
の行為が，刑法の条文から導かれる構成要件に当てはまる必要があります。一
般に，構成要件に当てはまる行為のことを**構成要件的行為**もしくは**実行行為**と
いい，そのような行為であるためには，構成要件的結果を帰責しうる客観的危
険性（構成要件的結果発生の現実的危険性）が認められる必要があります。なぜな
ら，犯罪の構成要件は，少なくとも違法な行為の類型なので，構成要件的行為
は，違法と推定されるに足りるものでなければならないからです。

2　不 作 為

　作為と不作為　このような構成要件的行為には，何かをすること，たとえ
ば，ナイフで人を刺すといった**作為**のほか，何か（「**期待さ
れた作為**」）をしないこと，たとえば，赤ん坊にミルクを与えないという**不作為**
も含まれます。そして，作為によって実現される犯罪を**作為犯**といい，不作為
によって実現されたと考えられる犯罪を**不作為犯**といいます（**争点8**）。

　Case 4-1　嬰児Aの母親Xは，殺意を持って，Aにミルクを与えずに放置し
た。その結果，Aは餓死した。

　刑法上の犯罪の多くは，「……した」という作為を処罰の対象とする形式をとっており，「……をすること」を禁止しています。つまり，作為とは，「……してはならない」というに**禁止規範**に違反する行為のことを意味します。そのため，作為犯については，禁止された行為さえしなければ他のことは自由にできるのですから，その作為による犯罪の成立を肯定し，作為しないことを法的に要求しても，行動の自由を過度に制限したとはいえないでしょう。これに対し，不作為とは，「期待された作為」，すなわち，「……をせよ」という命令規範に違反する行為を意味します。この場合に，命令規範に従って期待された作為をする以外はほかに何をしていても，また，しないでいても犯罪になってしまうとすれば，行動の自由を過度に制限しているともいえそうです。そのため，自分のやりたいことを投げ打ってまで何かをすることを刑罰の威嚇をもって要求しうる，特別の根拠・条件が必要とされます。そうした根拠・条件とはどのようなものなのかが，不作為犯についての基本的な問題です。

真正不作為犯と不真正不作為犯　このような不作為犯は，真正不作為犯と不真正不作為犯とに分かれます。真正不作為犯とは，法律自身が明文で不作為を犯罪とすることを定めたもの，つまり，構成要件が明示的に不作為をその要素として規定し，不作為が犯罪となる条件が法文上明らかにされているものをいいます。たとえば，「老年者，幼年者，身体障害者又は病者を保護する責任のある者が……その生存に必要な保護をしなかったとき」に成立する保護責任者不保護罪（▶218条）や，「正当な理由がないのに，……要求を受けたにもかかわらず」人の住居等から「退去しなかった」ときに成立する不退去罪（▶130条）などです。これに対し，不真正不作為犯とは，法律には不作為の定めのない，つまり，構成要件が不作為を明示的にはその要素として規定しておらず，通常は作為によって実現される犯罪を，不作為で実現する場合をいいます。たとえば，**Case 4-1** で，Ｘが殺意をもってＡにミルクを与えずに餓死させたことを，不作為によって「人を殺した」として，殺人罪（▶199条）で処罰する場合が，これに当たります。

不真正不作為犯の問題性　このうち，不真正不作為犯をめぐっては，とりわけ 2 つの点でその問題性が議論されています。

　第1は，いかなる条件のもとで不作為の構成要件該当性が肯定されるのかが法文上明らかにされておらず，罪刑法定主義の明確性の要請に反するのではないかという点です。

> **✂ Case 4-2**　父親Ｘは，子供Ａが川で溺れそうになっているのに気付きながら，これを放置して立ち去った。Ａは溺死した。

　たとえば，**Case 4-2** の場合，ＸがＡを放置して立ち去った結果Ａが死亡したというだけでは，まだＸが殺人罪を犯したといえるかどうかはわかりません。Ｘ以外にもその場に大勢の人が居合わせたというときや，Ｘが泳げない場合にもＸに不作為の刑事責任を問うためには，それなりの事情が必要なはずですが，そうした点について刑法は何も定めていないのです。

　第2は，そもそも不作為を作為犯の規定によって処罰するのは，罪刑法定主義によって禁止される**類推**や条文の意味を超えた解釈に当たるのではないかという点です。通説は，たとえば，殺人罪（▶199条）における「人を殺した」とは「作為または不作為により人を殺した」場合であると解釈することにより，この問題を解決しうると考えています。もっとも，その場合，構成要件実現阻止の不作為が作為による構成要件実現と同視できる必要があります。**Case 4-2** では，ＸがＡを放置して立ち去り溺死を防止しなかったことを，たとえばＡを川に突き落として溺死させることと同じとみることができるかが，問われなければなりません。そうでないと，構成要件該当性がない不作為を処罰する結果となって，やはり罪刑法定主義に違反することになるからです。

　要するに，不真正不作為犯に関しては，不作為が処罰の対象となりうる根拠・条件，すなわち，可罰的不作為の根拠・条件と，その不作為による結果惹起が作為による結果惹起と同様に構成要件に該当するという同視可能性が必要であり，これらをどのように基礎づけるかが解釈上の問題となっているのです。

作為義務・保障人的地位

判例および通説によれば，不作為を犯罪の実行行為として処罰の対象とするためには，当該不作為に結果発生の現実的危険性が認められることだけでなく，不作為者に，一

定の行動に出るべき義務，すなわち，**作為義務**が認められることが必要です。そのような作為義務は，倫理上の義務ではなく，法的責任を基礎づけうる義務でなければなりません。そのため，伝統的に，法的義務を課す**法令**や法的義務に準ずる義務の根拠となる**契約・事務管理**，慣習または条理上の要求である**先行行為**などがその根拠になると考えられてきました（形式的三分説）。たとえば，**Case 4-1** で，母親Ｘに不作為による殺人罪（▶199条）が成立するとすれば，つまり，Ａにミルクを与えるという作為義務がＸにあるとすれば，その根拠は，民法820条の監護義務に求めることができます。また，Ｘが母親ではない場合にも，たとえば，看護契約や，ベビーシッター契約によって，作為義務が生ずることがあります。

> ■ **Case 4-3** Ｘは，自動車を運転中，不注意で歩行者Ａを轢過して重傷を負わせた後，Ａが死んでもかまわないと思い，Ａをその場に放置して逃走した。Ａはこの重傷が原因で死亡した。
> ■ **Case 4-4** Ｘは，自動車を運転中，不注意で歩行者Ａを轢過して重傷を負わせ，救護のためＡを自動車に乗せて病院に向かったが，自己の責任が問われることを恐れ，人通りの少ない路上でＡを車から降ろし，殺意をもって放置して逃走した。

もっとも，法令が定めた作為義務に違反すれば違法と評価できるからといって，直ちにその不作為を刑法で処罰しうるわけではありません。たとえば，**Case 4-3** において，Ｘには，道路交通法により，Ａを救護する義務が発生します（▶道交72条1項前段）。しかし，この場合，過失運転致死傷罪（自動車の運転により人を死傷させる行為等の処罰に関する法律5条）以外に道路交通法上の救護義務違反罪（▶道交117条・72条1項前段）が成立するとしても，被害者Ａの死亡結果について，さらに不作為による殺人罪などが成立するかというと，一般に，必ずしも成立しないと考えられています。また，契約違反についても，それが民事的な効果を超えて刑事責任を基礎づけるためには，さらなる根拠づけが必要です。さらに，先行行為に基づく作為義務に関して，たとえば，**Case 4-3** では，自動車を衝突させてＡに重傷を負わせたという先行行為も認められますが，判例・学説上，それだけで不作為による殺人罪の成立が肯定されているわけではありません（先行行為が認められるというだけでは不真正不作為犯の成立

を基礎づけるのに十分ではないという点は，正当防衛で負傷させた相手を放置して死亡させてしまったという場合に，通常，不作為による殺人罪が成立するとは考えられていないことからも明らかです）。

　このように，法令，契約，先行行為は，作為義務の根拠となりうるものですが，それだけで不作為犯の成立を基礎づける作為義務の根拠として十分というわけではないのです。

　学説は，一般に，不作為についての責任を基礎づける作為義務が肯定されうるような状況にあることを**保障人的地位**と呼び，その根拠という形で，作為義務を実質的に基礎づけようと試みています。そうした試みには，多種多様なものがありますが，代表的なものとしては，保護の**引受け**に着目する見解や，**排他的支配**ないし支配領域性に着目する見解などを挙げることができます。前者は，不作為者と法益との密着性に着目し，法益保護が不作為者に依存するような引受け行為があったことを必要とするものです。また，後者は，不作為者が結果へと向かう因果の流れを掌中に収めており，支配している場合，その不作為は作為によって結果をもたらした場合と同じように処罰できると考えるものです。これらの見解によれば，たとえば，**Case 4-4** のように，Xが救護のためにAを一旦自動車に乗せたという場合には，XがAの保護を引き受けたとして，あるいは，Aを車に乗せることにより，X以外にAを救護できる者がいないという意味で，XはAの生命（侵害に至る因果の流れ）を排他的に支配したとして，Xの作為義務を肯定することが可能となります。しかし，いずれの見解に対しても，たとえば，排他的支配を作為義務の要件にしてしまうと，**Case 4-2** で，その場に大勢の人が居合わせた場合には，誰にもAを救助する義務を基礎づけられなくなってしまうのではないかというように，作為義務を画する基準としての一般的妥当性については，疑問が持たれています（**争点8**）。

**作為と不作為
の同価値性**　もっとも，上記の諸学説が保障人的地位を基礎づけるに当たり，結果惹起阻止の不作為が作為による構成要件実現と同視される条件を追求している点は重要です。不真正不作為犯が成立するためには，当該不作為が可罰的であるだけでなく，結果惹起阻止の不作為が作為による結果惹起と同じ価値を有するという**同価値性**が必要となるからです。

　そこで，作為義務に関しては，法令，契約，先行行為といった法的責任の根拠となりうる事情に加え，保護の引受けや排他的支配など，不作為と作為による結果惹起とを同視するための根拠となりそうな事情を総合的に考慮することにより，作為による実行行為との同価値性を基礎づける作為義務の有無を判断するというのが，通説および判例の一般的な傾向となっています。

作為可能性・容易性　作為義務に加え，不作為による実行行為が肯定されるためには，作為可能性，つまり，義務づけられた作為にでることが可能かつ容易であることが必要です。たとえば，**Case 4-2** で，川で溺れているＡを救助すべき義務を履行するには泳いで助ける以外に方法がないという場合，Ｘが泳げなければ，不作為の実行行為性は否定されます。また，泳いで助けに行く能力があったとしても，それをすれば，悪天候のため，Ｘも溺れてしまいかねない危険な状況であったときのように，作為可能性がないわけではないが，容易ではないという場合にも，不作為の実行行為性は否定されます。このような作為可能性・容易性が認められない場合，およそ作為義務が生じないのか，それとも，作為義務は生じても，その違反を可罰的と評価できないのかについては議論がありますが，いずれにせよ不作為犯は成立しません。為しえないことを法的に要求することは無意味であり，それにもかかわらず，しなかったことを理由に処罰するのは，不当だからです。

不作為の因果関係　不作為犯が成立するためには，作為犯の場合と同じように，当該不作為と構成要件的結果との間に，結果帰属要件としての**因果関係**が認められる必要があります。不作為と結果との間の因果関係を肯定するためには，一般に，「**期待された作為が行われたなら結果は生じなかった**」といえることが必要と解されています（期待説）。これは，不作為は何もしないことではなく，期待された作為を行わないことを意味するという理解を前提に，行為と結果との事実的つながりを，作為犯の場合と同じ論理構造によって見出そうとするものです。つまり，作為であれば，「行為なければ結果なし」といえるかを手がかりとするように，不作為であれば，期待された作為が行われたなら結果は生じなかったかを考慮するのです。もちろんこれは，現実には行われなかった期待行為を付け加えた上での仮定的判断ですか

ら，厳密には作為の場合と同じ内容のものではありません。しかし，重要なのは，行為と結果との事実的つながりの有無自体であり，作為であれ不作為であれ，およそ結果を回避する可能性がなければ，当該行為の結果への寄与ないし連関は否定されます。その意味で，不作為の因果関係を判断するに当たり，期待された作為による結果回避可能性の有無を問題とすることには，十分な理由があるといえます。

　もっとも，期待された作為が行われたなら結果は生じなかったであろうという場合，どの程度に結果回避が見込まれれば因果関係を肯定してよいかは，問題となります。確率的判断である以上，反対の可能性を完全に否定することはできない一方で，刑事裁判においては，犯罪事実の全部または一部の存在に関し無視しえない疑わしさが残るのであれば，被告人に有利な認定をしなければなりません。このことが因果関係の認定においても求められるとすれば，「結果が発生しなかった可能性がある」というだけでは不十分です。作為と不作為との同価値性という観点からしても，作為の場合に「行為なければ」という判断によってほぼ確実に「結果なし」といえることが行為と結果との事実的つながりを積極的に基礎づけるのだとすれば，不作為の場合も，期待された作為により確実性と境を接する蓋然性をもって結果を回避しうることが求められます。

　判例では，覚せい剤の注射により錯乱状態となった少女をホテルの客室に放置したために同女が死亡した事案において，「直ちに被告人が救急医療を要請していれば，……同女の救命は合理的な疑いを超える程度に確実」であったとして，救急医療要請の不作為と死の結果との間の因果関係が肯定され，保護責任者遺棄致死罪（▶219条）の成立が認められています（最決平成1・12・15刑集43巻13号879頁／百選Ⅰ4）。ここでは，**結果回避可能性が「合理的な疑いを超える程度に確実」かどうかが重要**であり，100％を要求するのは無理であるにせよ，救命の可能性が非常に高く，ほぼ間違いないという程度にまで高い可能性が認められるという趣旨に解されます。

　以上に加え，不作為と結果の法的因果関係を肯定するためには，当該作為義務の根拠となる危険性が結果へと現実化したこと（あるいは放置された危険と結

果との相当因果関係）が必要です（最決平成24・2・8刑集66巻4号200頁）。たとえば，母親が殺意を持って赤ん坊にミルクを与えず放置していたので，父親が衰弱した赤ん坊を病院に連れて行こうとして外に連れ出したところ，運悪く交通事故に遭い，その結果，赤ん坊が死亡したという場合，母親がミルクを与えていれば，父親が赤ん坊を連れ出すことはなく，交通事故に遭うこともなかったとすると，作為による結果回避はほぼ確実といえます。しかし，ミルクを与えないという母親の不作為のために放置された危険性は，衰弱死の危険性であり，事故死という結果へと現実化したとはいえませんから，不作為と結果との因果関係は否定されます（父親が衰弱の有無にかかわらず赤ん坊を連れ出した場合は，条件関係自体が否定されます）。

判例の動向　以上のように，不作為犯に関しては，解釈論上困難な問題が残されていますが，判例は，放火罪や殺人罪など，一定の重大な犯罪について，その成立を認めています。

　まず，**放火罪**に関しては，① 親子喧嘩で義父を殺害した後，義父の投げた燃木尻の火が藁に燃え移り家が焼けてしまう状況下で，家が焼ければ義父殺害の罪跡を隠滅できると考えて放置し，住宅などが焼失した事例において，被告人には火を「消止ムヘキ法律上ノ義務」と「容易ニ之ヲ消止メ得ル地位」および「既発ノ火力ヲ利用スル意思」が認められることを根拠に，被告の放置行為に放火罪の成立を肯定したもの（大判大正7・12・18刑録24輯1558頁），② 神棚のロウソクが傾いていて危ないことに気付きながら家屋の所有者が外出したという事例において，故意でない原因によって自己の家屋が燃焼するおそれがあるときに，これを防止せず，既発の危険を利用する意思で外出する場合は，作為による放火と同一であるとしたもの（大判昭和13・3・11刑集17巻237頁），③ 1人で残業中の会社員が，仮眠した間に，自分の起こした炭火から書類や机に火が燃え移ったにもかかわらず，自分の失策が発覚するのをおそれて逃走したという事案につき，「自己の過失行為により右物件を燃焼させた」ことを根拠に作為義務を肯定し，既発の火力によって建物が燃えるのを認容する意思で，あえて必要かつ容易な消火措置をとらなかった不作為は，放火に当たるとしたもの（最判昭和33・9・9刑集12巻13号2882頁／**百選Ⅰ5**）などがあります。これら

３判例では，法律や契約に基づく**管理権**や**支配力**，**先行行為**などを根拠とする作為義務のほか，作為の容易性や**既発の火力を利用ないし認容する意思**などによって，不真正不作為犯の成立が基礎づけられています。なお，既発の火力を利用する意思を強調することに対しては，悪い意図を考慮することによって，不作為犯の処罰範囲が拡大するのではないかという疑問が向けられていますが，③においては，既発の火力を「利用する意思」は必要とされていない点が注目されます。

　次に，不作為による**殺人罪**もしくは殺人未遂罪の成立を認めた裁判例としては，① 貰い受け，５か月間養育した生後６か月の嬰児に食物を与えず死亡させた事案（大判大正４・２・10刑録21輯90頁），② 父親が生後８か月の子を引き取り，いったんは食事を与えたものの，その後何ら飲食物を与えず餓死させた事案（名古屋地岡崎支判昭和43・５・30下刑集10巻５号580頁），③ 陣痛を便秘による腹痛と思い便槽内に嬰児を産み落とした後放置した事案（福岡地久留米支判昭和46・３・８判タ264号403頁），④ 飲食店の経営者である夫婦が，同居させていた従業員の女性に暴行を加えて傷害を負わせ，重篤な症状を呈するに至ったにもかかわらず，犯行の発覚をおそれて治療を受けさせなかったために死亡させた事案（東京地八王子支判昭和57・12・22判タ494号142頁），⑤ 歩行困難な被害者を騙して，厳寒期に深夜人気のない山中に連行し，所持金を奪って置き去りにした事案（前橋地高崎支判昭和46・９・17判時646号105頁），⑥ 自動車で重傷を負わせた被害者を，いったん救護のために自車に乗せた後，発覚をおそれて救護意思を放棄し，遺棄して逃走しようと走行中に被害者を死亡させた事案（東京地判昭和40・９・30下刑集７巻９号1828頁），⑦ ⑥と同様，交通事故で重傷を負わせた被害者をいったん自車に乗せ，深夜寒気厳しい時刻に人に発見される見込みの少ない農道に放置し逃走した事案（東京高判昭和46・３・４高刑集24巻１号168頁）などがあるほか，最高裁の下した最初の判断として，⑧ 患者の家族から治療を依頼されたため，入院中の患者を病院から運び出させ，そのままでは死亡する危険があることを認識しつつ，ホテルの一室において，手の平で患者の患部をたたいてエネルギーを患者に通すことにより自己治癒力を高めるという独自の治療（「シャクティパット」）を施すにとどまり，必要な医療措置を受けさ

せないまま放置して死亡させたという事案につき，「被告人は，自己の責めに帰すべき事由により患者の生命に具体的な危険を生じさせた上，……重篤な患者に対する手当てを全面的にゆだねられた立場にあった」ことを根拠に作為義務を認め，不作為による殺人罪の成立を肯定したもの（最決平成17・7・4刑集59巻6号403頁／**百選Ⅰ6**）があります。①②では，保護の**引受け**によって嬰児が被告人の支配下にあり，被告人に依存していることが，被告人の作為義務を基礎づけていますし，③も，嬰児の生命が被告人に依存していたといえるケースです。また，④⑤では，被害法益の立場ないし被告人への依存性に加え，暴行や置き去りといった**先行行為**が作為義務を基礎づけていますし，いわゆるひき逃げの事案である⑥⑦でも，交通事故で負傷させたという先行行為だけでなく，いったんは被害者を車に乗せ，自己の支配下に置き，依存させたといった事情が認められます。そして，こうした裁判例の傾向は，最高裁の決定である⑧においても確認されたといえるでしょう。

　もっとも，不作為による殺人罪や殺人未遂罪の成立が問題となるケースでは，保護責任者遺棄罪（▶218条）や保護責任者遺棄致死罪（▶219条）の成立を認めれば足りそうな場合もあります。実際，ひき逃げ後，いったん車内に収容した負傷者を再び放置したケースでは，保護責任者遺棄罪の成立を認めるにとどめた裁判例もあります（最判昭和34・7・24刑集13巻8号1163頁）。したがって，それを超えて不作為による殺人または殺人未遂になるといえるのか，その限界はどこにあるのかは問題となります。古い判例には，殺意の有無によって両者を区別するものもありますが（前掲 大判大正4・2・10)，同時に，堕胎した未熟児を放置した医師に確定的な殺意があったと評価しうるケースにつき保護責任者遺棄致死罪を適用するにとどめたもの（最決昭和63・1・19刑集42巻1号1頁）もあり，いかなる判断基準が用いられているかは，必ずしも明らかではありません（**争点69**）。

不作為と共犯

⚔ Case 4-5　Ｘ女は，3歳になる実子Ａを連れて，交際相手のＹ宅に転がり込

み，同棲を始めた。しかし，ＹはＡを疎んじており，数日後，部屋で泣き止まない
Ａに対し，殺意をもって多数回殴打するなどの激しい暴行を加え，死亡させた。Ｙ
がＡに暴行を加えた際，Ｘは，容易にこれを止めることができたが，Ｙに対する執
着から，Ａが死亡してもかまわないと思い，見て見ぬふりをしていた。

Case 4-5 のような場合，Ａを殴り殺したＹに殺人罪（▶199条）が成立する
として，ＹからＡを保護することなく，殺意をもってＹの犯行を放置していた
Ｘの不作為の責任も，問題となります。ＸがＡの母親であることや，Ｙ宅内の
出来事であって，Ｘ以外にＹの暴行を止める者がおらず，Ａの生命がＸに依存
していたといえること，場合によっては，ＹがＡに危害を加えるであろうこと
を知りながら，Ａを連れてＹ宅での同棲を始めるという危険な先行行為を認め
うること，Ｙの暴行を止めようと思えば容易に止められたことなどからする
と，Ｘの作為義務やそれに違反した不作為の可罰性を認めることができそうで
す。もっとも，問題はその先で，作為義務に違反した可罰的な不作為である以
上，Ｘには，殺人の（共同）正犯，つまり，犯罪の主役としての責任が肯定さ
れるのか，それとも，他人の犯行を阻止しないことによって促進した（容易に

Further Lesson 4-3
▶▶▶▶▶ **保障人的地位に基づく義務の区別と不作為による共犯**

　保障人的地位に基づく義務に関しては，その機能に着目して，これを，① 被害
者ないし被害法益をあらゆる侵害から保護する作為義務（「保護的保障」義務）と，
② 危険源を監視して，そこから生ずるあらゆる侵害を防止する作為義務（「監視的
保障」義務）とに区別する考えがあります（「機能的二分説」）。たとえば，子供を保
護する義務は前者に当たり，自分が所有する猟銃によって他人に害が及ばないよう
管理する義務は後者に当たります。もちろん，両方の機能を含む義務もありますか
ら両者の区別は，それほど明確なものではありません（**争点59**）。しかし，少なく
とも①の「保護的保障」義務が認められるような場合，不作為者は常に犯罪の主役
としての責任を問われうると考えることが可能です。なぜなら，「保護的保障」義
務は，被害法益と不作為者との間の特別な保護関係を規律する義務ですから，法益
侵害自体は他の者によってなされたとしても，義務に違反した不作為者の責任に影
響を及ぼすものではないといえるからです。この点に着目すれば，**Case 4-5** のよ
うなケースでは，直ちに不作為者に正犯としての責任を追及することも可能だとい
えそうです。

した）だけなので，幇助犯，つまり，犯罪の脇役としての責任しか認められないのか，という点にあります。

　裁判例では，他人の作為による犯罪行為を阻止しなかったという不作為について，幇助犯，つまり，脇役としての責任を肯定したもの（たとえば，札幌高判平成12・3・16判時1711号170頁／**百選 I 83**）と否定したもの（大阪高判平成2・1・23判タ731号244頁，東京高判平成11・1・29判時1683号153頁）とがあるほか，共同正犯という形であれば，正犯，すなわち，主役としての責任を認めたものもあります（大阪高判平成13・6・21判タ1085号292頁，東京高判平成20・6・11判タ1291号306頁，東京高判平成20・10・6判タ1309号292頁。ただし，平成13年判決は，作為の正犯者を被告人とするものであるほか，いずれの事案についても，作為の共同正犯として構成することが可能な事案であったとの評価がなされています）。通説は，他人の作為による犯行を阻止しなかったという場合，原則として幇助犯が成立すると解しています。その理由は，必ずしも一致していませんが，結果に至る因果経過を支配しているのは作為の行為者であって，物理的因果力のない不作為（者）の寄与は，作為（者）の寄与に劣後しているとの考えが，根底にあるようです。もっとも，共同正犯と幇助犯との区別自体は通常の基準によるとすれば，**Case 4-5** において，XとYとの間で共謀（意思連絡）が認められ，また，Xの放置行為はYによる犯行実現にとって必要不可欠であり，その犯行全体における寄与の度合いは小さくない（Xには正犯意思があった）という評価が成り立ちうるときには，共同正犯の成立が肯定される余地もあります。

　なお，不作為による幇助犯の基礎づけ自体に関しては，他人による犯罪の遂行を困難にすることが作為義務の内容であり，正犯性を基礎づけるものよりも緩やかで足りるのではないかなど，作為義務の内容や程度が問題とされています。いずれにせよ，その成否を検討する際には，当事者の立場や犯行時の状況，作為可能性などの観点から，為すべきであった具体的な作為の内容を特定し，それをしなかったことが作為による幇助犯の場合と同視できるか否かを論ずる必要があるでしょう。

4　因果関係と客観的帰属

1　「因果関係」の意義

　結果の発生により処罰される犯罪では，**行為と結果との間の因果関係も構成要件の重要な要素**です。因果関係がない場合，結果の発生について刑事責任を問うことはできないのです。その場合にどのように取り扱われるかは，犯罪の種類によって異なります。① 殺人罪（▶199条）のように未遂の処罰規定（殺人の場合には203条）が設けられている犯罪では，未遂犯として処罰されることになります。これに対し，② 過失致死罪（▶210条）のように未遂の処罰規定がない犯罪では，原則的に不可罰となります。それゆえ，このタイプの犯罪では，因果関係は可罰性の限界を画する役割を担います。

　これらとは異なり，③ 傷害致死罪（▶205条）のような**結果的加重犯**では，加重結果（傷害致死罪では死亡結果）との間に因果関係がない場合，基本犯の限度（傷害致死罪の成立が問題となる場合には，傷害罪ないしは暴行罪）で処罰されます。そして，判例において因果関係が問題となることが多いのは，この結果的加重犯の場合なのです（後述）。

　因果関係とは，行為が原因となって法益侵害結果が発生したという関係を意味します。つまり，「その行為があったから結果が生じた」という関係です。しかし，これだけでは，行為と結果との間に因果関係が認められるという結論を語っているにすぎないので，そのような結論を導くまでの一定の判断手続が必要となります。

　しかしながら，因果関係が認められる行為のすべてについて，行為者の刑事責任を問うことは，必ずしも適切ではありません。言い換えると，因果関係の存否とは別に，結果発生について刑事責任を問うことができるかという判断が必要な場合があります。そして，そのような判断を「因果関係」という名称のもとで行うことは，必ずしも適切ではありません。そこでは，「結果発生は行為者の『しわざ』として帰属されるか」という規範的な実質的判断が必要になります。これを**客観的帰属**といいます。わが国では，因果関係と客観的帰属を

区別しない見解が多いのですが，概念の混乱を避けるため，判断の実体に即した枠組みを設定するという観点からは，やはり両者は区別されるべきです。そこで本節では，客観的帰属の判断枠組みを，因果関係とは別にして解説することにします。

2　条件関係の判断

条件関係の判断公式　　因果関係の判断は，**条件公式に従って条件関係の有無を検討する**ことから始まります。条件公式とは，「**行為がなければ結果は生じなかった**」という判断公式です。標語的に「**あれなければこれなし**」（コンディティオ・シネ・クワ・ノン）といわれることもあります。また，条件公式による判断は，「行為者の行為がなかったとすれば……」という形で行われる仮定的，消去法的なものです（仮定的消去法）。具体的な事例でみましょう。

> **Case 4-6**　XがAの飲み物に致死量の毒薬を投入し，それを飲んだAが死亡した。

この場合，「Xが毒薬を投入しなかったならば」と仮定すれば，当然Aは死なずに済んだでしょうから，Xの毒薬を投入する行為とA死亡との間には，「あれなければこれなし」という条件関係が存在することになります。また，XがAに対してありもしない儲け話を持ちかけて，出資金として1000万円を拠出させ，そのまま行方をくらましてAに財産的な損害を与える場合も同様で，Xが虚偽の儲け話をしなければ，Aは1000万円を拠出することはなかったといえますから，XがAを欺く行為（欺罔行為）と，Aの財産的損害との間には条件関係が存在します。それゆえ，Xに対して，最初の事例では殺人既遂罪（▶199条），2つ目の事例では詐欺の既遂罪（▶246条1項）の罪責を問うための基本的な要件が充たされます。

　上のような例ですと比較的簡単に判断がつくのですが，「あれなければこれなし」の公式を形式的に適用した場合に，理論的に問題が生じるとされる場合があります。そのような問題として，① **仮定的因果経過**の問題，および② **択**

一的競合と重畳的因果関係の問題についてみていくことにします。

仮定的因果経過　条件関係の判断は仮定的消去法によって行われます。つまり，「行為者の行為がなかったとしたら事態はどのように推移していくのか」ということを，推論していくのです。それでは，次のような事例ではどうなるのでしょうか。

> **❖ Case 4-7**　殺人犯Aの死刑執行の目前に，Aに自分の子供を殺された父親Xが，死刑執行人Yを押しのけて死刑執行のための電気椅子のボタンを押したため，Aが死亡した。このとき，Xがボタンを押したタイミングは，まさにYが押すはずであったのと同じであった。

「Xがボタンを押さなかったならば」と仮定しますと，当然，死刑執行人Yがボタンを押していたであろうということは，容易に推測できます。また，それはXがボタンを押したのとまさに同じ時であったのですから，結局，Aはまったく同じ時刻に，同じ電気椅子で死亡していたことになります。つまり，結果は変わらないわけです。

　これでは困ったことになります。というのも，条件公式は，「行為者の行為がなかったならば」と仮定したとき，「その結果は生じなかった」という場合に条件関係を認めるものですから，結果が変わらない，つまり同じ結果が生じていたという場合には，条件関係は認められません。そうしますと，この前提による限り，Xは殺人未遂罪でしか処罰されないことになります。しかし，Xが電気椅子のボタンを押したことによってAが死亡したことが明らかな場合に，既遂の罪責を認めないことは不当といえるでしょう。

　これは，現実化していない仮定的事情を，条件関係の判断において考慮に入れることから生じる問題です。つまり，仮定的因果経過が条件関係の判断において考慮されるかが問題となります。これに対し，条件関係の判断において，現実化していない事情を付け加えてはならないとする**付け加え禁止説**という考え方があります。たしかに，Yは実際には電気椅子のボタンを押すことはできなかったわけで，このような現実には行われなかった事情を付け加えて判断するからこそ，不当な結論が生じてしまうのです。このことは，たとえば，Xが拳銃でAの心臓を撃ち抜いたが，実はYもものかげからAの心臓を狙ってお

り，仮にXが発砲しなかったとしても，YがAの心臓を撃ち抜いて同じように死亡していたという場合（ものかげ事例）には，さらに問題を孕みます。というのも，この場合にYによる発砲の付け加えを認めますと，Xは自らAの殺害を犯しておきながら，Yの殺害行為を援用することで殺人既遂の罪責を免れることができるからです（もちろん，その場合も未遂の罪責までは免れられません）。これは明らかに不正義でしょう。それゆえ，条件関係の判断において，現実にはなかった事情を付け加えて判断することは許されないとするのです。

それにもかかわらず，付け加え禁止説をそのままの形で主張することは，適切とはいえません。というのも，条件関係そのものが仮定的に判断されるので，必然的に仮定的な推論を伴うものだからです。たとえば，鉄道の分岐点において，Xがポイントを右側に切り替えたために，列車はその先で土砂崩れの発生した路線に進入してしまい，その結果，脱線事故を起して乗客が死傷したという事例で考えてみましょう。この土砂崩れが，大地震によるもので，左側の路線でも同様の土砂崩れが起こっていたため，Xが仮にポイントを切り替えず，列車を左側の路線に進入させていたとしても，同様の脱線事故が起こっていたとします（土砂崩れ事例）。このとき，「Xがポイントを切り替えなかったならば」と仮定しますと，普通，列車が左側に進入すると推測されます。しかしこれは，あくまで現実にはない仮定的事情なので付け加えて考えてはならないというのなら，一体，この列車はどこに行けばよいのでしょうか。

実際には，左側の線路で起こりうる事故は右側に行った場合とは異なると思われますので，これはいささか現実離れした事例でしたが，不作為犯などにおいては，そもそも現実に行われていない作為を付け加えて考えないと，条件関係の判断が行えません。たとえば，Xが未成年者Aに覚せい剤を注射させたところ，Aは気分が悪くなって苦しみ出したので，Xは怖くなってそのまま逃走した結果，後にAは死亡したという場合に，XがAを放置したという不作為とAの死亡結果との間の条件関係は，Aの気分が悪くなった時点で，Xがたとえば救急車を呼ぶなどの作為義務を果たしていれば，Aは助かったかという形で判断されます。ここでは，現実には行われなかった「Xが救急車を呼ぶ」という行為を付け加えて判断することになります。そして，付け加え禁止説も，こ

のことは否定しません。しかしそれでは，作為と不作為で一貫しないことに
なってしまいます（つけ加え禁止説は，むしろそのことを正面から認める見解である
ともいえます）。

　さらに，付け加え禁止説は，あくまで現実化していない事情の付け加えを禁
じるにすぎないのでして，現実に行われた事柄は，当然，条件関係の判断に組
み入れられることになります。しかしながら，次に述べる択一的競合と重畳的
因果関係では，現実に行われた行為を付け加えて考える場合の不都合が問題と
なるのです。

択一的競合と重畳的因果関係　　択一的競合は，単独でも結果発生をもたらしたと考えら
れる事情が同時に複数存在する場合です。たとえば，次
のような場合です。

> **Case 4-8**　XとYがAの飲み物にそれぞれ別々に致死量の毒薬を入れ，Aがそ
> れを飲んで死亡した。

　このとき，XとYが投入した毒薬は，同種の即効性のもので，毒薬の量は死
亡時期にまったく影響しなかったとしましょう。2人が致死量の毒薬を入れた
ことで，1人だけが入れた場合よりも被害者の死亡時期が早まったのであれば
（通常は，その場合のほうが多いでしょうが），その早まった時点での死亡との間に
条件関係が認められるからです。

　この場合に，「Xが毒薬を投入しなかったならば」と仮定しても，Yも致死
量の毒薬を投入していますから，結果は変わりません。「Yが毒薬を投入しな
かったならば」と仮定した場合も同様です。すなわち，2人の行為とAの死亡
結果との間には条件関係が認められません。そのため，この前提に立ちます
と，2人は殺人未遂罪の罪責しか負わないことになります。

　この結論が不当であることは，直観的にも理解できるかと思いますが，**重畳
的因果関係**と比較した場合に，その不当性はより明瞭となります。重畳的因果
関係は，文字どおり，複数の事情が合わされることで，初めて結果発生に至る
場合をいいます。たとえば，先の**Case 4-8**（100％投毒事例）で，XとYの投入
した毒薬の量がそれぞれ致死量の50％であったらどうでしょう（50％投毒事

例）。この場合，Aの飲み物には致死量の毒薬が投入されますから，Aは死に至るはずです。しかし，「Xが毒薬を投入しなかったならば」と仮定した場合，Aの飲み物にはYが投入した致死量の50％分の毒薬しか入っていないわけですから，普通Aは死に至りません。Yについても同様です。つまり，両者の行為ともに，「あれなければこれなし」の条件公式を充たします。それゆえ，両者の行為は，殺人既遂として処罰するための基本的な前提を充たすことになります（もっとも，殺人罪の成立には，行為自体が死亡結果発生の具体的危険を有する必要があるため，実際には殺人既遂罪は認められないでしょう）。

　これは明らかに不当なことです。というのも，致死量の50％の毒薬を飲ませる行為と結果との間には条件関係が認められ，それゆえに，既遂の罪責を負う可能性が生じるのに対し，それよりも危険な致死量の毒薬を飲ませる行為には条件関係が認められないので，行為者は，せいぜい未遂でしか処罰されないからです。

　付け加え禁止説ではこの矛盾を解消できません。そこで，学説の中には，**包括的消去法説**とでも呼ぶべき見解が有力に主張されています。それは，択一的競合の場合のように，単独で結果を惹起する事情が複数存在するケースで，それらの事情を個別になかったものと考えても結果は変わらない場合，それらをまとめてなかったものと考えた場合には結果が生じないといえるならば，「あれなければこれなし」の公式に当てはまるとするものです。たとえば，先の**Case 4-8**（100％投毒事例）では，X，Yのそれぞれの行為をなかったものと考えた場合，同様にAは死亡していたといえますが，X，Yともに致死量の毒薬を投入していなかったと仮定すれば，Aは死なずに済んだはずですから，条件公式に当てはまります。それゆえ，この見解によれば，X，Yの両者の行為に条件関係を認めることができます。

　しかしながら，この見解には，大きな問題点があります。共犯関係にもないX，Yの行為をどうしてまとめて考えることができるのか，その理由が明確に示されないからです。たとえば，X，Yがお互いに情を通じて（あるいは，Xが情を知らないYの加勢を一方的に利用して），Aの飲み物に毒薬を投入する場合には，両者は共同して殺人という犯罪を実行したのですから（共同正犯〔▶60

条〕），条件関係の判断は，「両者が行為をしなかったら」という形で判断されることになります。しかし，**Case 4-8** の「100％投毒事例」では，両者は，まったく無関係に行為を行ったことが前提ですから，条件関係の判断は個別になされるはずです。

このような批判を裏づける規定が，刑法の中にも存在します。**207条**は，複数の者がそれぞれ単独に暴行をし，被害者が傷害を負った場合に，その傷害が誰の暴行によるものかわからないとき，同時犯であっても共犯として扱うことを規定しています（**同時傷害の特例**）。これは，複数者の暴行による傷害の場合，往々にしてその傷害が誰の暴行によるものかわからないことが多いことから設けられた規定です。たとえば，ＸとＹがそれぞれ別個にＡに暴行を加えたところ，Ａがけがをした場合に，Ａの傷害がどちらの暴行によるものかわからないとするなら，Ｘは，「自分が暴行しなかったとしても，Ｙの暴行によってＡが傷害を負ったという可能性が残る」と主張することができますし，Ｙについても同様です。つまり，このような主張を許せば，誰の行為にも傷害結果との間に条件関係が認められなくなりますので，特別に両者を共犯として扱うという規定を設けたのです。これは，逆にいいますと，このような規定が及ばない犯罪類型では，複数の者が別個に行った行為の条件関係は，それぞれ別個に判断されることを意味します（207条は上記のような特別な事情から設けられた規定ですので，これを傷害の罪以外の犯罪に適用することには問題があります）。

論理的関係説　付け加え禁止説や包括的消去法説は，「あれなければこれなし」という条件関係を形式的に適用した場合に，条件関係が否定されてしまうことの不当性を回避するために提唱されたものです。しかし，いずれも理論的な問題点があることをみてきました。

学説の中には，「あれなければこれなし」の条件公式に刑事責任限定機能があることを認め，この公式の形式的な適用を正面から肯定する見解があります。これを**論理的関係説**といいます。仮定的因果経過や択一的競合の場合，行為者は自らの行為を差し控えるだけでは，法益侵害結果の発生を回避できません。たとえば，先に取り上げた **Case 4-7**（死刑執行人事例）では，父親Ｘが電気椅子のボタンを押す行為を差し控えたとしても，どのみち死刑執行人Ｙがボ

タンを押すことでAが死亡していたことは明らかでしょうし，また，**Case 4-8**（100％投毒事例）でも，XがAの飲み物に毒薬を入れる行為をしなかったとしても，Yの投入した毒薬によってどのみちAは死亡していたでしょう。

　そもそも刑法の重要な役割の1つは，法益侵害の危険のある行為を，刑罰による威嚇を通じて行為者に差し控えさせることで，法益の保護を図ることにあるという考え方があります。ところが，先の例では，刑法はそのような役割を全うすることができません。つまり，ここでは刑罰による威嚇は法益の保護に役立たないわけです。そのような場合，行為者に行為を差し控えるよう命じても無意味です（たしかに，**Case 4-8**〔100％投毒事例〕のような場合，XがYによる毒薬の投入をも止めさせれば，Aは死なずに済んだという関係は認められます。しかし，他者の犯罪行為を止めさせることまで求めるのは，過大な義務づけになりますので，自由社会においては，特別な関係がある場合に限られます。また，**Case 4-7**〔死刑執行人事例〕では，執行人Yの死刑執行を止めさせる義務など，そもそも誰にもないでしょう）。そこで，このような場合には，そもそも結果の回避が不可能であって，結果発生について刑事責任を問うことはできないし，また，問うてはならないとするのです。それゆえ，この見解によりますと，「あれなければこれなし」の条件公式が充たされない場合，条件関係は否定されます。

　結論の妥当性の点はおくとしまして，この見解は，一見すると論理一貫しているようにみえます。しかし，理論的にも問題点はあります。まず，刑法の役割との関係で，条件関係に，この見解がいうような規範的な役割を認めてよいかが問題となります。そもそも条件関係とは，行為者の行為が原因となって結果が発生したという関係を，事実として確定するものです。このような事実的関係が認められない場合には，行為者の行為が結果を惹起したとはいえないので，結果の発生について行為者の刑事責任を問題としないのです。そこに，「刑罰による威嚇に意味があるか」という規範的な観点を入れる余地は存在しません。それゆえ，この見解は，条件関係に不当に過大な役割を期待しているというべきです。

　また，実際にはこの見解も，「あれなければこれなし」の条件公式が充たされないようにみえる場合に，必ず条件関係を否定するわけではありません。た

とえば，仮定的因果経過のところで取り上げた「ものかげ事例」では，この見解に立つ論者も，他者の違法行為の援用は許されないとして，Yの発砲という仮定的事情の考慮を認めないでしょう。ここでは付け加えを禁止するわけですが，その基準には判然としないものがありますし，そもそも理論的に一貫しません。

　たしかに，実際には刑法が法益侵害の防止に役立たなかったという関係を，結果発生に対する行為者の刑事責任を考える上で考慮する必要はあるといえます。というのも，行為者がコントロールできないような事情から発生した結果についてまで刑事責任を負わせることは，広い意味で責任主義に反するからです。しかし，先に述べましたように，それを条件関係に求めるのはいきすぎでしょう。

合法則的条件関係説　　条件関係とは，「行為者の行為が原因となって結果が発生した」という事実的な関係を意味するものでした。だからこそ，因果関係と客観的帰属の判断の出発点として，意味をもつのです。この前提をきちんと踏まえるなら，「あれなければこれなし」という公式の形式論理にこだわることなく，条件関係の判断ができるはずです。

　たとえば，**Case 4-7**（死刑執行人事例）では，Xが電気椅子のボタンを押したことが原因となってAが死亡したことは明らかでしょう。**Case 4-8**（100％投毒事例）でも同様でして，X，Yの投入した毒薬が効いたからこそAは中毒死したのです。それゆえ，彼らの行為は，明らかに結果発生の条件となったことが確認されます。

　これに対し，たとえば，Xが遅効性の致死量の毒薬をAの飲み物に投入したところ，毒薬が効く前にYがAを拳銃で射殺したという場合には，原則的に，Xの行為はAの死の条件とはいえません（この場合，Xの行為の因果関係は，Yの行為によって断絶されたことになります）。

　両者の違いは，行為と結果との間に法則的なつながりが存在するか否かにあります。電気椅子のボタンを押すことと受刑者が感電死すること，あるいは，致死量の毒薬を飲み物に投入することとそれを飲んだ人が中毒死することの間に，一定の（これらの場合は自然科学的な意味での）法則が存在することは明らか

です。これに対し，飲み物に毒薬を投入することと，弾丸が身体に入って死に至ることの間には，何らの法則的関係も存在しないでしょう。

　このように，法則的関係の有無によって条件関係を判断する見解を，**合法則的条件関係説**といいます。先に述べましたように，条件関係の役割は，行為と結果との間に事実的な意味での原因と結果のつながりが存在するかの確認にありますが，合法則的条件関係説は，このような条件関係の役割に最も適ったものといえます。

　もっとも，ここで判断される合法則的条件関係は，**「あれなければこれなし」**という条件関係と無関係ではありません。そもそも「あれなければこれなし」という判断は，直観的になされるのではなく，行為と結果との間に法則的なつながりがあるからこそ，「行為者の行為がなかったならば」と考えた場合に，「結果は発生しなかった」という判断が可能となるのです。逆に，法則的関係を確立する場合，実験や観察という方法によることになりますが，そこでは，「原因となる因子がない場合に，同じ結果が生じるか否か」という観点が必要となります（理科で習った対照実験のことを思い出してください）。これはまさに，「あれなければこれなし」の思考法そのものです。

　疫学的因果関係　　合法則的条件関係説によるとしても，合法則性が確実に実証される場合ばかりとは限りません（たとえば，人の生命に関係する事柄については，そもそも実験ができないことが多いので，確実な法則的関係を証明することは難しいでしょう）。そのような場合，疫学的な大量観察の手段を通して，蓋然的な因果関係の存在を証明することが許されるかが問題となります（**疫学的因果関係**）。一般には，通常の因果関係の証明が困難で，次のような疫学の4原則を充たす場合にこれが認められるとされます。すなわち，①原因と目される因子が疾病の一定期間前に存在していること，②その因子の作用の密度が高まれば，その疾病の発生率が高まること，③その因子の分布消長の観点から，疫学的に観察された流行の特性が矛盾なく説明されること，④その因子の作用メカニズムが生物学的に矛盾なく説明可能であること，です。

3 条件説とその問題点

条件関係の意味 ある事象との間に条件関係が認められることは，その事象の**必要条件**であることを意味します。たとえば，発火の条件は，発火点の温度，燃える物，酸素の3つです。このうちのいずれが欠けても発火しません。つまり，いずれの条件にも「あれなければこれなし」の関係が認められます。しかし，いずれも単独で発火を起こすことはありません（そんなことになれば大変です）。3つの条件が合わさって初めて，発火するのです。

このような複数の必要条件が，いずれも人の行為であるという場合もあります。たとえば，XがAを線路上に縛りつけ，Yが運転する列車が，前方不注意のためこれに気づくのが遅れ，Aをはねて死亡させるという場合，いずれの行為が欠けても結果は生じません。それゆえ，これまでの説明から，X，Y両者の行為ともにA死亡結果との間に条件関係が認められることは明らかでしょう。しかし，いずれかの行為だけでは，具体的結果は生じないのです。

条件説の問題 もちろん，上の事例のような場合，両者の行為に結果発生との間の因果関係を認めることに問題はないと思われます。これに対し，たとえば，次の事例ではどうでしょうか。

> **Case 4-9** XがAの右腕に切りつけて傷害を負わせたところ，Yが運転する救急車で病院に搬送する途中，Yの前方不注意のためZの運転する乗用車と衝突し，Aが脳挫傷で死亡した。

XがAに切りつけてけがをさせなければ，Aは救急車に乗ることはなく，また，救急車に乗らなければ，事故に遭うこともなかったでしょうから，Xの行為と結果との間に条件関係は認められるはずです。もう少しいうと，X，Y，Zのいずれの行為とも，A死亡の必要条件といえるはずです。しかし，事故を起こした張本人であるYや，その相手方Zはともかく，XにA死亡の結果を帰責させるのは，妥当ではないでしょう。Xにとって，Y，Zの起こした事故はどうしようもない出来事だからです。

条件関係が認められる場合には，刑法上因果関係が肯定されるとする見解を

条件説といいます。条件説は，言い方を変えると，必要条件をもたらしたすべての者に対して，等しく結果の帰責を認めることから，すべての必要条件を等しく扱うという意味で，**等価説**とも呼ばれます。

　しかしながら，条件説は，結果帰責の理論として妥当とはいえません。まず，結果が帰責される範囲が広くなりすぎます。たとえば，**Case** 4-9（救急車事故事例）の場合，Xは傷害致死罪の罪責を負うことになってしまいます。また，極端な場合，殺人犯Xを産んだ母親も，Xによる殺害行為の結果との間には条件関係があるので，結果帰責が認められかねないといわれることさえあります。さらに，このこととも関連するのですが，一般的にみて結果発生をもたらすことはありえないような行為（低危険行為）でも，結果が帰責されることになります。

> **■ Case 4-10**　Xは，叔父Aをていよく死なせて遺産を相続するため，夕立が予想される日にAに森に散歩に行くよう勧め，Aが森を散歩途中，Xの目論見どおり，折から落雷に遭って死亡した。

　この事例で，「森に散歩に出かけるように勧める」という行為に，人を死なせる危険があるとは，通常，誰も考えないでしょう（ちなみに，この事例が持ち出されたドイツでは，街の郊外に森の中を通り抜ける普通の散歩コースがよくあります）。ところが，条件説によると，Xの行為がなければ，Aは落雷に遭って死亡することはなかったと考えられます。このことによりA死亡の結果を帰責させると，XはAの死を目論んであえてそのような行為に出たので，殺意も認められることから，Xは殺人既遂罪の罪責を負うことになってしまいます。これは，明らかに不合理な結論でしょう。

　先に述べましたように，条件関係が認められることは，その行為が結果発生の必要条件であることを意味するにすぎず，刑法的な意味での結果の帰責を認めるためには，さらなる要件が必要となるのです。

中断論と遡及禁止論　条件説の中には，結果の帰責の範囲が広がりすぎるという問題に対応するために，因果関係の中断という考え方を取り入れる見解があります（**中断論**）。これによると，たとえば，

Case 4-9 （救急車事故事例）の場合，たしかにXの行為とA死亡の結果との間の条件関係は，Y，Zによる交通事故によって中断されるため，結果には及んでいないと説明されます。そのため，Xは傷害罪の限度で処罰されることになります。しかし，中断論は，因果関係の中断が認められるのはどのような事情が介在した場合かという問題に，理論的に答えることができませんでした。また，そもそも条件関係は，存在するか否かのいずれかであって，途中で中断するという考え方自体，条件説の基本的な前提とあいいれないという問題があります。

　また，学説では，教唆犯（▶61条）や幇助犯（▶62条）の**狭義の共犯規定を手がかり**に，刑事責任の限定を図る見解も主張されています。たとえば，XがAを殺害する際に，Yが凶器となるナイフを手渡したという事例で，ナイフを提供していなければXは別の形でAを殺害していたか，あるいはそもそもA殺害に出なかったかもしれませんから，Yの行為とAの死亡結果との間には条件関係があります。それにもかかわらず，現行刑法の規定では，Yは幇助犯として刑が減軽されます（▶63条）。教唆犯についても，幇助犯と同様，正犯よりも一段軽い犯罪と解することができます。というのも，たしかに，教唆犯は正犯の法定刑で処罰されます（▶61条1項）。しかし，教唆犯は，教唆された者（被教

✐ Topic 4-1

原 因 説

　条件関係は，あくまで結果発生の必要条件を示すものにすぎません。また，必要条件が認められることは，狭義の共犯の罪責までしか基礎づけることができません。そこで，学説の中には，条件関係の認められる行為について，まさに結果発生の「原因」と目されるものについては正犯性を基礎づけるものとして，狭義の共犯しか基礎づけない単なる「条件」（すなわち，必要条件）から区別する見解が主張され，特にドイツでは，条件説と激しく対立したことがあります。このような見解を**原因説**といいます。しかし，直観的に理解できますように，「原因」と「条件」をどのような基準で区別するかでコンセンサスを得ることができなかったため，有力説にとどまりました。もっとも，次に述べる相当因果関係説が，「原因」であることを認めるための基準の1つとして主張されたことには，留意する必要があります。

唆者＝正犯者）が，実際に犯罪行為を実行しない限り処罰されることはない（これを，実行従属性といいます）という意味では，正犯よりも刑法上の扱いが軽いといえるからです。その理由は，結果発生に対する完全な（すなわち，正犯としての）刑事責任は，直接に法益侵害結果をもたらした者にしか及ばないのであって，正犯者をそそのかしたり，手助けしたりして間接的にしか結果発生に関与していない者にまで遡ることは許されないという考え方（これを**遡及禁止**といいます）に求められます。つまり，現行法は，結果発生と条件関係があっても，他人の行為を介して間接的に結果を発生させたとしかいえない行為には，正犯としての結果帰責の遡及を認めないのです。この考え方は，現行法の共犯規定の枠組みからの説明なので，遡及禁止が認められるのは，他人の故意行為が介在する場合に限られます。それゆえ，この考え方によると，**Case 4-9**（救急車事故事例）のような，他人の過失行為が介在する場合には，遡及禁止は認められず，Ｘが傷害致死の罪責を負うことを否定できません。その意味で，この考え方の射程は比較的狭いものというべきです。もっとも，**遡及禁止論**は，刑法総則の共犯規定という，因果関係とは別の枠組みから結果の帰責の限定を図ろうとするもので，その意味で，客観的帰属を論じる上で重要な基準の１つといえます。

4　相当因果関係説

相当性の判断　わが国の通説的見解は，先に述べたような条件説の問題を踏まえ，相当性という基準でもって結果帰責の限定を図ります。相当性とは「そのような行為からその結果が発生することは，われわれの一般経験則上ありうること」という意味で，経験的通常性とも呼ばれます。たとえば，先に取り上げた**Case 4-10**（雷雨事例）では，そもそもＸの行為に死亡結果の相当性がありません。また，「救急車事故事例」では，Ｘが行った「ナイフで人の右腕に切りつける」という行為から，「その人が脳挫傷により死亡する」という結果が生じることは，通常ありえないでしょう。**相当因果関係説**によると，これらの場合には，行為と結果との間に条件関係は存在するものの，相当因果関係が否定されることから，行為者（Ｘ）に結果発生についての

責任を負わせることはできません。これにより，相当因果関係説は，条件説が
もたらす不当な結論を回避することができるのです。

　ところで，相当因果関係説が，条件関係が認められる行為について，妥当な
結果帰責の判断を行うために主張されていることに注意する必要があります。
つまり，相当因果関係説も，条件関係の認められない行為については，相当性
の判断を行うまでもなく最初から結果の帰責を認めません。したがって，相当
性の判断には，条件関係の判断が先行することになります。

判断基底と判断基準　　もっとも，相当因果関係説の論者も，「結果発生の相
　　　　　　　　　　　当性」を結果帰責の判断基準とする点では一致して
いるのですが，相当性の判断において，どのような事情を判断材料にするか
（**判断基底**），また，どのような基準によって判断するか（**判断基準**）について
は，内部で争いがあります。

> **Case 4-11**　Xは，Aにナイフで切りつけ軽傷を負わせたところ，Aは血友病に
> 罹っており止血能力が弱いため，その傷がもとで出血多量により死亡した。

　この事例の場合，「ナイフで切りつけて軽傷を負わせる」という行為と，「出
血多量による死亡」という結果との間に相当性が認められるかは，「Aが血友
病である」という事情を考慮に入れるか否かによって変わってきます。そこ
で，このような特殊事情を，相当性の判断において考慮に入れるか否かが問題
となります。また，相当性の判断そのものについても，科学的な経験知に依拠
するか，それとも一般人の経験的判断によるかで，次の3つの学説が対立する
とされます。

　(1)　**主　観　説**　　**主観説**は，相当性の判断において，基本的に行為者を標準
とすることから，そのように呼ばれます。この見解は，相当性の判断基底を，
行為者が現に認識した事情ないしは行為者が認識できた事情に求め，行為時の
事前判断によって相当性を判断します。そのため，**Case 4-11**（**血友病事例**）に
おいて，行為者Xは，Aの血友病を知らなければ，相当因果関係が否定され，
傷害の故意であれば傷害罪，殺人の故意であれば殺人未遂罪の罪責を負いま
す。逆に，Aが血友病であることを知っていれば，相当因果関係が肯定され，

その場合にはおそらく殺人の故意も認められますから，殺人既遂罪の罪責を負うことになります。相当性の判断基準については，行為者による恣意的なものであることは適切といえませんから，一般に通用している法則によることになります。

　ところで，相当性の概念は，もともと確率統計学に由来するものです。そして，そのような概念が意味をもつのは，行為時に行為者が知りえる事情のみを資料とする事前判断に限られるでしょう。出来事が起こってしまった後で，ある出来事の起りやすさを問題にしても，意味がないからです（それはちょうど，競馬のレースが終了した後になってから，どの馬に賭ければ勝てたかを問題にするようなものです）。それゆえ，主観説は相当因果関係説のプロトタイプともいうべき見解です（実際，相当因果関係説が最初に主張されたとき，その内容は主観説によるものでした）。

　しかしながら，主観説では，判断基底については，行為者や行為者と同じような立場にある人の知識ないしは知識水準が標準となりますので，相当因果関係の有無はこれに左右されることになります。それゆえ，たとえば，ピストルについて何も知らない文化圏の人が，何も知らずにピストルの引き金を引いてしまい，弾丸が発射されて死傷の結果をもたらす場合，主観説によると相当因果関係が否定されることになりますが，ここで，因果関係を否定するのは不当でしょう（もちろん，実際には過失が認められないと思われますが）。そのため，主観説に対しては，因果関係の認められる範囲が狭くなりすぎると批判されるのが通例です。また，そもそも「因果関係」という客観的な犯罪成立要件が，**行為者の認識という主観的事情によって左右される**こと自体，理論的に妥当とは思われません。

　(2) **折 衷 説**　　主観説によると因果関係が認められる範囲が狭くなりすぎることから，**折衷説**は，原則的に一般人を相当性判断の標準とします。すなわち，原則的に一般人が認識または予見しえた事情を判断基底に，一般人の常識観念を基準として相当性を判断します。もっとも，行為者が特殊事情を認識しながら行為に出たような場合，そのような事情を因果関係の判断において考慮しないことは適切ではありませんから，相当性の判断基底に入れられることに

なります。それゆえ，**Case 4-11**（**血友病事例**）では，「ある人が血友病に罹っている」という事情は，一般の人には知りえない事情であると考えられますから，折衷説によると，原則的にはＸの行為とＡの死亡結果との間の相当因果関係は否定されます。これに対し，Ｘがそのような事情を知りながらあえてＡに切りつけた場合には，相当因果関係が肯定され，Ｘは殺人既遂罪の罪責を負うことになります。

　このように，折衷説は因果関係の判断において妥当な結論を導くことができる見解として，以前から多くの論者によって支持されてきました。しかし，主観説のところで触れましたように，そもそも「因果関係」という客観的な犯罪成立要件に，行為者の主観的事情を持ち込むことには，理論として問題があるとの批判が有力です。それは，実際の結論において，問題を生じさせる場合もあります。

> ■ **Case 4-12**　ＸはＡが血友病に罹っていることを知っていながら，そのような事情を知らないＹに，Ａの腕に小刀で切りつけるよう教唆して殺させようとし，実際にＹはＸからいわれたとおりＡに切りつけ軽傷を負わせたところ，Ａは出血が止まらずに死亡した。

　この場合，折衷説によると，ＹはＡの血友病を知らないことから，その行為とＡの死亡結果との間に相当因果関係は認められないのに対し，Ｘの行為については，Ａの血友病を知っていることから，相当因果関係が認められます。そのため，Ｙは傷害罪の罪責しか負わないのに対し，Ｘは殺人既遂の教唆の罪責を負うことになります。しかし，これは奇妙な結論でしょう。なぜなら，教唆者Ｘに「既遂」の罪責を認めるためには，正犯者Ｙの行為と結果との間に「因果関係」が認められることが，前提となるはずだからです。このような不都合は，「被害者が血友病に罹っている」という事情に関する，関与者の知・不知から因果関係を判断したことによるものです（平野博士はこれを指して，「目をつぶれば世界はなくなるというのに似ている」と評します）。

　これに対し，折衷説の論者は，相当因果関係は行為者の行為に結果を帰責させるための判断にほかならないのだから，**Case 4-12**（**血友病事例—共犯型**）の

ような場合，関与者ごとに因果関係の判断が異なるのはむしろ当然だと反論します。しかし，少なくとも「因果関係」についてみる限り，上で挙げた結論はやはり奇妙でしょう。また，相当因果関係の判断が，単に「因果関係」の判断ではなく，行為者の行為に対して発生結果を帰責させることができるかという実質判断だとしても，そのような実質判断が，折衷説によるだけで果たして十分に機能するか，そもそも問題があるのです。「相当性」というのは，通常ありえないような事態から生じた結果を行為者の責任にしてはならないという，結果帰責の判断の最小限の要請に応えるにすぎないからです。

　また，そもそも現実に存在する事情を，相当性の判断資料から取り除いて考えるという折衷説の手法そのものにも疑問が向けられています。すなわち，実際の裁判において，裁判所が公判で認定した事情を，果たして「ないことにする」ということなどありえるのかという問題です。

　(3)　**客 観 説**　　そのため，最近では，**客観説**が有力化しています。客観説は，判断基底を行為時に存在する（実際には認定された）すべての事情および行為時に予見可能な行為後の事情とし，科学的な経験知を基準に相当性を判断します。やはり，客観的に存在していた事情をできる限り考慮しなければ，正しい因果関係の判断はできません。先に触れましたが，実際の裁判では，折衷説のように，公判で認定された事情を，因果関係の判断において「ないことにする」ことはありえないでしょう。また，相当性の判断基準についても，安易な素人判断は避けるべきで，科学的な知見に従って行うことが，刑事裁判の信頼性を確保する上でも適切といえます（そのためにも，鑑定制度が存在するのです）。

　客観説に対し，折衷説からは，事後的に明らかになった事情をすべて考慮すれば結果発生の可能性は常に100％なので，実際上，条件説と変わらないと批判されます。たとえば，**Case 4-11**（血友病事例）では，客観説からは，XがAの血友病を知っているか否かに関係なく，相当因果関係が肯定されることになります。しかしそれでは，実際上，結果の帰責を限定する理論としては十分に機能しないというのです。

　しかし，それは判断基底の問題にばかり目を向けるからでして，実際，因果関係の判断の微妙なケースでは，結果発生の可能性について顕著な疑いがある

場合もありえます。また，**Case 4-11**（血友病事例）などにおいて，XがAの血
友病を知らないのであれば，その死を予見することもできないでしょうから，
結果的加重犯の成立要件として通説的に認められる「加重結果についての過
失」は否定されるでしょう。そのため，折衷説によらずとも，最終的には，X
に対しA死亡の結果帰責を否定することはできるのです。

5　相当因果関係説と判例

最近の判例　相当因果関係説は，因果関係の分野では通説として広く支持
を得てきました。これに対し，判例は，因果関係を幅広く認
める傾向にあったため，実際上は条件説によっていると評価されてきました。
もっとも，**米兵ひき逃げ事件**（最決昭和42・10・24刑集21巻8号1116頁／**百選Ⅰ9**）
において，最高裁は，行為後の第三者の行為が「経験則上，普通，予想しえら
れるところではな」いとし，被告人の過失行為と被害者の死亡結果との間の因
果関係を否定しました。この決定は，相当因果関係説によって因果関係を否定
した判例と解されるのが通常です。

　しかしながら，最近の最高裁判例は，因果関係の判断において「相当性」と
いう概念によらず，「行為の危険性」「誘発」といった，言葉の上でこれとは別
の基準を用いて因果関係を肯定するようになっています。たとえば，**夜間潜水
訓練事件**（最決平成4・12・17刑集46巻9号683頁／**百選Ⅰ12**）では，「被告人が，
夜間潜水の講習指導中，受講生らの動向に注意することなく不用意に移動して
受講生らのそばから離れ，同人らを見失うに至った行為は，それ自体が，指導
者からの適切な指示，誘導がなければ事態に適応した措置を講ずることができ
ないおそれがあった被害者をして，海中で空気を使い果たし，ひいては適切な
措置を講ずることもできないままに，でき死させる結果を引き起こしかねない
危険性を持つものであり，被告人を見失った後の指導補助者及び被害者に適切
を欠く行動があったことは否定できないが，それは被告人の右行為から誘発さ
れたものである」るとして，ダイビングのインストラクターであった被告人の行
為と被害者死亡との間の因果関係を肯定しました。

　この事案は，相当因果関係説の立場からも，因果関係を肯定できそうなも

のともいえるのですが，**大阪南港事件**（最決平成 2・11・20刑集44巻 8 号837頁／**百選Ⅰ10**）では，相当因果関係説では因果関係が否定されそうな事案で，最高裁は因果関係を肯定し，かつ多くの学説はその結論を妥当なものとして受け止めました。事案は次のようなものです。被告人は高血圧で動脈硬化の症状のあった被害者にいきなり冷水を浴びせ，洗面器で頭部を殴打する等の暴行を加えたところ（第 1 暴行），被害者は意識を失いました。そのため，被告人は，被害者を大阪南港の資材置き場まで連れて行って放置しましたが，その後何者かが，被害者の頭部を角材で殴打しました（第 2 暴行）。被害者は翌朝，資材置き場で遺体で発見されたのですが，被害者の死因は，第 1 暴行によって形成された内因性高血圧性橋脳出血およびその拡大とされました。この事案について最高裁は，「犯人の暴行により被害者の死因となった傷害が形成された場合には，仮にその後第三者により加えられた暴行によって死期が早められたとしても，犯人の暴行と被害者の死亡との間の因果関係を肯定することができ」ると判示しました。

　相当因果関係説によりますと，この場合，第 2 暴行は予測できない行為後の事情ですから，いずれの説によったとしても，判断基底から除かれます。そして，最高裁の説示のように，第 2 暴行が被害者の死期を早めたとするなら，死亡結果はこれによってもたらされた可能性があることになります。そうしますと，第 1 暴行と死亡結果との間に相当因果関係は認められません。しかし，実際には，第 1 暴行によって被害者の死因となる橋脳出血が形成され，第 2 暴行がなくとも，ほとんど変わりのない時点で死に至ったと考えられますので，むしろ第 1 暴行と結果との間の因果関係は肯定されるべきだと考えられたのです。

　最高裁判例は，その後も，被害者ないしは第三者の介入事例で広く因果関係を認めています（たとえば，**高速道路進入事件**：最決平成15・7・16刑集57巻 7 号950頁／**百選Ⅰ13**，**点滴管引抜き事件**：最決平成16・2・17刑集58巻 2 号169頁，**高速道路追突事件**：最決平成16・10・19刑集58巻 7 号645頁，**トランク監禁追突事件**：最決平成18・3・27刑集60巻 3 号382頁／**百選Ⅰ11**など）。

相当因果関係説の意味　これらの判例がきっかけとなり，学説でも相当因果関係説には，理論的な問題点があるとの見方がなされるようになりました。それはとりわけ，ここで取り上げている，行為後に被害者または第三者の行為が介在して結果発生に至った場合の因果関係の判断にあるとされます。たとえば，大阪南港事件のように，行為時に予見不可能な第三者の暴行が介在したとされる事案で，そのような介在事情にもかかわらず，行為者による暴行と被害者死亡の結果との間に因果関係が認められる根拠は，必ずしも明確ではないとされました。介在事情の具体的影響力（寄与度）という観点からの検討が十分ではなく，これと予見可能性との関係についても十分な説明がなされていないと批判されたのです。こうした事情から，相当因果関係説の危機ともいえる状況が生じているとする見解も現れました。

　しかしながら，行為から結果発生に至るまでの経過の経験的な通常性（裏を返すと異常性）を問題とする相当因果関係説にとって，その経過において介在した事情が結果発生に具体的な影響を及ぼしたか否かは，重要な問題であるといえます。結果発生に顕著な影響を及ぼす事情が介在する場合，その予測可能性は，行為と結果発生のつながり全体の経験的な通常性の判断を左右しうるのに対して，とるに足らない些末な事情の介在は，つながり全体の通常性の判断には影響しないでしょう。たとえば，大阪南港事件では，第三者による第2暴行は，被害者の死期を幾分早める影響を与えるものであるとされました。ここでは，被害者の死期を現実に早めたと，具体的に認定されたわけではないことが重要です。つまり，第2暴行が被害者の死期に実際に影響したかどうかは，明確ではないわけです。そのような影響しか有しない第2暴行が，たとえ行為時に予見不可能であったとしても，それは，具体的に被害者の死因を形成した第1暴行と被害者死亡との間の相当因果関係の判断を左右しえないものと評価できます。このことから，この判例も相当因果関係の判断枠組みから説明可能なものといえます。

　むしろ，予見可能性の判断について，いま少し丁寧な説明が必要です。たとえば，高速道路進入事件では，被害者は被告人らから3時間近くにわたり激しい暴行を受けた後，隙をみて逃走したものの，被告人らの追跡を恐れて逃げ惑

ううち，高速道路上に進入してしまい，そこで自動車にはねられて死亡しました。ここで，暴行を受けて逃走中の者が高速道路に進入することは通常ありうるか，すなわち予見可能であるかを一般的に考えてみても，明確な解答は得られないでしょう。それはありうるともいえるし，ありえないともいえます。これに対し，被告人らから激しい暴行を受けた被害者は，被告らに対し極度の恐怖心を抱いていたという事情を踏まえた場合はどうでしょうか。その場合には，被害者が高速道路内に進入するという，一見すると不合理で予測不可能ともいいうる行動をとることも，ありうるといえるでしょう。このように予見可能性の判断を適切に行うためには，具体的経過において重要な役割を果たした事情を踏まえる必要があります。

　以上の点を押さえておけば，相当因果関係説でも，判例を理論的に説明することは可能です。しかし，それにもかかわらず，結果の客観的な帰責の判断は，必ずしも，相当因果関係説の判断枠組みだけでなしうるわけではありません。結果の帰責に関し，相当因果関係説で解決が困難な問題が存在するとの指摘がなされ，これに対応するために，近時では客観的帰属論という考え方を主張する見解が出てきています。

6　客観的帰属論

客観的帰属論の概要　　客観的帰属論は，行為によって結果発生の許されない危険が創出され（危険創出連関），その危険が結果に実現した（危険実現連関）ときに，結果を行為に帰属できるという理論と説明されます。実は，この２つの連関は，広義の相当性（実行行為そのものの相当性）と狭義の相当性（因果経過の相当性）という相当因果関係の枠組みと基本的には合致します。むしろ，客観的帰属論の理論的意義は，この２つの連関を認めるための具体的基準を類型的に示すことにあります。そしてこれは，上で示した相当因果関係説の理論的問題点に対応するものです。

　たしかに，相当因果関係説の判断枠組みにはあいまいな部分もあります。しかし，同じ結論を理論的によりうまく説明できるというだけでは（もちろんそれも重要なことなのですが），わざわざ「客観的帰属論」という独自の理論を打

ち立てる意義は，それほど認められないでしょう。客観的帰属論に懐疑的な見
解が強いのも，まさにこの点に理由があるように思われます。

　それでは，相当因果関係説ではカバーできない結果帰責判断を可能にする理
論として，客観的帰属論は，どのような場合にその有効性を発揮するのでしょ
うか。それは，イメージ的にいいますと，「相当因果関係説による場合に結果
帰責は認められるが，結果帰責を認めるのが妥当ではない場合」といえます
（相当因果関係が認められない場合には，結果は偶然的に生じたのですから，そもそも
結果帰責を認めること自体妥当ではないでしょう）。

客観的帰属論の意義　　客観的帰属論は，犯罪体系の様々な場面で意味を
もってくると考えられるのですが，さしあたりは，
重要なものとして次の2つの場合を挙げておきます。

　(1)　**被害者の自己答責性**　　自己答責的に行われた行動から生じた結果はそ
の者に帰属されるので，被害者の自己答責的な行動に関与した者は，自損的な
行為への関与として不可罰とされることになります。たとえば，次のような場
合です。

> **Case 4-13**　嵐の日に，危険であることを理由に再三断ったにもかかわらず，客
> から渡し船を出すよう強請された渡し守Xが，船を出したところ，嵐のため船が転
> 覆し，客が溺死した。

　Case 4-13（メーメル河事件）の場合，渡し守Xが再三の忠告をしたにもかわ
らず，客は自ら河を渡ることを強く要請したわけですから，たとえ，船を
転覆させて客を死なせたのがXであっても（この間の事情には，相当因果関係が認
められるでしょう），死亡結果は，客の自己答責的なふるまいによるものとし
て，客自身に帰属されることになります。この問題は，**危険引受け**（➡第5
章・**6**-4）のところで再度取り上げることになります。

　(2)　**中立的行為による幇助**　　幇助のところでも触れられますが（➡**Further
Lesson 6-8**），売買などの日常的な取引関係から，結果的に他人の犯罪行為に加
担してしまうことがあります。

Case 4-14　金物屋Ｘが怪しげな人物Ｙに怪しいと思いつつ，求めに応じてドライバーを販売したところ，Ｙは，Ｘの懸念のとおり，そのドライバーで侵入窃盗をはたらいた。

　このようなリスクは，取引行為には常につきまとうもので，たとえ，たまたま，他人が犯罪行為を行うことがわかったとしても，その度に取引を差し控えさせていたら，この社会は成り立ちません。そこで，そのようなリスクを冒すことは社会的に許容されたものとし（これを「許された」危険といいます），その場合には，結果は犯罪行為者だけに帰属させると考えるのです。わが国にも，たとえば，業者が軽油引取税という地方税を納めていないことを知りながら（具体的には，税金を納めていない分料金が安くなっているという事情を知りながら），その業者から軽油を安く買った客について，無罪とした判例（軽油引取税事件：熊本地判平成 6 ・ 3 ・15判時1514号169頁）や，信用保証協会の役員に保証債務の免責を撤回するよう働きかけた銀行頭取に対し背任罪の共犯の成立を否定した判例（北國銀行事件：名古屋高判平成17・10・28高刑速〔平17〕285頁）は，このような考え方で説明することができます。

　いずれの場合も，相当因果関係が肯定されるケースなのですが，結果の帰属は否定されるべきと考えられます（特に「(2) 中立的行為による幇助」では，実際に判例も共犯が成立しないとします）。このことからうかがえますように，客観的帰属論は，相当因果関係説に取って代わるものではなく，相当因果関係説を前提としながらも，その基準だけでは対応困難な問題について，結果帰属のための（多くは，結果帰属を否定するための）ルールを提供するものといえます。

5　故　　意

1　故意の意義と本質

故意の意義　刑法38条 1 項は，「罪を犯す意思がない行為は，罰しない。ただし，法律に特別の規定がある場合は，この限りではない」と規定しています。故意とは，ここでいうところの「**罪を犯す意思**」のこ

とです。したがって38条1項本文は，故意のない行為は罰しない，言い換えると，処罰されるのは故意のある行為だけだと解することができます（**故意犯処罰の原則**）。

　もっとも，ただし書きに目を向けると，法律に特別な規定がある場合にはこの限りではないとされています。これは，たとえば過失犯などの特別の処罰規定がある場合には故意のない行為であっても処罰されうることを規定したものです。ただし，この規定の位置づけが示すように，それはあくまで例外的な場合であって，通常は，罰せられるのは故意のある行為のみです。

　　故意の本質　　故意とは何かに関して学説上古くからの対立があります。故意の本質をめぐって伝統的には，**意思説**と**認識説**が争ってきました。意思説によれば，故意の本質は犯罪事実を意欲した点に求められるのに対して，認識説によれば，犯罪事実を認識していた点に故意の本質が求められます。さらに，最近では**動機説**なる立場も有力に主張されています。動機説は，「行為を止める動機とすべき事実を認識しながら行為に出た」点に故意の本質を見出します（**争点27**）。

　このような本質論を論じる実益は，故意の限界をいかに画するかということを考慮する際に生じます。上述しましたように，刑法38条1項は原則として故意犯を処罰し，過失犯は例外的に処罰されるにすぎず（つまり，たとえば窃盗罪のように過失犯処罰規定がない罪においては，故意の有無が処罰と不処罰の限界を画すことになります），さらに過失犯は通常，故意犯よりもその法定刑は軽く規定されています。このため故意の限界をどこに引くのかということが重要になるわけですが，故意の本質論はその際に重要な手がかりとなるのです。それゆえ，以上の故意の本質論における学説の検討は故意と過失の区別を論じるところでさらに行います。

2　体系的位置づけ

　　故意の体系的位置づけ　　伝統的な犯罪論体系においては，原則として犯罪の客観的側面を構成要件あるいは違法性に，主観的側面を責任に位置づけていました。それゆえ，故意（ないし過失）は責任の

form式あるいは種類とされたのです。

形式あるいは種類とされたのです。

　しかし，目的的行為論はこのような伝統的な犯罪論体系に対して，故意もまた行為要素であって，構成要件段階に位置づけるべきだと主張したのです。目的的行為論によれば，（構成要件該当性ないし違法性の判断対象となる）人間の行為とは，「因果的過程を統制し自らの設定した目的の実現に向けて導く目的追求活動」であり，それゆえ外界を支配する目的的意思もまた行為の要素となります。そしてこのような行為が構成要件に取り入れられる場合，目的的意思もまた主観的構成要件要素として構成要件段階に位置づけられることになるのです。

　もっとも，目的的行為論は現在では少数説にとどまっています。にもかかわらず，**多数説は故意（ないし過失）を構成要件段階に位置づけています**。それではなぜ，多数説は目的的行為論によらないにもかかわらず，故意を構成要件に位置づけるのでしょうか。このことは，構成要件の理解に関わります。

　構成要件は複数の機能を有しています（**➡本章・1-1**）。故意（ないし過失）を構成要件段階に位置づける論者はその機能のうちの**犯罪個別化機能**を重視するのです。つまり，どのような行為が犯罪となるのかを可能な限り個別・具体的に規定することは，個々の市民の予測可能性を担保し，それによって行動の自由を保障するのであり，このことは罪刑法定主義からの要請であるとします。このことから，犯罪個別化機能は構成要件の罪刑法定主義的機能ともいわれています。

　したがって，犯罪の個別化機能を重視する者は，同じ生命侵害の場合でも，それが故意による殺人なのか，あるいは傷害致死，または過失致死なのかをも構成要件段階において区別しなければならないとするのです。このように犯罪を客観的側面においてだけでなく，主観的側面においても個別化することによって罪刑法定主義の要請がよりよく果たされるとするのです。また，このような理解は現行刑法典が故意殺人，傷害致死，過失致死を条文上区別して規定していることにも合致するとされます。

　それに対して，**伝統的な犯罪論体系は，故意（ないし過失）を責任の段階に位置づけます**。というのも故意（ないし過失）を責任に位置づける論者は構成

要件の**故意規制機能**を重視するからです。構成要件の故意規制機能とは，故意が認められるためにはいかなる事実を行為者が認識していなければならないのかを明らかにする機能です。この機能を重視する場合は，構成要件は故意（認識）の対象であり，それゆえ構成要件の外に置かれなければなりません。さもなければ，故意の対象の中に故意が含まれているという不合理な事態に陥ってしまいます。それゆえ，構成要件の故意規制機能を重視する論者は故意を責任の段階に位置づけるのです。

　そして，故意を構成要件段階に位置づける見解に対しては，次のように批判します。犯罪個別化機能を徹底させるのであれば，１つの構成要件に故意や過失の区別だけでなく，正当防衛の有無，緊急避難の有無，さらには責任能力の有無等，犯罪の成立要件のすべてを書き込まなければならなくなるが，それは１つの条文を過度に煩雑にし，かえっていかなる行為が犯罪となるのかをわかりづらくするというのです。現行の刑法典も犯罪の成立要件のすべてを１つの構成要件に書き込むのではなく，犯罪のすべてに共通する要素は総則として刑法典の総則において規定しているのです。このように，構成要件はあくまで犯罪成立要件の１つであり，上述の罪刑法定主義の要請は犯罪成立要件をすべて含んだ犯罪類型によって果たされるとするのです（もっとも，近時，共犯との関係から構成要件の機能を検討し，故意を責任に位置づけつつ構成要件の故意規制機能を否定する見解が登場するに至っています）。

　以上は，故意（ないし過失）の体系的位置づけの理論的な側面でしたが，位置づけの相違は実際上の帰結においても相違を導きます。それは２つあります。１つは，違法性阻却事由に該当する事実に関する錯誤の処理であり（**争点29**），もう１つは教唆犯と間接正犯にまたがる錯誤の処理においてです（**争点57**。いかなる相違を導くかは各該当箇所を参照してください。ここでは少なくとも故意の体系的位置づけの問題は理論的な問題だけでなく，２つの領域において実際上の帰結においても相違をもたらすということ，そしてむしろ実際上の帰結のほうが重要であるということを理解していただければよいと思います）。

3　故意の種類

故意の種類　故意とは，38条 1 項にいう「罪を犯す意思」であることは上述のとおりですが，ここではさしあたり，「罪」を「犯罪事実（犯罪の客観的側面）」として，「意思」を「認識と意欲」として理解しておきましょう。すると故意とは，「犯罪事実の認識と意欲」となります。故意の種類を考えるに当たって上記の故意の定義において関わるのは「認識」と「意欲」です。

故意は通常，**確定故意**と**不確定故意**に分類されます。確定故意とは，行為者にとって結果発生が確定している場合で，これはさらに 2 種類に分かれます。1 つは，行為者が結果発生を自己の行為の目的としている場合で，これを意図と呼びます。もう 1 つは行為者が結果発生を意図しているわけでないけれども，行為を行えば結果が確実に発生すると思っている場合で，これを確知と呼びます。

それに対して，不確定故意とは行為者にとって結果発生が不確定な場合で，これはさらに 3 つに分類されるのが一般的です。つまり，**未必の故意，概括的故意，択一的故意**です。

未必の故意　**未必の故意**とは，行為者が結果発生を意図しておらず，かつ結果の発生を不確実にしか認識していない場合をいいます。行為者が発生を意図している結果のことを主結果と呼ぶとすれば，未必の故意は行為者の意図していない結果，つまり付随的な結果の領域において問題となるのです。これを図で示すと**図表 4 - 1**のようになります。

たとえば，保険金詐欺目的で自宅を放火しようと計画するが（主結果），しかし家には高齢で足が不自由なため寝たきりの祖父（必然的付随結果①＝確知）と同様に高齢で体力の衰えた祖母（蓋然的付随結果②），さらに妻と子供（可能的付随結果③）がおり，これらの者が自己の放火行為によって死亡しうることを認識しつつ行為し，これらの者が全員死亡したという場合，未必の故意が問題となるのは付随結果②と③の領域なのです。そして，この領域のどこにどのような基準でその限界線を引くのかが**未必の故意**と（**認識ある**）**過失の区別**として論じられてきたものなのです（**争点28**）。

図表 4 - 1 故意の構造

認容説と蓋然性説　この区別問題に関して，学説は上述のとおり故意の本質論における意思説からは**認容説**が，認識説からは**蓋然性説**が主張され，さらに近時においては**動機説**から，法の期待する「誠実な人」を仮定し，そのような者なら行為を思いとどまる程度の犯罪事実を行為者自身が認識していたかどうかによって区別する見解が主張されています。

　学説では，認容説が通説あるいは多数説とされています。認容説は，意思説にいう「意思」を厳密に解釈すると，意図と同義であり，これでは故意の処罰範囲が過度に狭くなって，妥当な解決が得られないということから，その処罰範囲を広げるために主張された見解です。つまり，意図されていない付随結果（先の例でいえば，付随結果②ないし③の領域）をもその処罰範囲に含めるために主張されたのです。このような認容説とは，簡単にいえば，行為者が自己の行為目的の追求に際して，付随的に生じうる犯罪結果に対してそのような（付随的）結果が発生してもかまわないなどと認容した場合に故意を認めるという見解です。

　認容説によれば，付随結果の発生可能性がかなり高度な場合であっても「認容」がなければ故意は認められず，それに対して付随結果の発生可能性がかなり低くても「認容」があれば故意が認められることになってしまいます。このように認容説は故意の成否において妥当な結論を得られない点で問題を有するとされるのです。

　このような認容説の問題点を克服しようとするのが蓋然性説です。これは故意の本質論における認識説を基礎とするものですが，認識説のいう「認識」の程度を蓋然性に限定するのです。というのも，結果発生の単なる認識，つまり結果発生がありうるとの認識のみで故意を認めるのは故意の処罰範囲を過度に広げるものであり，実際上の帰結として妥当ではないからです。したがって，蓋然性説は行為者が付随結果の発生を蓋然的とみなしたのかどうかによって故

意と過失を区別することを試みるのです。そしてまた付随結果発生の「蓋然性」を基準とすることによって，先の認容説における問題点をも克服しうると考えるのです。

✐ Topic 4-2

認容説の意味

　ここでは認容説がどのようなものなのかを考えてみましょう。認容説を理解する上で，欠かせない前提があります。それは未必の故意の問題領域が付随結果の領域（図表4-1②ないし③）に関わるものだという認識です。というのも認容説にいう「認容」とは主結果と付随結果との比較考慮から明らかになるからです。したがって，まずは未必の故意がなぜ付随結果の領域に関わるものなのかを明らかにします。

　未必の故意は結果発生が不確実な場合としばしば定義されます。この定義を前提に，次の事例を考えてみましょう。AはBを殺害する意図で自己の手製の時限爆弾をBの車に仕掛けるのですが，その時限爆弾が手製であるためうまく作動するかどうかわからないと思っていた場合です。先の未必の故意の定義からすれば，この場合も結果発生が不確実な場合ですから未必の故意に当てはまることになります。しかしAは殺人の意図をも有しています。すると，この事例は殺人の意図かつ未必の故意のある場合ということになります。しかし意図があれば故意は認められるのですから，未必の故意は行為者が結果を意図した場合，つまり主結果の場合には問題とならないということになります。このことから未必の故意が問題となるのは付随結果に関する領域だけだということが明らかになります。

　以上のことを前提に認容説をみてみます。本文で認容説とは，付随結果の発生を認容している場合に未必の故意を認める見解だとしました。問題は，ではいかなる場合に「認容」があったといえるのかです。この点に関して認容説によれば，行為者が意図した結果を実現しようとする際に，付随的に発生しうる結果を認識し，付随結果の発生それ自体が行為者にとって好ましかった場合はもちろんのこと，仕方ない，さらには好ましくなくとも，自己の意図した結果の実現と付随結果の発生を比較する場合，行為者にとって自己の目的実現のほうが重要であったために行為したという場合に付随結果の発生に対する「認容」が認められるとするのです。というのもこの場合，行為者が付随的ではあれ犯罪結果が発生しうるにもかかわらず行為したのは，自己の行為の放棄によって自己の目的追求を断念するよりも付随結果が発生するほうが行為者にとってまだ好ましかったからであり，このような意味で行為者に付随結果の発生に対する「認容」が認められるからなのです。

　もっとも，この蓋然性説に対しては結果発生の蓋然性という量的基準による
のみでは質的に異なる故意と過失を区別することはできないという批判に加え
て，さらに慎重な者ほど故意が認められやすく，軽率なものほど故意が認めら
れないとする矛盾を生み出すとの批判もなされています。これは結果発生が蓋
然的かどうかは行為者の判断によるため，故意の有無が結局のところ行為者の
性格に依存する点にそもそもの問題があるのです（この点は認容説にも当てはま
る問題点です）。

動機説　以上の主要な学説に対して，最近，**動機説**が有力に主張され
ています。動機説によれば，未必の故意と認識ある過失の区
別を，法の期待する「誠実な人」を仮定し，そのような者なら行為を思いとど
まる程度の犯罪事実を行為者自身が認識していたかどうかによって行います。

　この見解の特徴は，上述の認容説や蓋然性説が故意の有無を結局のところ行
為者の性格に依存させるものであったのに対して，認識内容を規範的に規定す
ることで，そのような認容説や蓋然性説の問題点の克服を試みる点にありま
す。つまり，行為者が現に認識していた犯罪事実が，法の期待する「誠実な
人」であれば行為を思いとどまる程度のものであるかを検討し，これが認めら
れれば故意が認められるとするのです。このように認識内容を規範的に規定す
ることによって，動機説は，これまでの学説が抱えていた，故意の有無の，行
為者個人の性格への依存という問題点を克服することを試みているのです。

判例　次に，判例についても簡単に触れておきます。未必の故意の
リーディング・ケースとされているのが，最判昭和23・3・16
刑集2巻3号227頁（**百選Ⅰ41**）です。これは，盗品等有償譲受け罪に関するも
ので，本判決は，未必の故意に関して「あるいは贓物（＝盗品）であるかもし
れないと思いながらしかもあえてこれを買い受ける意思があれば足りる」とし
ました。この判決のいう「あえて」という文言をめぐって，従来はこれが行為
者の意的要素を示すものであって，それゆえ本判決は認容説をとるものだとす
る見解が支配的でした。それに対して，最近では認識説や動機説の立場から
「あえて」という文言は行為者の内心を示すものではなく，裁判官による評価
であって，それゆえ本判決において決定的なのは行為者の認識であるとの主張

がなされるに至っています。

概括的故意と択一的故意　概括的故意と択一的故意は，犯罪結果を意欲している点では共通するのですが，概括的故意がその客体および数が不確定である場合であるのに対して，択一的故意は，複数の客体のうちいずれか一方にのみ結果が発生すると行為者が認識している場合をいい，この点で両者は異なります。

4　故意の内容

構成要件該当事実の認識　故意とは「犯罪事実」の「認識」と「意欲」といいましたが，ここにいう「犯罪事実」に構成要件該当事実が含まれることについては，学説上争いはありません。それゆえ，故意が認められるためには，まずもって，**構成要件に該当する事実の認識**が必要となります。

ここで問題となるのは，故意を認めるに当たって，構成要件要素についてどの程度の認識が必要かということです。この点につき，学説は，故意を認めるに当たって，構成要件該当事実に関するまったく外形的な現象のみの認識（いわゆる裸の事実の認識）では足りず，さらにその事実の意味を認識する必要があるとします（意味の認識）。というのも，行為者が，裸の事実だけでなく，その意味をも認識していなければ，そのような認識は反対動機（当該行為をやめる動機）となりえない以上，故意は認められるべきではなく，仮に裸の事実の認識で故意が認められるとすれば，それは不当な結論に至るからです。それゆえ，故意を認めるためには，裸の事実の認識だけではなく，その意味の認識もまた必要なのです。

もっとも，その際，法概念の正確な意味を認識している必要はありません。というのも，たとえば175条の故意を認めるに際して，「わいせつ」という概念の法的意味を行為者が正確に認識していなければならないとすれば，175条の犯罪を実行できるのは「わいせつ」という法的概念の意味を正確に知っている者だけ，つまりそのほとんどは法律家だけであり，法律家だけが175条によって処罰されうるということになってしまうからです。

　そこで，学説は，行為者に故意を認めるに当たって法的概念の正確な意味を
認識していることは必要でなく，その法概念が指し示している対象が行為者の
属する社会において妥当しているところの，法的評価と平行した意味・機能を
認識していれば故意にとって十分であるとします。これを「**素人領域における
平行評価**」といいます。たとえば，外国のポルノ雑誌を日本国内で販売してい
た者が，販売している雑誌がその社会においていやらしい雑誌であると評価さ
れていると認識しつつ，当該雑誌を販売していれば，175条のわいせつ物頒布
罪の故意は認められるのです。

**違法性阻却事由に該当
する事実の不認識の要否**　故意の対象としての「犯罪事実」の中に違法性
　　　　　　　　　　　　　阻却事由（正当防衛など）の不存在が含まれるか
については争いがあります。つまり，故意を認めるに当たって，**違法性阻却事
由に該当する事実があることの不認識**もまた考慮しなければならないのかとい
うことです（**争点27・29**）。それが問題となる典型例が**誤想防衛**です。

> ■ **Case 4-15**　Xは，夜の公園で，A女がB男に組み敷かれているのを見て，Bが
> Aを強姦しようとしているのだと思い込み，Aを助けるためにBに石を投げつけて
> 命中させ，Bに傷害を負わせたが，じつは，Bは酔っ払ったAを介抱しているだけ
> であった。

　この事例では，客観的に「急迫不正の侵害」という正当防衛に該当する事実
は存在していませんが（正当防衛については，**➡第5章・4**），Xは，それがある
と認識（誤想）しています。つまり，Xには「正当防衛だ」という認識がある
のです。このような場合であっても，犯罪の故意（**Case 4-15**の場合，暴行ない
し傷害の故意）が認められるのかが問題となります。

　この問題に関して，学説は大きく2つの立場に分かれます。1つは，たとえ
ば殺人罪における故意の内容は他人を殺す認識に尽きているので，故意の対象
としては構成要件該当事実で十分であるとします（厳格責任説）。

　それに対して，故意の対象に構成要件該当事実のみならず，違法性阻却事由
の不存在をも含める見解は，殺人罪において他人を殺す認識を有しているだけ
では38条1項に「罪を犯す意思」に当たらないとします（判例・通説）。という

のも，たとえば，正当防衛によって攻撃者を殺害したという場合，たしかに行為者は他人を殺す認識を有していたといえますが，しかしそれは自己を守るための正当な行為であって，当該行為者は殺人「罪」を犯しているとの認識を有していないからです。つまり，犯罪の客観的側面は，構成要件に該当するだけでなく，違法性阻却事由にも当てはまらないことによって初めて充たされるので，故意が認められるためには構成要件該当事実の認識のほかに違法性阻却事由に該当することの不認識もまた必要であるとするのです（**Case 4-15** の X については，暴行ないし傷害の故意が認められず，傷害罪は不成立となります）。もっとも，この立場によれば，違法性阻却事由の存在は例外的な場合であるので，その不存在が積極的に認識される必要はないとされています。

違法性の認識　　行為者に刑事責任を問うに当たって，犯罪事実の認識のほかに自己の行為の違法性を認識（意識）していることも必要かどうかについては，判例，学説上古くから争いがあります（**争点34**）。この争いは，たとえば行為者が犯罪事実の認識を有しているが，何らかの理由で自己の行為は違法でない（ここには法の不知も含まれます）と誤信した場合の処理に関わります。違法性の認識を必要としない立場であれば，この場合，行為者に犯罪事実の認識がある以上，原則として刑事責任が問われることになります。それに対して，違法性の認識が必要であるとの立場からすれば，刑事責任が軽減あるいは免責される可能性があります。

判例は主として刑事責任を問うに当たって，行為者に犯罪事実の認識があれば足り，そのほかに違法性の認識まで必要としないとの立場です（違法性の認識不要説）。もっとも，最近の判例には，このような立場の再検討を示唆するものもあります（たとえば，最決昭和62・7・16刑集41巻5号237頁／百選 I 48）。

それに対して，学説の主流は刑事責任を問うに当たって，行為者は自己の行為の違法性を認識していることまたは認識可能であることが必要であるとの立場をとっています。

もっとも，違法性の認識が必要であるとしても，その内部において以下の点で考え方の相違があります。第 1 は違法性の認識は故意の要素かどうか，第 2 は違法性の現実の認識が必要なのか，それとも認識の可能性で足りるのか，第

3は違法性阻却事由に該当する事実に関する錯誤の処理に関してであり，最後に違法性の認識が必要であるとした場合，ここにいう「違法性」の内容はどのようなものか，です。順にみていきます。

故意説と責任説　まず第1に，違法性の認識は故意の要素なのか，それとも故意とは別の責任要素なのかについてです。違法性の認識が故意の要素だとする見解を**故意説**，故意の要素ではなく，故意とは別の責任の要素だとする見解を**責任説**といいます。さらに故意説の内部において**厳格故意説**と**制限故意説**が存在し，責任説の内部では**厳格責任説**と**制限責任説**が存在します。このような学説の相互関係と上記の問題を関連させて説明してみます。

厳格故意説と制限故意説　この問題を検討するに当たって，**厳格故意説**から出発しましょう。厳格故意説とは，故意を認めるに当たって犯罪事実の認識のほかに**違法性の現実の認識も必要**であるとする説です。この説によれば，犯罪事実を認識し，それによって自己の行為の違法性をも認識すれば行為者には当該行為を行わないという反対動機が形成されるのであり，にもかかわらず行為者が行為に出る場合に初めて故意犯としての重い責任非難が可能であるとします。したがって，この説によれば，行為者に犯罪事実の認識があっても違法性の認識がなければ故意犯は認められず，その認識がないことに過失があれば過失犯の処罰規定がある場合に限って，当該行為者は過失犯として処罰されることになります。

このような説に対しては，行為の際に常に現実の違法性の認識を求めることは実際上不可能であり，また実際上の結論の妥当性も欠くと批判されています。たとえば常習犯，確信犯，激情犯においてその大部分は自己の行為の違法性の現実の認識は低減・消失するといわれます。また行政犯においても，違法性の現実の認識が必要であるとすれば，行政犯の大部分は現実の認識のない場合であって，過失犯の処罰規定がない限り処罰できず，それゆえ刑事政策上の要請を充たすことができないことになります。要するに違法性の現実の認識を要求するのは実際上の帰結として妥当ではないと批判されているのです。

このような批判を受け止めて厳格故意説を修正するのが**制限故意説**です。こ

の説は，故意を認めるに当たって，犯罪事実の認識のほかに違法性の現実の認識は必要ではないけれども，**違法性の認識の可能性は必要**とするのです。この見解の代表的論者である団藤重光は人格責任論の立場から，おおよそ次のように主張しています。犯罪行為の遂行に際して，行為者が犯罪事実を認識している以上，彼は規範（たとえば，「人を殺すな！」）についての問題に直面しており，それにもかかわらず行為に出る場合，当該行為者にはすでに直接的な反規範的人格態度を認めることができます。したがって自己の行為が違法であると知りつつ行為した場合と自己の行為が違法でないと誤信した場合とで本質的な差異はないのであり，それゆえ故意の要件としては違法性の現実の認識は必要ではなく，その認識の可能性で足りるとするのです。ただ違法性の認識を欠いたことに様々な事情があり，場合によってはその欠如について無理もないという場合もあります。そのような場合には責任非難は一定程度減少するか，あるいはそもそもできないのです。

　このような制限故意説に対して，次のような批判がなされました。つまり，制限故意説は故意の要件として違法性の認識の可能性という過失的要素を故意の要件とすることで故意概念を混乱させるというものです。現実の認識と認識の可能性は異なる心理状態である以上，両者は区別すべきだというのです。すでに，犯罪事実の認識と違法性の認識（の可能性）とは異なる心理状態であることが意識されていたのですが，制限故意説の問題点から，両者を区別し違法性の認識は故意の要素ではなく，故意とは別個の責任要素であるとする見解が主張されることになります。これが責任説です。

責任説　責任説の基本的な主張は，犯罪事実の認識と違法性の認識（の可能性）は質的に異なる心理状態であり，それゆえ両者を区別すべきというものです。つまり，故意とは犯罪を実現する認識と意思のみをいい，違法性の認識（の可能性）は，意思形成過程に対する非難可能性（反対動機を形成しえたかどうか）を問題とするもので，**故意・過失に共通の独立した責任要素**であるとします（このような見解の理論的基礎は目的的行為論によって与えられましたが，現在では目的的行為論を支持しない立場からも支持されています）。この上で，行為者が自己の行為の違法性について誤信した場合，その錯誤が避け

られなかった場合には非難可能性が存在せず責任が阻却され，その錯誤が避け
られうる場合には非難可能性は減少し，責任が軽減されうるとします。このよ
うに解することで，責任説は故意説の有した問題点の克服を試みているので
す。以上が責任説の基本的な主張ですが，責任説はその内部において厳格責任
説と制限責任説に区別されます。

| 厳格責任説と制限責任説 |

厳格責任説と制限責任説の相違は故意の認識内
容に関わります。**厳格責任説**は，すでに言及し
たところの，犯罪事実を構成要件該当事実に限定し，この認識があれば故意を
認める見解をいいます。この見解によれば，**違法性阻却事由に関する認識は違
法性の認識の問題**であり，その錯誤，たとえば **Case 4-15** のような**誤想防衛**
は違法性の錯誤として取り扱われます。したがって，その錯誤につき，回避不
可能であれば責任が阻却され，不処罰とされますが，その錯誤が回避可能なも
のであれば，故意犯としての重い処罰もまた可能となります。このような見解
の基礎には，行為者に構成要件該当事実の認識があれば，自己の行為はやって
はいけないのかもしれないとの具体的な契機が与えられるので（いわゆる故意
の警告機能あるいは提訴機能），このような場合には自己の行為が許されているの
かどうかに関して十分に検討吟味して行為すべきであるとの考慮が存在してい
ます。

　しかし，厳格責任説のように，たとえば誤想防衛の場合であっても場合に
よっては故意犯として重く処罰することは，行為者に過酷な処罰を負わすもの
で妥当ではないとして，厳格責任説は批判されました。

　そこで，厳格責任説のこの過酷な結論を制限しようとする見解が主張される
ことになります。これが**制限責任説**です。制限責任説によれば，犯罪事実とは
構成要件該当事実に尽きるのではなく，違法性阻却事由の不存在もまた犯罪を
基礎づける客観的事実である以上，**違法性阻却事由の存在の認識は故意を否定
する**とします。したがって，その事実に関して錯誤があるときには，行為者は
個別の犯罪を行う認識を有しておらず，故意は認められないことになります。
この立場からすれば，**誤想防衛**は故意（あるいは故意責任）を阻却することにな
ります。

　現在，学説において厳格責任説は少数にとどまっており，誤想防衛などの違法性阻却事由に該当する事実に関する錯誤は故意を阻却するという見解が通説であるといってよいでしょう。

38条 3 項の解釈　　故意説は，38条 3 項の解釈において，まず，38条 1 項にいう「罪を犯す意思」には犯罪事実の認識と違法性の認識（の可能性）が必要であることを前提に，38条 3 項を「法律＝個別の条文（法規）の認識は故意の成立にとって必要ではない」と読み，ただし書きに関して，厳格故意説は「法令の不知（当てはめの錯誤）につき，違法性の意識はあるが違法性の程度についての認識が困難な場合」（浅田）に刑を減軽することができると解釈します。制限故意説は，ただし書きを「違法性の意識の可能性はあっても，それが困難であるために違法性の意識を欠くときは，故意の成立を妨げないが非難可能性が減少する」と解釈します。

　それに対して責任説は，38条 3 項本文を「法律＝『違法性』の認識がなくとも故意は成立する，その意味で違法性の認識は故意の成立とは無関係である」と読んで，責任説を採用したものと解釈し，ただし書きは「違法性の認識がないことについて特別な事情がある場合には刑罰を減軽することができる」と読んで，ただし書きは独立の責任要素である違法性の認識に関する錯誤について規定したものと解釈します。

　故意説に対しては，法規を知らなくても故意犯として処罰されるということは当たり前であり（条文をある程度正確に知っているのは法律家くらいでしょう），わざわざ法律で規定したとは思えないとの批判がなされています。他方，責任説に対しては，違法性の錯誤に関して，その錯誤が回避不可能であった場合に，責任説では超法規的な責任阻却事由とするが条文上の根拠を欠くとの指摘がなされています。

「違法性」の認識内容　　「違法性」の認識内容に関して，学説は，大きくは 2 つの立場に分けることができます。1 つは，何らかの法（律）で禁止されていることに違反することではなく，法律以前の社会的レベルで禁止されていることとし，これに反する認識（前法的禁止の認識）が違法性の認識だとします。このことを学説は，たとえば反条理性の認識だと

か，国民的道義に反することの認識などと表現しています。

違法性の認識にいう「違法性」をこのように理解する者は，主として厳格故意説をとっています。厳格故意説は，犯罪事実の認識のほかに違法性の現実の認識もまた故意の要件としますので，違法性の認識に法的に禁止されていることの認識を要求すると，故意犯としての処罰範囲が不当に限定されかねないことから，そのような不都合を避けるために「違法性」の内容を緩やかに解しているとされています。

しかし，厳格故意説は，まさにこの点が批判されています。つまり，法的な責任を基礎づけるためになぜ法律以前の認識で足りるのか，それでは不十分ではないかということです。それゆえ，現在では，この見解は少数にとどまっており，通説は，やはり何らかの意味で法的に禁止されていることが，違法性の認識にいう「違法性」の内容であるとします。

もっとも，学説は，法的に禁止されていることの内容に関してさらに２つに分かれます。１つは，法的に禁止されていることの認識を一般違法の認識で足りるとするものです。これはつまり，自己の行為が刑法に限らず，民法であろうが，行政法であろうが，ともかく何らかの法に反しているとの認識で足りるとする立場です。

この見解に対しては，刑法上の責任を問うためにはやはり刑法上禁止されていることの認識が必要であるとの批判が存在します。このような批判をする者は，法的に禁止されていることを刑法上禁止されていることと捉えて，刑法上の重い責任非難を行為者に向けるには，このレベルでの認識が違法性の認識において必要であるとするのです。これが２つめの見解です。

この見解に対しては，可罰的違法性の認識までを必要とするのは過剰であり，一般違法の認識があれば当該行為者は自己の行為を行わないよう動機づけられるので，一般違法の認識で足りるとの反論があります。

客観的処罰条件等の認識 行為の違法性や責任に関係しない（と伝統的，通説的に解されている）客観的処罰条件や一身的刑罰阻却事由に関しては，故意の認識対象ではないとされるのが一般的です。もっとも，この点に関しては有力な批判も存在しています。

5　錯　　誤

問題の所在　錯誤とは，一言でいえば思い違い（主観と客観の食い違い）ですが，これを刑法的に表現すれば，行為者の想定していた犯罪事実ないし評価と現に発生した犯罪事実ないし評価との食い違いをいいます。たとえば，次のような場合です。

Case 4-16　Xは，Aを殺そうと思ってけん銃を発射して命中させたが，XがAだと思っていた人物は実はBであり，Bが死亡した。

このような錯誤が刑法上なぜ問題となるのかといえば，たとえば刑法38条 2 項は，重い罪に当たるべき行為をしたのに，行為の時にその重い罪に当たることとなる事実を知らなかった者は，その重い罪によって処断することはできない，と規定しているように，刑法は行為者にある一定の錯誤がある場合，そのような錯誤が現に発生した犯罪事実あるいは評価に対する故意または責任を阻却し，あるいは軽減することを認めているからです。ただし，刑法38条 2 項は錯誤の一部の場合のみしか規定しておらず，その他の錯誤においてどのような錯誤であれば発生事実あるいは評価に対する故意あるいは責任を阻却あるいは軽減するのか，あるいはどのような錯誤であれば発生事実あるいは評価に対する故意あるいは責任が認められるのかは，もっぱら判例・学説に委ねられているのです。たとえば，**Case 4-16**（人違い事例）の場合，Bに対する殺人罪の故意が認められるかが問題となります。

錯誤の種類　刑法上，問題となる錯誤は，まず大きくは**事実の錯誤**と**法律の錯誤**に区別できます（「事実の錯誤／法律の錯誤」という区別に対して「構成要件的錯誤／禁止の錯誤」という区別を用いるのは厳格責任説です。両者の相違は違法性阻却事由に該当する事実に関する錯誤を事実の錯誤に分類するのか，それとも禁止の錯誤に分類するのかにあります）。

事実の錯誤は，さらに 2 つの観点から区別することが可能です。 1 つは，対象事実の観点からのもので，**客体の錯誤**，**因果関係の錯誤**，**方法**（打撃）**の錯誤**です。もう 1 つは，法的な観点からのもので，同じ構成要件の範囲内での錯誤である**具体的事実の錯誤**と，異なる構成要件にまたがる錯誤である**抽象的事**

実の錯誤です。

法律の錯誤とは，犯罪事実に関する認識はあるが，しかしたとえば自己の行為が許されていると思ったとか，そもそも自己の行為が禁止されていることを知らなかったというように，事実に関する評価を誤った場合をいいます。前者はいわゆる許容規範（たとえば正当防衛）に関する評価の錯誤で間接的な禁止の錯誤であり，後者は禁止規範に関する評価の錯誤で直接的な禁止の錯誤です。また違法性阻却事由に該当する事実の錯誤に関しては，たとえば誤想防衛のように，その錯誤が事実の錯誤か法律の錯誤かについて争いのある錯誤がありますが，この点に関してはすでに述べました。

6　事実の錯誤①──総説

問題の所在　事実の錯誤において問題となるのは，行為者の想定した犯罪事実と現に発生した犯罪事実が食い違う場合に，当該行為者は**現に発生した犯罪事実に対する故意があるといえるのか**です（ここにいう犯罪事実とは，構成要件該当事実のことを指しています）。この点，学説は想定された犯罪事実と現に発生した犯罪事実が符合している場合には，発生した犯罪事実に対して故意を認めてよいとしています。そこで，どのような場合に想定された犯罪事実と発生した犯罪事実が符合しているといえるのかということが問題となります（**争点30**）。

抽象的符合説と（広義の）法定的符合説　符合に関する学説は，大きく分ければ2つに分類されます。1つは，**抽象的符合説**であり，もう1つは（広義の）**法定的符合説**です。両者の相違は，符合の基準を構成要件に置くのかどうかにあります。

> **Case 4-17**　Xは，Aを飼犬だと思って射殺したが，Aは飼犬ではなく人であった。

抽象的符合説の代表的な見解によれば，たとえば行為者の想定した犯罪事実と発生した犯罪事実とが「犯罪」という点で一致していれば，両者の間に符合が存在するというのです。したがって，この説を純粋に貫けば，たとえば

Case 4-17 の場合，つまり刑法261条の器物損壊罪（飼犬は刑法上の「物」として
扱われます）の故意で殺人罪（▶199条）を実現したという場合にも，殺人罪の
故意既遂犯が認められることになります（もっとも，刑法38条2項は犯行時に重い
罪となるべき事実について知らなかった場合にはその重い罪に問えないとしていますの
で，この点に関して抽象的符合説の支持者は様々な修正を試みています）。このよう
に，抽象的符合説は，構成要件の相違を超えて，たとえば「犯罪」という点で
行為者の主観と客観が一致していれば，発生した事実に対して故意を認めるこ
とができるとするのです。

　しかし，この見解に対しては，構成要件という制約を超えて「犯罪」という
点で符合を認めるのは罪刑法定主義に反する，または責任主義に反するなどの
厳しい批判が向けられ，現在では支持者はほとんどいません。

　現在では，（広義の）法定的符合説を支持する見解が判例・通説となっていま
す。（広義の）法定的符合説とは，符合の基準を「構成要件」に置く見解です。
たとえば，**Case 4-16** の場合のように，行為者の想定していた犯罪事実と発生
した犯罪事実とが「構成要件」（**Case 4-16** では殺人罪の構成要件）の範囲内で一
致している場合に符合を認めるのです。

| 法定的符合説と 具体的符合説 | もっとも，（広義の）法定的符合説は，符合の基準となる 「構成要件」の理解をめぐって，さらに2つの立場に分 |

かれます。1つは（狭義の）**法定的符合説**であり（抽象的法定符合説とも呼ばれま
すが，特に断りのない限り，以下では単に「法定的符合説」と呼びます），もう1つは
具体的符合説です（具体的法定符合説とも呼ばれますが，以下では「具体的符合説」
と呼びます）。両者の相違は，符合の基準としての「構成要件」を「同種の構成
要件」と解するのか，それとも「同一（単一）の構成要件」と解するのかにあ
ります。

> **Case 4-18**　Xは，Aに向けてけん銃を発射したが，予想外なことに，弾丸がA
> だけでなくBにも命中し，AもBも死亡した。

　法定的符合説は，**Case 4-18**（併発事例）の場合，Aに対する殺人の故意だけ
でなく，Bに対する殺人の故意も認めます。というのも，当該行為者には「お

よそ人」を殺害するつもりで「およそ人」の殺害を実現したものであり，この意味において行為者の想定した犯罪事実と現に発生した犯罪事実は符合しているからです。それゆえ，この見解によれば，AとBに対する故意の殺人罪を認め，両罪は観念的競合（▶54条前段，➡第7章・3-2）となります（もっとも，この結論を修正する見解もありますが，それはまた該当箇所において説明します）。このように，法定的符合説は，殺人罪の構成要件は2つ実現しているけれども，「構成要件」を抽象的に捉えて（たとえば，「およそ人」など），それらが同種のものであれば，現実の故意がなくとも発生結果に対して故意犯を認めるのです。それゆえ，この見解は，故意のないところに故意犯としての処罰を認めるもので，この点に錯誤を論じる意義があるとされます。判例も，この立場に立っていると考えられます（最判昭和53・7・28刑集32巻5号1068頁／百選Ⅰ42）。

　このような法定的符合説に対しては，現実の故意のない結果に対して，故意犯を認めるのは故意の擬制であるとか，処罰範囲が無限に拡大し責任主義に反するとの批判がなされています。このような問題点は，符合の基準を「同種の構成要件」というように抽象的に捉える点にあり，この問題点の克服を試みるのが具体的符合説です。

　具体的符合説は，**Case 4-18** において，Aに対しては殺人罪の故意を認めるものの，Bに対しては，その結果発生が予想外で故意がない以上，（過失があることを前提に）過失致死罪が成立するにとどまるとします。このように，具体的符合説は，符合基準を「構成要件」に置きつつも，ここにいう「構成要件」を具体的に捉え，「同一（単一）の構成要件」において符合する限りで故意を認めるのです。たとえば，Aの右足を傷害するつもりで発砲したら右腕に命中したという場合，これは「同一（単一）の構成要件」内での錯誤であるので，想定された犯罪事実と現に発生した犯罪事実の間に符合を認めるのに対して，**Case 4-18**（いわゆる併発事例）のように，「同種でかつ複数の構成要件」の間の錯誤の場合には，予想外に発生した事実に対する故意を否定します。

7　事実の錯誤②——客体の錯誤

客体の錯誤の意義　　客体の錯誤とは，行為者の想定していた客体に結果が発生したが，しかしその客体の個性あるいは属性が行為者の想定していたものとは異なるものであったという場合で，**Case 4-16**（人違い事例）がその典型例です。

　客体の錯誤は，法的観点から，さらに具体的事実の錯誤の場合と抽象的事実の錯誤の場合とに区別されます。具体的事実の錯誤とは，**Case 4-16** のように，同じ構成要件の範囲内での錯誤をいいます。これに対して，抽象的事実の錯誤とは，**Case 4-17** のように，異なる構成要件にまたがる錯誤をいいます。

具体的事実の錯誤の場合　　客体の錯誤でかつ具体的事実の錯誤の場合に関しては，このような錯誤は無視されるという点で，学説は一致しています。つまり，先の **Case 4-16** に関して，いかなる学説も行為者の想定した犯罪事実と現に発生した犯罪事実との符合を認め，故意の殺人既遂罪を認めています。

抽象的事実の錯誤の場合　　問題は，客体の錯誤でかつ抽象的事実の錯誤の場合です（**争点33**）。この場合，先の符合に関する抽象的符合説と（広義の）法定的符合説において結論は異なります。

　抽象的符合説によれば，想定された犯罪事実と現に発生した犯罪事実とが異なる構成要件に該当する場合であっても，両者の符合を認めます（ただし，その処理の仕方は，38条2項の制約もあり，抽象的符合説を支持する見解の中でも様々に分かれています）。しかし，前述のように，この見解は，罪刑法定主義に反する，責任主義に反すると批判されています。要するに，「構成要件」という制約を離れて符合を認めることには問題があるのです。

　そのため，（広義の）法定的符合説（法定的符合説，具体的符合説）は，「構成要件」が異なる以上，想定された犯罪事実と現に発生した犯罪事実との**符合を原則として否定**するのです。判例も，この立場に立っているとされます。

　もっとも，異なる構成要件間の符合が問題となる場合において，判例や（広義の）法定的符合説は，一定の場合に，**例外的に符合を認めています**。たとえば，通常の殺人罪の故意で尊属殺人罪（これは現在では現行刑法典より削除されて

います）を実現させたという場合，両罪は一方（尊属殺人）が他方（普通殺人）を包摂する関係であるため，殺人という点で重なっており，したがってこの限度で故意既遂犯，つまり先の例でいえば通常の殺人罪が認められるのです。このように，異なる構成要件間の錯誤であっても，**異なる構成要件の間に重なり合いが認められる場合**には，想定した犯罪事実と現に発生した犯罪事実との間の符合を認める点で，（広義の）法定的符合説を支持する学説は一致しています。

　問題は，いかなる場合に一方が他方を包摂する関係にあるといえるのか，さらには一見するとそのような関係がないようにみえる異なる構成要件間であっても両者が重なり合っているといえるのか，ということです。判例は，たとえば，傷害と殺人，嘱託殺人と普通殺人，公文書の有形偽造と無形偽造，遺失物等横領と窃盗，窃盗と強盗，恐喝と強盗，麻薬と覚せい剤などにおいて，異なる構成要件間の重なり合いを認めています。

　一方で，学説では，どの範囲で符合を認めるのかということの基準に関しては様々なものが主張されていますが，比較的多数の見解は，構成要件の重なり合いを実質的に考慮し，**法益の共通性および行為態様の共通性**が認められる場合に，異なる構成要件間の符合が認められるとしています。

<u>薬物の錯誤</u>　ところで，抽象的事実の錯誤に関して，特に議論を呼んでいるのが，麻薬所持罪と覚せい剤所持罪の間の符合を認めた最高裁判例（最決昭和61・6・9刑集40巻4号269頁／**百選Ⅰ43**）です。学説において，近時，抽象的事実の錯誤に関する重なり合いの基準が様々に主張されているのも，この最高裁判例の結論を何とかして正当化しようとするためです（当然，この判例の結論を批判する学説もあります）。

　麻薬所持罪と覚せい剤所持罪の符合を肯定する見解としては，上述の法益の共通性および行為態様の共通性を基準とする見解のほか，不法・責任符合説も有力に主張されています。

　構成要件の実質的重なり合いを問題とし，法益および行為態様の共通性を基準とする見解から，先の麻薬と覚せい剤の重なり合いを認めるために，最近次のような説明がなされています。すなわち，一見すると異なる構成要件におい

て，両者の法益が共通すると解釈できる場合（たとえば，窃盗罪と遺失物等横領において両者を領得罪とし，かつ保護法益は本権にあるとする場合），その法益の侵害を内容とする「包括的な構成要件」において，想定された事実と現に発生した事実は符合しており，したがってこの場合に実現した構成要件に故意が認められると説明します。このような観点から，たとえば，先の最高裁における麻薬所持と覚せい剤所持に関する事例において，両者は人の健康を害する依存性薬物という点で共通しており，そのため「薬物所持（という構成要件）」において想定された犯罪事実と現に発生した犯罪事実は符合しているとするのです。しかし，このような見解に対して，それは結局，個々の構成要件が重なり合っているのではなく，「超法規的構成要件」を認めるものであって，罪刑法定主義に反すると批判されています。

　そこで，故意の構成要件関連性を放棄して，2つの構成要件の不法・責任内容が一致していれば，発生した犯罪事実についての故意が認められるとする見解が登場することになります（不法・責任符合説）。これによると，故意とは，構成要件該当事実の認識ではなく，その事実の意味の認識であり，したがって故意にとって必要な認識は，構成要件該当事実そのものではなく，その犯罪的な意味，つまり不法・責任の内容についての認識であるとするのです。このような観点から，麻薬と覚せい剤においても両者は不法・責任の内容において一致するため，麻薬を覚せい剤だと思ったという錯誤は考慮されないことになるのです。

　この見解に対しては，故意の構成要件関連性を否定する点が批判されています。つまり，構成要件が故意の対象ないし内容ではないとすると故意の認識内容の手がかりを失い，故意の内容は任意に設定可能なものになってしまうというのです。

みせかけの構成要件要素　このように，麻薬と覚せい剤において符合を肯定しようとする見解はそれぞれ問題点を有することから，結局のところ，麻薬と覚せい剤の錯誤において両者の重なり合いを認めることはできないとする見解も有力に主張されています。

　この見解によれば，構成要件の実質的重なり合いが問題となる場合とは，一

見すると相互排他的に規定されている構成要件であっても，そのような排他性
を規定している構成要件要素が犯罪を構成する要素ではなく，ただ両者の区別
を示すだけの**みせかけの構成要件要素**にすぎない場合，このような要素に関す
る錯誤は無視してよいとするのです。たとえば，現住建造物放火罪と非現住建
造物放火罪とは，一見すると，両者は択一的，相互排他的にみえるけれども，
「非現住性」は犯罪を構成する要素ではなく，ただ「現住の場合にはさらに重
い罪になる」ということを示すにすぎないみせかけの要素とみるのです。要す
るに，現住建造物放火罪と非現住建造物放火罪は，尊属殺人と普通殺人の関係
と同じように，「建造物に対する放火を処罰しますよ」というのが非現住建造
物放火罪で（先の例でいう普通殺人罪），その中でも「現住建造物」の場合には
より重く処罰するというのが現住建造物放火罪（先の例でいう尊属殺人罪）であ
ると解釈するのです。このように解釈できる場合に，かつその限りで，異なる
構成要件もまた実質的に重なり合っているとするのです。この観点からすれ
ば，麻薬と覚せい剤は実質的な重なり合いの関係にはなく，両者の間の符合は
認められないことになります。

8　事実の錯誤③──方法の錯誤

　方法の錯誤の意義　　方法（打撃）の錯誤とは，たとえば**Case 4-18**のよう
に，行為者の思い描いた客体（**Case 4-18**ではA）だけ
でなく，それ以外の予想外の客体（**Case 4-18**ではB）にも結果が発生した場合
をいいます（ここには，思い描いた客体に結果が発生していない場合も含まれます）。

　方法の錯誤も，抽象的事実の錯誤の場合と具体的事実の錯誤の場合とに区別
され，いずれの場合も問題となりえますが，通常議論されているのは，具体的
事実の錯誤についてです。問題の焦点は，たとえば**Case 4-18**のように，A
を狙ったら，近くにいた予想外のBにも命中しBが死亡したという場合に，当
該行為者にAに対する殺人の故意だけでなく，Bに対してもまた殺人の故意犯
が認められるのかという点にあります。

　この点に関して，学説は現在，（広義の）法定的符合説内部において激しく争
われています。上述のとおり，（広義の）法定的符合説の中には，**法定的符合説**

（抽象的法定符合説）と**具体的符合説**（具体的法定符合説）の対立があります。そして，先の **Case 4-18** の処理は，両者において異なります。

| 法定的符合説 |
| (抽象的法定符合説) |

まず，**法定的符合説**によれば，**Case 4-18** のXは，「およそ人」を殺すつもりで「およそ人」を殺している以上，行為者の想定していた犯罪事実と現に発生した犯罪事実との間に齟齬はないとして，Aに対する殺人の故意とBに対する殺人の故意犯を肯定します。**Case 4-18** の場合，結論的には，Aに対する殺人既遂罪とBに対する殺人既遂罪が成立し，両者は観念的競合（▶54条1項前段）となります。この見解は，Aという1人の人に対する故意しかないにもかかわらず，Bに対する殺人の故意犯まで認めるというように，複数の故意犯を認めるので，**数故意犯説**と呼ばれています。判例は，この立場に立っています（最判昭和53・7・28刑集32巻5号1068頁／**百選Ⅰ42**）。

　この見解に対しては，たとえば **Case 4-18** において，XはAという人1人を殺すという1人に対する故意しかないにもかかわらず，Bに対する殺人の故意犯まで認めるのは，1つの故意で2つの結果に対する故意犯を認めるものであり，これは故意の擬制であって責任主義に反するとの批判が向けられています。

　そこで，法定的符合説を支持する一部の論者は，このような批判を受け止め，法定的符合説の論拠に依拠しつつも，数故意犯説のように1つの客体の故意しかないところに複数の客体の故意犯を認めるのではなく，たとえば **Case 4-18** のような併発事例を1つの故意によって処理しようと試みることになります。このような見解を**一故意犯説**といいます。

　このような見解の支持者は少数ではありますが，その処理の仕方は論者によって異なりますので，ここでは一故意犯説の代表的論者（福田平）の見解を紹介します。この見解によれば，**Case 4-18** においては，Aに対する殺人既遂罪とBに対する過失致死罪の成立を肯定します。このような結論は，次に検討する具体的符合説と同じ結論であり，数故意犯説に向けられた批判を免れているといえます。

　しかし，たとえば，**Case 4-18** を少し変えて，殺意をもってAに発砲した

が，① Aには当たらず，Bに命中してBのみが死亡したという場合，あるい
は，② Aに命中してAは傷害を負い，さらに近くにいたBにも命中しBは死
亡したという場合，この見解は説得的な処理を提示することができなくなりま
す。この見解は，①については，Bに対する殺人既遂罪のみを認め，②に関し
ても，Bに対する殺人既遂罪のみを認めます。さらに，②の場合で，当初Aは
負傷したのみで，Bは死亡したのだが，後にAもまた死亡したという際に，こ
の見解からはBに対する殺人既遂罪ではなくAに対する殺人既遂罪のみを認め
ることになるでしょう。このように，一故意犯説は，生じた複数の結果のうち
最も重い結果に対してのみ1つの故意犯を認めるのですが，このような便宜的
な解決に至るのは，数故意犯説と同様の論拠に依拠しているからです。つま
り，当該行為者には「およそ人」を殺すつもりで「およそ人」を殺している以
上，生じた結果のいずれに対しても故意犯は認められる点については一故意犯
説も変わらないのです。ただ，故意は1つであるため，生じた結果の最も重い
ものに対してのみ故意を認めることになるのです。しかし先の論拠に依拠して
いる以上，複数の同じ結果が時間差をもって生じた場合には，いずれの結果に
対して故意を認めればよいのかということについて問題が生じ，その説得的な
基準を提示できないのです。

具体的符合説　以上のことから明らかになるのは，法定的符合説が依拠す
る論拠それ自体に問題があるのではないかということで
す。つまり，たとえば，殺人罪における「人」を「およそ人」というように抽
象化することにこの見解の問題の根源があるように思われるのです。そのた
め，**具体的符合説**は，たとえば殺人罪にいう「人」を「およそ人」というよう
に抽象化するのではなく，「その人」という形で具体化するのです。

　具体的符合説によれば，客体の錯誤において，たとえば **Case 4-16** のよう
に，Aだと思って発砲したらBだったという場合，当該行為者は「その人
（A）」を殺害するつもりで「その人（B）」を殺害している以上，この錯誤は故
意を阻却しないとします。それに対して，方法の錯誤において，たとえば
Case 4-18 のように，Aを殺すつもりで発砲したら，予想外なことにBに命中
しBが死亡したという場合，「その人（A）」を殺害するつもりで「その人

（A）」ではない「別の人（B）」を殺害している以上，「別の人（B）」に生じた結果については故意は認められない（過失が認められうるにすぎない）とするのです。つまり，具体的符合説によれば，客体の錯誤では生じた結果に対する故意を肯定し，方法の錯誤においては故意を否定することになります。**Case 4-18** では，Aに対する殺人既遂罪の成立と（過失の存在を前提に）Bに対する過失致死罪の成立を認めるということになります（Aが死亡しなかった場合でも，Bに対する殺人の故意が否定されることに変わりありません。この場合，Aに対する殺人未遂罪とBに対する過失致死罪が成立します）。

このように，具体的符合説によれば，その錯誤が客体の錯誤か，方法の錯誤かによって結論が異なってきますので，両者の区別が非常に重要になります。そして，この説に対する批判も，まさにこの点に対してなされています。つまり，客体の錯誤と方法の錯誤の区別は困難であって，したがって両者に法効果の相違を結びつけるのは妥当ではないと批判されるのです。

> **Case 4-19**　Xは，Aを殺害しようとして，Aが毎朝通勤に使う自動車に爆弾を仕掛けたところ，たまたまその日はAの妻であるBが買い物のために自動車を使い，Bが死亡した。

たとえば **Case 4-19**（自動車爆殺事例）の場合，人違いという点では客体の錯誤と理解できますし，方法・手段の誤りとみれば方法の錯誤とも理解できます。この点，具体的符合説から様々な区別基準が提示されていますが，いまだ解決に至っているとはいえず，今後の課題として残されています。

9　事実の錯誤④──因果関係の錯誤

因果関係の錯誤の意義　因果関係の錯誤とは，行為者の想定していた，自己の行為（身体の挙動）から結果発生に至る事態の経過（いわゆる因果経過）と，現実に生じた自己の行為から結果発生に至る事態の経過とが食い違う（ただし，結果それ自体は行為者の想定内で発生している）場合をいいます（**争点31**）。

故意の対象は構成要件該当事実であり，因果関係もまた構成要件要素である

以上，（既遂の）故意が認められるためには，因果関係を認識していることが必要となります。もっとも，因果関係は将来の因果経過をも含みますので，行為者が行為遂行時点であらかじめ現に生じた因果経過を厳密に認識することはほとんど不可能といえましょう。たとえば，ナイフを用いた単純な殺人であっても，自己のナイフで突き刺す行為から死の結果に至るまでの経過を個別具体的に認識することは困難です。したがって，通説は将来の因果経過を厳密に認識する必要はなく（この点に関する判例として，大判大正14・7・3刑集4巻470頁），その本質的な部分を認識していれば足りるとします。

　以上のことを前提とした場合，行為者の想定していた，結果発生に至る因果経過と現に生じた因果経過とが食い違っている場合に，故意を認めるためには，両者の食い違いが本質的な部分で重なっていなければならないことになりますが，問題は，いかなる場合に本質的な部分が符合しているといえるのかです（なお，本質的な部分で符合していなかったとしても，それは行為者の故意と現実の経過が一致しなかったというだけで，故意それ自体がなくなるわけではないので，未遂の成立する可能性は残ります）。因果関係の錯誤が問題となる場合としては，次の各事例が考えられます。

> **Case 4-20**　Xは，Aを溺死させるつもりで橋から突き落としたが，Aは橋脚に当たって死亡した。
> **Case 4-21**　Xは，殺意をもってAの急所をナイフで突き刺したが，Aは救急車で病院に運ばれる途中，交通事故にあって死亡した。
> **Case 4-22**　Xは，殺意をもってAを斬りつけたが，かすり傷を負わせるにとどまった。しかし，Aは血友病患者であったため，出血多量で死亡した。
> **Case 4-23**　Xは，殺意をもってBに向け発砲したところ，弾丸はBに当たったものの，Bには隠れた心臓疾患があって発射音に驚いてショック死した。

　因果関係の錯誤の問題の解決に当たって，現在のところ，学説は大きく2つの立場に分かれます。1つは，この問題を**因果関係において解決する立場（因果関係の錯誤無用論）**です。もう1つは，**錯誤論において解決する立場**です。

錯誤論による解決　通説は，錯誤論において解決する立場とされています。これによれば，因果関係論において相当因果関係説をとり，錯誤論において（広義の）法定的符合説をとることを前提として，

因果関係の錯誤が論じられます。通説によれば，行為者の想定した因果経過と現に発生した因果経過とが食い違ったが，しかしその食い違いが相当因果関係の範囲内で一致していれば，（広義の）法定的符合説の立場から，そのような食い違いは構成要件上重要ではないとして無視されるのです。つまり，通説によれば，符合の基準は，相当因果関係の範囲内にあるのかどうかということになります。

　このような観点から上記の事例を検討すると，まず **Case 4-20**（橋脚事例）では，相当因果関係説についていかなる立場をとろうとも相当因果関係は認められていますし，また食い違いの範囲も相当因果関係の範囲内にあるため，殺人既遂が認められることになります。次に，**Case 4-21**（救急車事例）については，死の結果との間の因果関係が否定される点で一致しており，そのため殺人既遂は否定されることになります。

　問題は，**Case 4-22**（血友病事例），**Case 4-23**（心臓疾患事例）です。ここでは，相当因果関係説においていずれの立場をとるか，つまり折衷説をとるのか客観説をとるのかによって結論が左右されえます。折衷説によれば，**Case 4-22**，**Case 4-23** では，被害者の特異な病気を一般人が認識できず，かつ行為者もそれを認識していなかった場合には，被害者に特異な病気があったという事実は相当性の判断基底から取り除かれることになり，相当因果関係が否定され，したがって殺人既遂の成立も否定されることになります。

　それに対して，客観説による場合，**Case 4-22**，**Case 4-23** のどちらについても，被害者の特異な病気は行為時にすでに存在していた以上，判断基底に組み込まれることになり，相当因果関係は認められ，したがって行為者の想定していた因果経過と現に発生した因果経過の食い違いは相当因果関係の範囲内にあるため故意も認められ，殺人既遂が認められることになります（もっとも，この点に関して客観説内部で争いがありますが，そのことについては後述します）。

因果関係の錯誤無用論　　以上のような解決に対しては，相当因果関係が認められれば行為者の想定していた因果経過と現に発生した因果経過との間の食い違いは無視されることから，これは結局のところ相当因果関係が認められるかどうかの問題であり，したがって因果関係の錯

誤を独立に論じる意義はないとの批判が有力に主張されています。これが因果
関係の錯誤無用論です（ここで注意すべきなのは，因果関係の錯誤無用論は故意の対
象として因果関係の認識までも不要であるとする見解と，因果関係の認識は必要である
とする見解とがあることです）。

　この見解は，（広義の）法定的符合説からすれば，構成要件的評価にとって重
要とされる程度の事実に関する錯誤は故意を阻却するという前提から，構成要
件的評価にとって重要とされる程度の因果関係とは相当因果関係であり，した
がって自己の行為と生じた結果との間に相当因果関係が認められるとされれ
ば，このことによって行為者の想定していた因果経過と現に発生した因果経過
との食い違いは重要ではないとの判断がすでになされたことになるので，さら
に重ねて故意・錯誤論において因果関係の錯誤を論じる意味はないとするもの
です。

　しかし，このような見解に対しては，相当因果関係が認められるいかなる場
合においても故意が認められるとする結論は妥当性を欠き，相当因果関係が認
められる場合であってもなお因果関係の錯誤を論じる意義があるとの批判がな
されています。たとえば，**Case 4-22**（血友病事例），さらに**Case 4-23**（心臓疾
患事例）において，とりわけ相当因果関係説の客観説をとる立場からは，故意
による殺人既遂が認められることになりますが，これらと**Case 4-20**（橋脚事
例）を同じように故意による殺人既遂として扱ってよいのかが問題となるので
す。

　この点に関して，因果関係の錯誤を独立に論じる意義があるとする見解は，
Case 4-20 と，**Case 4-22** および **Case 4-23** との間には，構成要件的評価にお
いて重要な相違があるとします。というのも，**Case 4-20** における食い違い
は，いまだ（それが行為者自身にとってであれ，一般人にとってであれ）予想可能な
範囲内にあるのに対して，**Case 4-22** や **Case 4-23** の場合には，そのような予
想可能な範囲をもはや逸脱していると考えられるからです。したがって，この
ような見解に立つ場合，因果関係の錯誤において相当因果関係が認められる場
合であっても，なお故意を否定すべき場合があることになります。では，行為
者の想定した因果経過と現に発生した因果経過の食い違いに関する符合がいか

なる場合に認められるのか，いかなる場合に予想可能な範囲を逸脱していると
いえるのかという基準を示すことが，次の問題となります。

　もっとも，以上のような因果関係の錯誤無用論に対する批判は，相当因果関
係について折衷説をとる場合には，**Case 4-22** や **Case 4-23** において殺人未遂
は肯定されても殺人既遂は否定されることから，結論における不当性は存在せ
ず，その限りで因果関係の錯誤無用論はいまだ妥当するとも思われます。

　しかし，たとえば，次のような場合はどうでしょうか。

> **▉ Case 4-24**　Xが，殺意をもってAに向けてけん銃を発射したところ，弾丸はA
> に命中しなかったが，Aの後ろは崖になっており（このことを甲自身は知らなかっ
> たが，一般人には認識可能であった），Aは弾丸を後ろによけたためにその崖から
> 落ちて死亡したという場合。

　この場合，折衷説からすれば，Aの後ろが崖になっていたという事実を一般
人は認識可能であることから，相当因果関係が認められ，したがって折衷説を
前提とする因果関係の錯誤無用論からすれば，故意の殺人既遂が認められるこ
とになります。しかし，このような結論が果たして妥当なのか，つまり，この
崖事例もまた **Case 4-20**（橋脚事例）と同じように取り扱ってよいのでしょう
か。

　因果関係の錯誤無用論はこれを肯定し，それに対して因果関係の錯誤に独自
の意義を認める見解は，**Case 4-24**（崖事例）を **Case 4-20**（橋脚事例）と同じ
ように取り扱うべきでなく，現に発生した結果に対する故意を否定すべきだと
するのです。

　もっとも，**Case 4-20** と **Case 4-24** を異なって取り扱うべきとする根拠は，
先に検討した **Case 4-20** と **Case 4-22**，**Case 4-23** の場合とは異なるように思
われます。つまり **Case 4-24** においては，そのような死の結果は少なくとも
一般人にとってはいまだ予想可能な範囲内といえるからです。そうだとする
と，**Case 4-20** と **Case 4-24** は予想可能な範囲ということでは両者とも共通す
ることになります。それにもかかわらず両者を異なって取り扱うべきだとする
場合，それはいかなる理由からでしょうか。それはおそらく，行為者の予想可

能な範囲をはるかに超える因果経過の場合にまで行為者に故意犯としての重い責任を問うのは，責任主義に反し過酷な処罰を招くとの考慮からでしょう。したがって，このように考える場合，行為者の想定した因果経過と現に発生した因果経過との間の食い違いが一般人にとって予想可能な範囲にあっても，さらに行為者に故意が帰責される場合とそうでない場合とがあり，これを区別する

Further Lesson 4-4

▶▶▶▶▶　遅すぎた結果実現

　　因果関係の錯誤のバリエーションとして，遅すぎた結果実現（いわゆる**ウェーバーの概括的故意**）があります。遅すぎた結果実現とは，たとえば，被告人が細い縄で熟睡中の被害者の頚部を絞めたところ（第1行為），身動きしなくなったので，すでに死亡したものと思い，その犯行の発覚を防ぐ目的で，離れた海岸の砂上に運んで放置して帰宅したため（第2行為），被害者は砂末を吸引して死亡したというように，行為者自身は第1行為によって被害者は死亡したものと思っていたが，実際には被害者は第2行為において死亡していたという場合をいいます（大判大正12・4・30刑集2巻378頁／**百選Ⅰ15**は，このような事案で，殺人既遂罪の成立を肯定しました）。この場合も，行為者の想定していた因果経過と現に発生した因果経過とが食い違っている場合であり，因果関係の錯誤の一事例といえます。

　　もっとも，このいわゆる遅すぎた結果実現の特殊性は，行為者の第1行為と結果との間にさらに行為者自身の第2行為が介在している点です。この第2行為をいかに評価するのかが，この事案の解決を左右します。

　　通説は，因果関係の錯誤を相当因果関係説と（広義の）法定的符合説のセットで解決しようとします。これによれば，遅すぎた結果実現の場合は，まず，第1行為と第2行為は密接な関係を有することから，第1行為から結果に至るまでの過程を一連の過程と捉えた上で，第2行為は第1行為から結果に至るまでの一連の過程における介在事情と解し，そのような介在事情を相当因果関係の中で考慮し，相当因果関係が肯定されれば，行為者の想定した因果経過と現に発生した因果経過との食い違いは相当因果関係の範囲内にもありますので，その錯誤は無視され，故意の殺人既遂が認められることになります。

　　それに対して，第2行為の特殊性に着目する見解は，第2行為は新たな故意を有する行為であって，そのため第1行為から結果に至る過程を一連の過程として捉えることはできないとします。この見解によれば，先の事例は第1行為の時点では被害者はいまだ死亡していない以上，殺人未遂が成立し，第2行為については行為者に殺人の故意がない以上，せいぜい過失致死罪の成立が認められるにすぎず，両者は併合罪として処理すべきとされます。

必要が出てくるのです。

近時の有力説　この点に関して，最近有力に主張されている見解によれば，**Case 4-20**（橋脚事例）では，XがAを橋から突き落とすという行為からAが橋脚に頭をぶつけて死亡するという結果が生じることは，それが行為者の想定していた因果経過とは異なる場合であっても，行為者の認識した危険が実現する1つのバリエーションとして考えられるのに対して，**Case 4-24**（崖事例）において現に発生した因果経過は，行為者の認識した危険が実現する場合の1つのバリエーションとはいえず，したがって現に発生した因果経過は行為者に故意犯として帰責できないとされます。この見解によれば，相当因果関係が認められてもなお因果経過の食い違いを理由に現に生じた因果経過に対する故意が否定されるのですが，その基準は，行為者が犯行遂行時に認識した危険が結果に実現したといえるのかどうかに求められています。そして，この見解によれば，**Case 4-20**（橋脚事例）では，行為者の認識した危険が結果に実現したとして故意が肯定されますが，**Case 4-22**，**Case 4-23**，**Case 4-24** では，行為者の認識した危険が結果に実現したとはいえないとして，現に生じた因果経過に対する故意は否定されることになります（**Case 4-21**〔救急車事例〕は，因果関係の問題とします）。

10　違法性の錯誤

問題の所在　**違法性の錯誤**（法律の錯誤）とは，行為者が犯罪事実については認識しているが，その評価に関して誤って自己の行為は違法ではないと誤信した場合をいいます。

違法性の認識不要説からは，違法性の錯誤はそもそも問題とならず，ただ38条3項ただし書きによって情状により減軽されるにすぎません。それに対して，違法性の認識必要説，その中でも厳格故意説によれば，違法性の錯誤があれば故意が阻却され，過失犯の処罰規定があることを前提に過失犯で処罰されることになります。違法性の認識必要説の中でも違法性の認識の可能性で足りるとする見解によれば，違法性の錯誤がある場合であっても，違法性を認識することが可能であれば，故意犯が成立することを前提に，38条3項ただし書き

により減軽することが可能となり，違法性を認識することが不可能であれば，行為者に責任を問うことはできません。現在では，この立場が学説において通説であるといってよいと思われます。この立場に立つ場合に問題となるのは，どのような場合に行為者は違法性を認識することが不可能であったといえるのかです。この点，学説は，違法性を認識しなかったことに**相当の理由**があれ

Further Lesson 4-5

▶▶▶▶▶ 早すぎた結果実現

　因果関係の錯誤のバリエーションとして，さらに，早すぎた結果実現の場合があります（**争点32**）。早すぎた結果実現とは，遅すぎた結果実現（**➡ Further Lesson 4-4**）とは逆に，行為者は第1行為ではいまだ被害者を殺害するつもりがなく，第2行為において殺害するつもりであったが，実際には第1行為においてすでに被害者が死亡していたという場合をいいます。たとえば，クロロフォルムで失神させた上で（第1行為），自動車ごと海中に転落させて（第2行為）溺死させようと計画し，これを遂行したが，実際には第1行為の段階で被害者は死亡していた（可能性がある）というような場合です（最決平成16・3・22刑集58巻3号187頁／**百選Ⅰ64**）。このように，行為者の予定していた結果に至る因果経過に対して，実際の因果経過では結果が行為者の想定よりも早く発生した場合，この点で両者の間に食い違いがあることから，この場合もまた因果関係の錯誤のバリエーションの1つとされています。

　もっとも，この問題の論点は2つあるとされています。1つは，第1行為において実行の着手が認められるかどうか，次に，それが肯定されたことを前提に，発生した結果に対して故意が認められるかどうかです。因果関係の錯誤は，もっぱら第2の論点に関わります。第1の論点は，ここでの議論の範囲を超えますので，第1の論点は肯定されたことを前提にして，第2の論点に限定して話しを進めます（第1の論点に関しては，**第6章**の未遂のところを参照してください。もっとも，第1の論点に関して実行の着手を否定する見解も，過失犯〔の構成要件に該当すること〕は肯定することから，実行行為が故意と過失とで異ならないとする限り，実行の着手の問題は仮像問題であるとの指摘もなされています）。

　通説の理屈を早すぎた結果の実現の場合にそのまま適用すれば，第1行為と結果の間に相当因果関係が認めるかどうかが問題となり，それが肯定されれば，行為者の想定した因果経過と現に発生した因果経過との間の食い違いは無視されますので，故意の殺人既遂が認められることになります。

　因果関係の錯誤において近時有力に主張されている見解によれば，第1行為の時点で認識していた自己の行為の危険性が結果に実現したといえるかどうかが問われることになり，これが肯定されれば故意既遂犯が認められることになります。

ば，行為者は違法性を認識することができなかったとして，行為者に責任を問えないと考えています（ここでは，故意責任のみならず過失責任も問えないという点に注意すべきです）。したがって，問題は，いかなる場合に相当の理由があるといえるのかという判断基準です（**争点34**）。

錯誤の種類　この問題の検討に入る前に，まず，違法性の錯誤の種類を整理しておきましょう。違法性の錯誤には，大きく分けて２つの場合があります。１つは，禁止規範に関する錯誤で，たとえば自己の行為は刑法によって禁止されている行為に当てはまらず，それゆえ違法ではないと誤信した場合や，そもそもそのような禁止規範自体を知らなかった場合（法の不知）です（直接的禁止の錯誤）。もう１つは許容規範に関するもので，たとえば自己の行為は正当防衛に当たるので許されると誤信する場合などです（間接的禁止の錯誤）。

「相当な理由」の判断基準　違法性の認識を欠いたことにつき相当の理由があるといえるかどうかの一般的基準に関して，学説は，「具体的状況のもとで行為者に自己の行為の違法性を意識する契機が与えられており，行為者に違法性を意識することが期待できたか否か」によって判断するとします。このような一般的基準を念頭に置いて，個別の類型ごとにみていきます。

まず，法の不知についてです。この場合は，殺人や窃盗等のいわゆる自然犯においてはほとんど問題とならず，問題の多くは行政犯においてです。学説は，行政犯においても国家が当該社会の市民に合理的な方法で法を周知させていれば，一般の市民は法律を知ろうと思えば知る状況にあるので，原則として違法性の認識の可能性は認められるとします。もっとも，例外的な事情，たとえば法律が作られた直後であるとか，まったく異なる法体系の国から日本に来たばかりだ，あるいは法律を知ろうにも知ることができない状況にあったなどの事情がある場合には，違法性の認識を欠いたことにつき相当の理由が認められうるとしています。

次に，自己の行為は（刑）法では禁止されていないと誤信した場合ですが，これは，さらに３つの類型に分けることができます。① 判例の見解を信頼し

た場合，② 公的機関の見解を信頼した場合，③ 私人の見解を信頼した場合です。

　まず，①について，行為者が確定判例の見解を信頼して行為した場合には，違法性の認識のないことにつき相当の理由があるといえるでしょう。次に，審級の異なる裁判所（たとえば高裁と地裁）において見解が対立する場合には，より上級の裁判所の見解を信頼したときには，違法性の認識がないことについて相当の理由があるとしてよいでしょう。問題は，同じ審級で見解が異なる場合です。この場合については，自己に有利な一方の判例の見解を信頼して行為したときは，そのことから直ちに違法性の認識に関して相当な理由があったとはいえず，具体的な事情を考慮して，相当の理由があるのかどうかを慎重に検討すべきとされています（この点に関連する判例として，東京高判昭和51・6・1高刑集29巻2号301頁）。

　次に，②について，一定の公的機関，たとえば権限のある官庁の見解を信頼して行為した場合には，違法性の認識を欠いたことについて相当の理由があるとされています。権限のある所轄官庁は，法規の解釈，運用，執行に法的責任をもつ機関であるため，たとえば，行為者がこのような公的機関に自己の行為の適法性を照会し，この見解に従った場合や，公的機関に示されている公式な見解に従って行為したなどの場合には，行為者は自己の行為の適法・違法についてさらに検討する契機はもはや与えられておらず，したがって違法性の認識を欠いたことについて相当の理由があるとされています。

　最後に，③についてですが，私人の見解を信頼して行為した場合には，たとえその私人が弁護士などの法律の専門家であっても，違法性の認識を欠いたことについて相当の理由があったとはいえないとされています。その理由は，私人は公的機関とは異なり，法規の解釈，適用，執行に法的責任を負っておらず，仮に私人の見解に従って行為してよいということになれば，法規の解釈，運用，執行が各人によって様々になされ，法制度の統一性が阻害されるからだと説明されています。

判例の動向　判例の主流は，先述のように，犯罪の成立にとって違法性の認識は不要としてきました（たとえば，最判昭和25・11・28刑集

4 巻12号2463頁）。しかし，戦後の下級審判例においては，違法性の錯誤につき「相当の理由」があるとして犯罪の成立を否定したものも，一定数存在します（たとえば，東京高判昭和27・12・26高刑集 5 巻13号2645頁，東京高判昭和55・9・26高刑集33巻 5 号359頁：石油ヤミカルテル事件）。このような下級審判例の動向は，実際に違法性の錯誤を理由に犯罪の成立を否定した最高裁判例は存在しないものの，最高裁にも一定の影響を与えています。たとえば，羽田空港デモ事件第二次上告審判決（最判昭和53・6・29刑集32巻 4 号967頁）においては，違法性の認識は犯罪成立にとって不要であるとする最高裁の立場が変更されうることが示唆されています。さらに，いわゆる百円札模造事件（最決昭和62・7・16刑集41巻 5 号237頁／**百選 I 48**）では，「行為の違法性の意識を欠くにつき相当な理由があれば犯罪は成立しないとの見解の採否についての立ち入った検討をまつまでもなく，本件各行為を有罪とした原判決の結論に誤りはない」と判示されました。違法性の認識は不要だとする従来の立場からすれば，本件においては，相当な理由があれば犯罪の成立を否定するかどうかに関して何ら言及することなく上告を棄却すれば足りたにもかかわらず，最高裁があえてこの点に関して言及していることから，学説は，最高裁は違法性の錯誤につき相当な理由があれば犯罪の成立を否定する余地があることを示唆していると解しています。

事実の錯誤と違法性の錯誤との区別　以上，錯誤に関して事実の錯誤と違法性の錯誤（法律の錯誤）に分けて説明してきましたが，最後に，事実の錯誤と違法性の錯誤との関係について考えてみましょう（**争点35**）。

判例，学説においては，事実の錯誤と違法性の錯誤は区別すべきであるとし，その区別基準が争われてきました。

もっとも，事実の錯誤と違法性の錯誤を区別すべき理由は何なのでしょうか。結論を先取りしていえば，両者に法効果の相違があるというのがその理由です。つまり，上述したことではありますが，事実の錯誤の場合，その錯誤が認められれば，原則として，当該行為者に故意責任は問えず，過失犯の処罰規定があることを前提に過失犯が認められるにすぎませんでした。それに対して，違法性の錯誤の場合，厳格故意説を除けば，その錯誤が認められたからといって直ちに当該行為者に故意責任が否定されるわけではなく，いわゆる可能

性説（制限故意説と責任説）によれば，違法性の認識の可能性のある限り，故意犯としての責任を問うことが可能です。さらに，違法性の認識不要説からすれば，違法性の現実の認識や認識の可能性が不要である以上，違法性の錯誤は故意あるいは故意責任を阻却しません。このように，事実の錯誤と違法性の錯誤とはその法効果が異なるために両者の区別が重要となり，それゆえ両者の区別基準が問題となるのです。

　では，両者の区別問題がなぜ現在も解決に至らないほど争われているのでしょうか。一見すると両者の区別は容易なようにも思えます。つまり，事実の錯誤とは犯罪事実についての錯誤の場合であり，違法性の錯誤とはその事実に対する評価についての錯誤であるというように，概念上は明確に区別できます。しかし，ここで思い出していただきたいのは，故意を認めるに当たってどの程度の犯罪事実の認識が必要であったのかということです。つまり，上述しましたように，故意を認めるためには，いわゆる裸の事実の認識のみならず，その意味の認識もまた必要でした。意味の認識とは，構成要件要素として指し示される対象の一定の評価の認識ですので，同様に評価の認識である違法性の認識との間に質的相違を見出すことが困難です。こうなると，事実の錯誤と違法性の錯誤を区別するのは容易ではありません（たとえば，いわゆる無鑑札犬撲殺事件〔最判昭和26・8・17刑集5巻9号1789頁／**百選Ⅰ44**〕などを実際に読んで，どちらに当たるか考えてみてください）。このことは，とりわけ**規範的構成要件要素**において問題となります。それゆえ，この問題は古くから判例，学説において問題となってきたのです。

　事実の錯誤と違法性の錯誤の区別問題は，とりわけ判例において非常に重要な意義を有します。というのも，判例の主流は違法性の認識不要説ですので，事実の錯誤であるのかどうかが故意犯として処罰されるのかどうかの分水嶺になるからです。つまり，事実の錯誤とされるかどうかによって，故意犯として処罰されるかどうかが決定されることになるのです。したがって，両者の区別は学説における以上に重要です。

　この点に関して，判例は，たとえばチャタレー事件（最大昭和32・3・13刑集11巻3号997頁／**百選Ⅰ47**）では，上述のように，裸の事実の認識で足りると

し，故意を認めましたが，いわゆる「たぬき・むじな」事件（大判大正14・6・9刑集4巻378頁／**百選Ⅰ45**，それに対して類似の事案で違法性の錯誤としたものとしていわゆる，むささび・もま事件〔大判大正13・4・25刑集3巻364頁〕があります），公衆浴場無許可営業事件（最判平成1・7・18刑集43巻7号752頁／**百選Ⅰ46**）においては，故意にとって必要な認識の程度について裸の事実の認識以上のものを要求し，両事案とも事実の錯誤に当たるとして故意を否定しました。このような判例の動向に対しては，処罰したいときは違法性の錯誤とし，処罰したくないときは事実の錯誤とするものであり，便宜的な解決であると批判されています。仮に判例が批判されるように，便宜的な解決を行っているのだとすると，それはおそらく違法性の認識不要説をとることに由来するものと思われます。

　学説においては，かつて故意を阻却する錯誤とそうでない錯誤に関する区別基準について，「刑罰法規の錯誤は故意を阻却しないが，非刑罰法規の錯誤は故意を阻却する」という区別基準が唱えられました。この見解に対しては，非刑罰法規の錯誤であれば直ちに故意が阻却されるとする根拠が明らかではない，あるいは刑罰法規と非刑罰法規の区別が明確でないなどの批判がなされ，現在ではほとんど支持されていません。しかし，この見解も，まったく理由のないものであるというわけではありません。この見解によれば，その区別基準の根拠は，次の点にあるとされます。すなわち，刑罰法規はすでに知られているか，少なくとも知られていなければならないものであるので，その錯誤は無視されるのに対して，非刑罰法規はこのことが前提とされないために，その錯誤は故意を阻却するとする点にあるとされるのです。そして，区別基準の根拠がこのようなものである場合，この基準の本質的な問題点は論拠が明確でないことにあるのではなく，この基準の前提，すなわち刑罰法規は何人にも知られているという前提それ自体が社会の発展，複雑化によってもはや通用しえないという点にあるのです。それゆえ，この区別基準は，現在，支持する者はほとんどいませんが，この基準の基礎となる考え方には，いまだ傾聴に値する点があるようにも思われます。

　それはともかく，現在では，事実の錯誤と違法性の錯誤に関する区別は，意味の認識内容をいかに規定するのかということによってなされています。この

点に関する学説は，上述した「素人領域における平行評価の認識」で足りると
する見解のほかに，具体的法益侵害（危険）性の認識を必要とする見解，さら
には刑法の着目する属性の認識を必要とする見解などに分かれています。

　素人領域における平行評価説に対しては，単に素人領域における平行評価の
認識が必要だとしたところで，その意味認識の内容に関してどの程度のものが
必要なのかについていまだ明確ではないとの批判がなされています。それゆ
え，その内容をさらにより具体的，明確に示すための努力が学説においてなさ
れることになります。

　この点に関して，最近の有力説の1つである具体的法益侵害（危険）性の認
識を要求する見解によれば，故意は「立法者が禁止・命令規範を設定すること
によって保護しようとする法益に対する侵害・危殆化行為の規範的意味を行為
者に理解させるための心理的動因として機能しなければならない」として，そ
の内容を「具体的法益侵害性の意味認識」に求められます。この見解に対して
は，故意の認識対象は構成要件該当事実だが，構成要件要素は特定の客体の侵
害やその危険だけでなく，直接には法益侵害やその危険を示さない行為状況等
も構成要件要素であるため，法益侵害性の認識というのでは不十分であるとの
批判がなされています。

　刑法の着目する属性の認識を必要とする見解は，法益侵害性の認識を必要と
する見解が犯罪の実質に着目する点を評価し，この説をさらに推し進め，その
問題点を克服しようとします。この見解は，刑法は何らの理由もなくある出来
事に介入するのではなく，社会において発生した数多の出来事の中でも犯罪の
実質を備えた出来事，つまり刑法が着目する出来事が発生して初めて介入する
という観点から，故意の認識内容は刑法の着目する出来事の属性に関する認識
があればよいということになるとするものです。この見解は，最近，学説にお
いて比較的支持を集めています。

6　過　失

1　過失処罰の意味

過失犯は例外

　　　刑法38条1項には，「罪を犯す意思がない行為は，罰しない。」と書いてあります。つまり，犯罪は故意によるものが原則なのです。しかし，この38条1項には，「ただし，法律に特別の規定がある場合は，この限りでない。」とも書いてあります。ですから，故意のない行為も，例外的には，犯罪として処罰されることがあるのです。そのような場合の代表例が，過失傷害罪（▶209条）や過失致死罪（▶210条），業務上過失致死傷罪（▶211条），過失運転致死傷罪（▶自動車の運転により人を死傷させる行為等の処罰に関する法律5条）などの過失犯です。

過失とは？

　　　過失とは，一般には，「うっかり」ないし不注意を意味します。ですから，たとえば過失致死罪（▶210条）は，「うっかり人を死なせたこと」という意味だと考えてください。もちろん，「うっかり」といっても，それは，本来「うっかり」してはいけない場面で「うっかり」したことを意味しますから，過失があるというためには，注意すべき義務があること，つまり**注意義務**の存在が必要です。したがって，過失とは，一般に**注意義務違反**であるといわれます。

🖉 Topic 4-3

明文のない過失処罰

　行政目的を達成するために刑罰で特定の行為を禁止したり命令したりする行政刑法の領域では，取締目的達成の必要や規定の方法，立法の趣旨から，過失を処罰する明文がない場合にも過失行為が処罰されることがあります（たとえば最決昭和57・4・2刑集36巻4号503頁）。判例や通説は，これもやむをえないと考えています。しかし，道路交通法上の速度違反や駐車違反では，過失の場合も処罰されるとする明文がありますので，このような明文を欠く場合にも過失行為を処罰することは，刑法38条1項の故意責任原則，ひいては罪刑法定主義に違反するのではないかとする批判の声もあります。

過失犯の実務上の重要性 現代では，交通事故や産業活動に伴う各種の事
故（労働災害，環境破壊など）の増大から，特に，
業務上および自動車運転に伴う**過失致死傷罪の認知件数**は全刑法犯の約4分の
1から3分の1を占めるに至っており，したがって，過失犯は，刑事政策上も
刑法理論上も，大きな問題となっています。しかも，現行法は，過失の定義規
定を置いていません。したがって，過失の内容と限界については，判例と学説
の展開に全面的に委ねられているのです（**争点36**）。

2 「新」過失論と「旧」過失論

旧過失論（伝統的過失論） かつては，たとえば殺人罪（▶199条）と過失致
死罪（▶210条）とは同じく人を死なせることで
あり，殺人罪は「わざと」（＝故意），過失致死罪は「うっかり」（＝過失）人を
死なせる点に違いがあるにすぎないと考えられていました（傷害致死罪〔▶205
条〕は，暴行または傷害の故意で人を死なせた点で，両者の中間的なものと考えられて
いました）。そして，故意や過失は，犯罪体系においては「責任」に属すると考
えられていましたので，殺人罪と過失致死罪は構成要件や違法性では共通であ
り，責任において初めて異なる犯罪であると考えられていたのです。このよう
な考え方を**旧過失論**または**伝統的過失論**と呼びます。

この考え方では，殺人罪と過失致死罪とでは客観的な実行行為（構成要件該
当行為）は同じであり，結果を回避すべき義務の点でも共通で，唯一，結果を
「わざと」引き起こしたか，それとも「うっかり」引き起こしたかに違いがあ
るだけです。ですので，故意犯は結果発生の現実の予見がありながら行為に出
た場合を意味し，過失犯は結果発生の現実の予見はなかったけれども，注意を
すればその予見が可能であったのに行為に出た場合を意味することになりま
す。

新 過 失 論 これに対して，故意や過失はすでに構成要件の要素であり，
殺人罪と過失致死罪はすでに構成要件を異にするという考え
方を**新過失論**と呼びます。その背景には，過失犯は故意犯よりも実行行為が広
いとか定型性が緩やかであるといった考え方があります。故意犯よりも実行行

為が幅広く認められる犯罪の構成要件が，故意犯と同じということはありえないからです。

この考え方では，故意がある場合には殺人幇助（▶199条・62条）などの共犯的行為にしかならないような行為態様でも過失致死罪が成立し，結果を回避すべき義務も広範囲に認められます。その代わりに，行為の社会的有用性を考慮して，結果回避のための注意義務（略して「結果回避義務」）が縮小されることもあります。

許された危険　新旧過失論の相違は，**許された危険**や**信頼の原則**というものの位置づけをめぐって明らかになります。社会の中には，自動車の運転や工場の操業・鉱山での採掘のように，人を死傷させる危険をもち，そして，ときにはそれが死傷事故として実現してしまうような活動があります。そのような事故は可能な限り避けなければなりません。しかし，仮に，そのような活動を危険だからという理由で禁止してしまったら，死傷事故の発生は確実に防げますが，代わりに，この社会の産業活動は停止してしまうでしょう。そうなると，私たちの現在の生活水準も，維持できないことになってしまいます。そこで，危険な活動の中にも，許されるものと許されないものがあるとする考え方が出てきました。これを「許された危険」，または，その裏返しとして「許されない危険」と呼びます。許された危険とは，一般に，社会にとって有用であり，かつ，事故防止のために一定の安全措置がとられている危険活動をいいます。

信頼の原則　「信頼の原則」とは，「他人の適切な行動を信頼することが相当な場合には，これを信頼して行動した人は，そのために生じた結果について責任を負わない」とする考え方です（**争点37**）。

> **◼️ Case 4-25**　Ｘは，自動車を運転して街中の左右の見通しの悪い交差点に接近した。対面信号が青だったので，制限速度の時速50キロメートルのままその交差点に進入したところ，思いがけず交差道路からＡの運転する自動車が入ってきたので，これを避けきれず，自車をＡの車に衝突させ，Ａの車に同乗していた幼児のＢを死亡させた。

Case 4-25 のような場合，特段の事情がない限り，自動車や自転車，歩行者

などの交通関係者は信号を守って行動するものと信頼してよく，したがって，赤信号無視のＡの車との衝突によって生じたＢの死亡ついて，信号を守っていたＸは，——たとえ，経験的には，赤信号無視が稀にはありうるし，また，そのことを知っていたとしても——責任を負わないのです（被害者が被告人の運転する右折車の前面を背後から無理に追い越そうとして死亡事故になった事案につき，「信頼の原則」を適用して過失を否定した裁判例に，最判昭和42・10・13刑集21巻8号1097頁／**百選Ⅰ54**があります。また，「信頼の原則」は，後述する「管理・監督過失」の場合にも適用されることがあります。札幌高判昭和56・1・22刑月13巻1＝2号12頁）。

回避義務か予見可能性か　新過失論は，この「許された危険」や「信頼の原則」の考え方を，結果の予見可能性ではなくて，結果回避義務を縮小するものとして理解しました。つまり，許された危険行為の場合，結果発生の予見可能性は否定されませんが，結果回避義務はないので過失がないことになるのです。このような考え方は，一時期，非常に有力

Further Lesson 4-6
▶▶▶▶▶ 「危惧感説」

　新過失論は，以前は，旧過失論よりも結果回避義務の範囲を縮小することによって，過失責任の範囲を限定するものであると考えられていました。ところが，戦後の高度経済成長期に多発した「公害」（熊本水俣病事件がその代表例です）や食品への危険物の混入事件（森永砒素ミルク事件がその代表例です）を契機として，新過失論の中に，伝統的な考え方よりも過失の範囲を拡大しようとする考え方が出てきました。これを「**危惧感説**」ないし「**不安感説**」と呼びます。

　この考え方は，過失を認めるためには一般人にとってある種の結果防止措置をなす旨の負担を命ずるのが合理的だと思われる程度の「危惧感」があれば，伝統的な考え方が必要とする「具体的な予見可能性」がなくても，予見可能性は認められるとします。しかし，冷静に考えれば，たとえば歩道に歩行者を見たら直ちに急ブレーキをかけろなどというように，漠然とした危惧感から直ちに行為の中止を期待するのは現実的ではなく，せいぜい，その歩行者が車道に飛び出すそぶりを見せていないか注意するといった，ある程度の情報収集措置が期待できるにすぎません。したがって，判例や多数説は，危惧感からいきなり結果回避義務を引き出す危惧感説の考え方には賛成していません（たとえば，札幌高判昭和51・3・18高刑集29巻1号78頁／**百選Ⅰ51**）。

になりました。しかし，その後，旧過失論から，「人が死傷することが予見で
きたのにこれを避けなくてよいという理屈はおかしい」とする批判が加えられ
ました。その上で，旧過失論では，許された危険や信頼の原則が当てはまる場
面では刑事責任を問うに値するような高度の，あるいは具体的な予見可能性が
ないので，過失責任が否定されるのだと説明されることになります。

　もっとも，今では，さらに，客観的帰属論によって，許された危険や信頼の
原則が当てはまる場面では，すでに結果を行為者に客観的に帰属することがで
きないので，故意・過失を論じる以前に，すでに結果発生に対する刑事責任が
否定されてしまうとする見解が出てきています（**➡本章・4**，**争点16**）。

3　過失犯の成立要件

> **概　要**　過失犯が成立するためには，まず，その過失犯が構成要件要素
> とする「**結果**」が発生しなければなりません。たとえば，過失

致死罪では「人（＝他人）の死」が，失火罪（**▶116条**）では「建造物等の焼損」
や「物の焼損」が起きなければならないのです。

　もちろん，このような「結果」は，行為者の過失行為に起因するものでなけ
ればなりません。つまり，「うっかりした」行為と結果との間に**因果関係**が必
要なのです。この因果関係は，故意犯の場合と同じものです。したがって，
——学説の一部に例外はあるのですが——故意犯で相当因果関係が必要と考え
るなら，過失犯でも相当因果関係が必要です。また，故意犯でさらに**客観的帰**
属の諸条件が充たされなければならないと考えるなら，過失犯でも同じことが
当てはまります。責任能力ある被害者が意識的または無意識的に危険に近づい
て死傷した事故に他人が加担した「**危険引受け**」と呼ばれる事例（千葉地判平
成7・12・13判時1565号144頁／百選Ⅰ59）も，被害者の一種の過失的自傷行為
（**被害者の自己答責性**）として，客観的帰属が否定される事例の1つです（**争点**
38）。また，過失不作為犯では，単に作為をしていれば結果が起きなかっただ
けでなく，作為義務の根拠となる危険が結果に現実化しなければなりません
（最決平成24・2・8刑集66巻4号200頁）。

　因果関係の基点となる過失行為は，故意犯の場合と同じく，結果を発生させ

る許されない危険性をもった行為でなければなりません。言い換えれば，過失
犯にも，故意犯と同様の「**実行行為**」が必要なのです（ただし，先に述べたよう
に，過失犯の実行行為は故意犯のそれより広いとする見解も有力です）。

　そのほか，過失犯にも**責任能力**や**違法性の意識の可能性**，適法行為の**期待可
能性**が必要です。また，偶然にも正当防衛などの違法性阻却事由に当たるよう
な行為を過失で行った場合には，「**偶然防衛**」を正当と認めるか否かによっ
て，それが正当化されるか否かが決まります（➡第5章・**4**）。

　　　　　　　　　　　　　もっとも，故意犯と異なり，過失犯では，実務上，**結**
| 結果の回避可能性 | **果の回避可能性**がはるかに重要となります。もちろん
故意犯でも，たとえば，もはや衝突を避けることができない時点で自動車の運
転者が被害者の死亡を「やむをえない」と考えたとしても，この運転者を殺人
罪に問うことはできません。結果に対して罪責を認めるためには，行為者がそ
の結果を避けようと思えば避けられたのに，それを避けずにそのまま行為を続
けたことが必要なのです。また，未遂犯の場合も，その結果を避けようと思え
ば避けられたことが，確実ではないにしても，相当に可能であったことを要し
ます。しかし，実際には，故意犯では，その行為を単純にやめたら結果が避け
られた場合がほとんどですので，回避可能性は問題となりにくいのです。

　これに対して，過失犯の場合には，事情が異なります。たとえば，注意して
いても衝突直前にしか結果を予見することができなかったという場合には，予
見可能性を検討する以前に，すでに回避可能性がないので過失犯の成立が否定
されます。その意味で，過失があるとするためには，**結果の回避可能性がある
時点で結果の予見可能性が必要**です。

　　　　　　　　　　　　　以上の回避可能性があるときに，結果の予見可能性が
| 結果の予見可能性 | あれば，過失が認められます。問題は，予見可能性の
内容と判断方法にあります。

　予見可能性の内容は，言い換えれば，可能であるべき**予見の対象**は何かとい
う問題です。一般にそれは，漠然とした結果発生の可能性では足りず，具体的
な可能性ないし「ある程度高度の可能性」を意味するとされます。もっとも，
その可能性は，具体的な状況と無関係に一律に決まるわけではありません。危

険だが実施しないと患者の命は1か月程度しかもたない手術のように，危険で
もこの社会からみれば冒す価値のある危険もありますし，二輪車で崖に向けて
走り，どちらがブレーキを我慢できるかを競う「チキン・レース」のように，
社会からみれば冒す価値のない危険もあります。したがって，一般的にいえ
ば，予見の対象は「**結果発生の許されない危険**」ということになります。

　その対象は，過失致死罪では，「誰かは特定できないが人が死ぬ」という一
般的なものでは足りません。たとえば「放火した建造物の炎と煙に巻かれて消
防署員が死亡」という結果なら放火犯人にも予見可能といえますが，その建物
に，思いがけず通りがかりの市民が飛び込んで死亡したという場合には，その
結果は放火犯人には予見不可能と考えるべきです。つまり，**結果発生に至る因
果経過の基本的部分**が予見可能でなければならないのです（札幌高判昭和51・
3・18高刑集29巻1号78頁／**百選I 51**）。

　また，乗ってはいけない軽トラックの荷台に無断で乗っていた同僚が衝突事
故の際に転落死したという場合には，運転者には「荷台に乗っている人の死
亡」が予見可能であるべきです（最決平成1・3・14刑集43巻3号262頁／**百選I 52**
は，「人の死傷を伴ういかなる事故」でも予見可能であればよいとする趣旨に読めます
が，実際には，注意をすれば被害者が勝手に荷台に乗ったことが認識できたとされた事
案に関するものでした。最決平成12・12・20刑集54巻9号1095頁／**百選I 53**も，電気
ケーブル手抜き工事を原因とするトンネル火災による列車内での人の死傷事故につい
て，「誘起電流が大地に流されずに本来流れるべきでない部分に長期間にわたり流れ続
けることによって火災の発生に至る可能性」の予見可能性で足りるかのように述べてい
ますが，実際には，被告人には現実に過熱した分岐器に電流が流れることが予見可能
だった事案に関するものでした）。

予見のための判断時間　しかも，先に述べたように，その予見は，結果の
回避がまだ可能な時点で可能でなければなりませ
ん。さらに，大事なことは，人間の判断には一定の時間を要するということで
す。思いがけない事態に直面すれば，人間は即座に的確な判断はできません。
したがって，予見可能性を判断する際には，注意すれば得られていたであろう
情報を検討して結果発生の許されない危険があるという判断に到達できるまで

の**判断時間**を考慮しなければならないのです。この判断時間を考慮すると回避可能性がなくなるというのであれば，過失は否定されます。

> **⚔ Case 4-26** Xは，夜間，黄色点滅信号のある交差点に自動車で進入したところ，交差道路から，Aが自動車を運転して，制限速度の時速30キロメートルを大幅に超過した時速70キロメートル以上の速度で，しかも，一時停止もしないで飛び出してきたため衝突事故に至った。その結果，Xの車の同乗者Bが死亡した。

Case 4-26 のような場合，たとえ徐行して交差点に進入し相手の車を発見した時点ですぐに急ブレーキを踏んでいたら間一髪で事故を避けられたとしても，対面信号機が黄色灯火の点滅を表示しているときに，交差道路から，一時停止も徐行もせず，そのような高速度で進入してくる車両がありうるとは通常想定しがたい（つまり「信頼の原則」が妥当する）上，夜間では，たとえ相手方車両を視認したとしても，その速度を一瞬のうちに把握するのは困難ですから，現実にA車の存在を確認した上，衝突の危険を察知するまでには，若干の判断時間を要すると考えるべきです。そして，衝突を察知しうるまでに死傷事故が起きてしまうなら，過失は否定されることになります（最判平成15・1・24判時1806号157頁／**百選Ⅰ7**）。

予見可能性の標準 次に，判断方法の問題，すなわち，このような予見は，どのような能力を基準にして判定するのかという問題があります。これは一般に，「過失の標準」ないし「予見可能性の標準」と呼ばれている問題です。

　これについては，① 行為者の責任を検討するのだから行為者の能力が基準となるべきであるとする**主観説**（＝行為者標準説），② 不注意な行為者を基準にしていては過失責任はありえないので，平均的な一般人を基準とすべきであるとする**客観説**（＝一般人標準説），③ 行為者の能力を基準としつつ，それが平均的な一般人の能力を上回る場合には一般人の能力を上限とすべきであるとする**折衷説**に分かれていました。しかし，近年では，④ 知識や生理的・物理的な能力は行為者のものを用い，慎重さ・誠実さなどの規範心理的能力は慎重で誠実な一般人を基準とすべきであるとする**能力区別説**が有力になっています。

> **Case 4-27**　家政婦のＸは，貧しい生い立ちのため，義務教育も十分に受けられ
> ず，そのため，不完全燃焼による一酸化炭素中毒の危険性についての知識がなかっ
> た。冬のある寒い日，Ｘは，雇い主のＡが疲れてソファーで寝込んでいることに気
> づき，Ａが風邪をひかないように毛布をかけるとともに，窓を閉めて室内の暖炉に
> 大量の薪をくべて火を起こしてから室外に出て掃除をしていた。その間に，Ａは不
> 完全燃焼による一酸化炭素中毒で死亡した。

Case 4-27 のような悲劇は，Ｘが「悪い」人格だから起きたのではなく「無
知」のために起きたのです。つまり，Ｘが慎重で誠実であっても，Ａの死亡は
予見不可能なのです。このような人を「悪い」として非難し処罰するべきでは
ありません。また，自動車の運転に必要な視力（両眼で0.7）を確保するために
メガネ等が必要か否か，どのようなメガネ等が必要かは，その人の視力に応じ
て変わります。つまり，行為者の能力とは無関係に決定される「許された危
険」の程度にまで危険を下げる安全措置をとるために何が必要となるかは，行
為者の生理的・物理的能力によって変わるのです。いずれにしても，知識や物
理的・生理的能力は行為者のものを前提にしないと過失の判断はできません。

反対に，日ごろからうっかり者であるとか，金のためなら他人の命など気に
しないといった行為者の性格を，そのまま予見可能性の判断基準に取り込むこ
とはできません。ここでは，**行為者が法の期待するほどに慎重で誠実な人だっ
たら**という仮定法で，結果が予見できていたかどうかを検討することになりま
す。したがって，正しいのは，④ 能力区別説ということになります。

客観的注意義務　　過失固有の内容は，以上のような結果の予見可能性です
が，一般には，そのほかに注意義務違反ないし**客観的注
意義務違反**が，過失の内容として必要とされています。もっとも，客観的注意
義務違反の内容は，すでに述べた因果関係の相当性であったり結果回避のため
の作為義務の違反であったり，さらには，結果を予見するための情報収集義務
であったりで，独立した意味はありません。

もともと，客観的注意義務とは，①（許されない）危険行為をしない義務，
②（まだ許される）危険な状態で慎重に行動する義務，③法に違反しないよう
に情報を収集する義務の3つから成り立っていました。しかし，①は行為の

「広義の相当性」ないし「許されない危険」の意味ですし，②は不作為犯における作為義務とほぼ同じです。また，③は，結局は，予見可能性を判断するために慎重で誠実な人がとるべき措置のことで，予見可能性判断の前提となるものにすぎません。そのため，その体系的な位置も，以上の意味内容に従って変わってきます。したがって，注意義務という言葉は，その用いられる文脈に応じて，具体的な意味を確認しつつ用いていただく必要があります（**争点36**）。

4　管理・監督過失

管理・監督過失　　近年の刑事実務では，火災，ガス爆発，公害，食品・薬品公害などの領域において，現場の作業員，従業員ばかりでなく，監督者，管理責任者の過失責任を問う傾向が強まっています（たとえば，札幌地判昭和61・2・13刑月18巻1=2号68頁）。特に火災事件では，消防法が建物の管理権原者に具体的な防火管理責任を課しているため，他の事件類型と比べて，経営トップの責任追及の傾向が顕著です。このような，管理者または監督者的立場にある者の過失結果犯に関する罪責を，「**管理過失**」または「**監督過失**」と呼びます。

監督過失とは，人に対する指導・指揮・監督等の不適切さが結果発生と結びつく場合をいい，**管理過失**とは，部下の行動への監督の誤りではなく，管理者等による物的設備・機構，人的体制などの不備それ自体が問題である場合をいいます。もっとも，「管理・監督過失」の場合でも，問題となるのは刑法209条以下の通常の過失致死傷罪の規定であって，これと異なる特別の過失規定があるわけではありません。したがって，この場合でも，過失犯の成否は，通常の成立要件に従って検討されるべきです。

管理・監督過失の問題点　　このような管理者または監督者の過失責任の追及は，従来の個人の行為責任を基礎とした刑法の理論では捉えきれない数々の問題を含んでいます。特に，デパートやホテルなどの火災で多くの死傷者が出た場合に，出火の責任者に対する放火罪や失火罪による責任追及ではなく，（業務上）過失致死傷罪による管理者の責任追及がなされる場合が問題です（具体例として，最決平成2・11・16刑集44巻8号744頁，

最決平成 2・11・29刑集44巻 8 号871頁，最判平成 3・11・14刑集45巻 8 号221頁〔無罪〕，最決平成 5・11・25刑集47巻 9 号242頁／**百選Ⅰ58**などがあります）。

　まず，管理者らの**実行行為の特定が困難**です。これらの事件では，管理者らに「安全体制確立義務」の違反があったとされることがあります。これは，たいてい，安全を高めるために義務づけられる措置をとっていなかったという「不作為」を意味しますが，問題は，この場合の「作為義務」の内容が，事前には，あまり特定されていないことです。

　しかも，これらの義務違反状態は，たいてい，ホテルやデパートの営業を続けている期間ずっと存在します。仮に，このような営業を続けている期間がそのまま，過失致死傷罪の「実行行為」であるなら，むしろ，そのような営業を

✐ Topic 4-4

過失犯の共同正犯

　会社が危険な製造物を市場に出したことに気づきながらこれを回収せず，放置された製品によって人が死傷するという事態が起きることもあります。このような場合に，会社の経営者のうちの 1 人の判断では製品の回収を決定できなかったというときには，作為義務を尽くしても結果の回避可能性がないため，単独犯としてその過失責任を認めることは困難です。このような場合に，その経営者には，「他の経営者と共同して製品の回収を決定し実施する義務があった」のにそれを怠ったというふうに考えれば，結果に対する共同での過失責任が認められるように思われます。そこで，このような場合に，過失犯にも刑法60条の共同正犯の適用を認めるべきではないかという考え方が出てきます。

　伝統的には，共同正犯を含む共犯は，——結果的加重犯を除いて——故意犯でしか認められないという考え方が多数でした。これに対して，一部では，過失犯にも共同正犯はありうるのではないかという考え方が唱えられており，また，判例でも認められた例がありました。そこでは，「共同の注意義務の共同の違反」，つまり，共同して結果を回避すべき義務に皆が違反したといえる場合に共同正犯を認めるべきだとされたのです（最決平成28・7・12刑集70巻 6 号411頁）。火災事件で出火原因が作業員のうちの誰のミスによるのかわからないけれども，各人がお互いの用いた道具についても安全を確認すべきであったとか（東京地判平成 4・1・23判時1419号133頁／**百選Ⅰ80**），先に述べた共同での回収義務違反の場合が，それに当たります。その詳細は，共犯のところを参照してください（➡**第 6 章・10 − 7**）。

続けさせないで禁止すべきであったということになりかねませんが，今のところ，そこまで考える人は少数なのです。

　さらに，火災がいつ起きるかわからないということは，言い換えれば，**火災による人の死傷の具体的な予見可能性はない**ということです。もちろん，この場合，管理者らに抽象的な危険の認識があることもありますが，それは，死傷結果に対する過失ではなくて，抽象的危険犯の故意にすぎません。つまり，危険状態での経営の継続は，それ自体が抽象的危険犯で対処されるべきであって，偶然の出火によって初めて適用可能となるような過失致死傷罪で対処すべきものではないのです。ですから，出火という偶然に依存しないで，普段から安全対策を促すような刑事政策が，市民的安全のための最良の方策なのです（争点39）。

5　業務上過失，重過失，過失運転

業務上過失　過失致死傷罪や失火罪，過失往来危険罪では，「業務上必要な注意」が忘られた場合や（▶117条の2・211条）「業務に従事する者」の場合に（▶129条2項），通常の過失に比べて法定刑が重くなっています。このような場合を**業務上過失**といいます（**争点71**）。判例は，211条の業務上過失を，①社会生活上の地位に基づき，②反復・継続して行う行為であって，③他人の生命・身体に危害を加える虞おそれあるもの，と定義しています（最決昭和60・10・21刑集39巻6号362頁／**百選Ⅰ60**など）。これには，人の生命・身体の危険を防止することを義務内容とする業務も含まれます。行為者の目的がそれによって収入や報酬を得ることにあるかどうかは関係ありません。

　なお，判例では，仕事と一切関係のない銃による狩猟や自動車運転も「業務」に含まれるとされてきました。しかし，およそ仕事と関係のない行為を「業務」と呼ぶことには，問題がありました。むしろ，娯楽としてのドライブが普及したのだから，もはや業務による刑の加重は意味を失ったとして，業務上過失規定を削除すべきだという意見もあったのです。また，117条の2の業務は，職務として火気の安全に配慮すべき社会生活上の地位と定義されていま

すので，それとのアンバランスもありました。この問題は，2007（平成19）年
に自動車運転過失致死傷罪（現，過失運転致死傷罪▶自動車の運転により人を死傷
させる行為等の処罰に関する法律 5 条）が作られたことにより，自動車事故に関し
ては解消されました。

　業務上過失が通常の過失よりも重く処罰される根拠にも争いがあります。判
例や通説は，業務者には特別の注意義務があるとしますが（最判昭和26・6・7
刑集 5 巻 7 号1236頁），同じ行為である場合に業務者とそうでない者との間に義
務の違いがあるのか，という批判があるのです。

重　過　失　　**重大な過失**（＝**重過失**）は，不注意の程度が大きい場合に認
められます。過失を予見可能性と解する場合には，これは，

Further Lesson 4-7
▶▶▶▶▶「段階的過失論」

　過失行為者に複数の不適切行動があった場合，あるいは，1 つの行動に複数の不
適切な側面があった場合に，何を「過失」とみるか，具体的には，何を「訴因」
（▶刑訴256条 3 項）ないし「罪となるべき事実」（▶刑訴335条）とすべきかという問
題が，実務では重視されています。このような場合に，結果発生に直近する行為だ
けを「過失」とすべきか，それとも不適切とみられる行為をすべて列挙すべきかが
争われるのです。前者の考え方を「**段階的過失論**」または「**直近過失説**」といい，
後者のそれを「**過失併存説**」といいます。もっとも，これは予見可能性という意味
での「過失」ではなく，過失犯の「実行行為」をどこにみるかの争いであり，ま
た，「直近過失か過失併存か」という二者択一的思考が妥当なわけでもありません。

　まず，ある時点で行為者に不適切な行動がみられても，まだ結果発生までに危険
を十分にコントロールする手段が残されている場合には，その不適切行動は過失犯
の実行行為ではありません。たとえば，無免許の者に自動車の運転をさせた場合で
も，運転中の適切な指示・監督によって事故を回避できた場合には，運転させた行
為を直ちに実行行為とみるべきではないのです（札幌高判昭和40・3・20高刑集18巻
2 号117頁）。そうでないと，自動車学校での路上教習は許されなくなってしまうで
しょう。

　逆に，たとえば酒酔い状態で大幅に制限速度を超過して，しかも脇見で自動車を
運転しているときに歩行者をはねた場合には，「酒酔い」「危険な高速度」「前方不
注視」はいずれも 1 つの運転行動の属性ですから，この行動が結果発生の実質的な
危険をもっていれば，それが過失致死傷罪の実行行為となります。

ほんのわずかの注意で結果の発生が予見できる場合をいいます。結果の重大性
は，過失の重大性とは直接には関係しません。実務では，たとえば無免許での
危険物の使用が，たいてい重過失とされます。

認識ある過失と
認識なき過失　　認識ある過失と認識なき過失という区別もあります。こ
れは，行為者が事前に少しでも，結果の発生がありうる
かどうか考えたか否かによる区別です。認識ある過失でも，その認識の内容
は，故意の場合と同じものではありませんし，認識ある過失が常に重大な過失
となるわけでもありません。

過失運転　　2007（平成19）年の改正により，211条2項に自動車運転過失致
死傷罪が新設され，従来，業務上過失致死傷罪（▶211条）など
で処罰されていた自動車運転中の過失致死傷が，この規定で処罰されることに
なりました。さらにこの規定は，2013年の法改正によって，自動車の運転によ
り人を死傷させる行為等の処罰に関する法律5条に移され，過失運転致死傷罪
に改称されました。その法定刑の上限は7年の懲役であり，業務上過失致死傷
罪よりも2年引き上げられています。自動車による悪質・重大事故に対処する
ためというのがその理由です。

　しかし，**過失運転**自体は，自動車運転中の過失という意味でしかなく，通常
の過失に比べて特に重いわけではありません。そのため，それは「法の下の平
等」（▶憲14条1項）からみて問題があり，また，過失犯罪者をそれほど長く刑
務所に入れても，かえってその社会復帰を困難にし犯罪を助長するだけではな
いかという疑問の声もあります。

第5章　犯罪の成立を妨げる事由

1　総　　説

1　違法性阻却と責任阻却

**主観的違法論と
客観的違法論**　**第4章**では，犯罪成立の積極的要件をみてきました。通常の場合は，このような積極的要件が備われば犯罪は成立します。しかし，例外的な場合として，特別の事情が存在するためにそのような積極的要件が存在しているにもかかわらず犯罪成立が否定されることがあります。刑法第1編第7章は，「犯罪の不成立及び刑の減免」と題して，行為が構成要件に該当するにもかかわらず処罰されなかったり，法定刑より刑が減免されたりする場合を定めていますが，このうち処罰がされなくなる特別の事情は**犯罪成立阻却事由**と呼ばれています。

　犯罪成立阻却事由は，違法性阻却事由と責任阻却事由に分けることができます。たとえば，正当防衛（▶36条）は**違法性阻却事由**であり，心神喪失（▶39条1項）は**責任阻却事由**です。法律の文言上は，どちらも「罰しない」とされていますが，通説の客観的違法論によれば，犯罪が否定される理由の性質の違いから2つに分類されるのです。

　もっとも，違法性阻却事由と責任阻却事由を明確に区別しない考え方も存在します。このような考え方を**主観的違法論**と呼びます。主観的違法論は，法を行為者に対する命令・禁止規範であると捉え，その違反は名宛人として命令・禁止の内容を理解しそれに従って意思決定をなしうる者の行為にのみ認められると考えます。したがって，責任能力などの責任要件の存在が違法評価の前提であることになり，「責任はなくても違法である」とはいえないことになります。これに対して，今日の通説である**客観的違法論**によれば，違法と責任は明

確に区別されます。客観的違法論は，法を評価規範と命令・禁止規範に分け，行為者の能力に関係なく評価規範に客観的に反することが違法で，命令・禁止規範に主観的に反することが責任であると考えます。このようにして，「責任はなくても違法である」ということが認められることになるのです（**争点15**）。

違法性阻却と責任阻却の区別の意義　では，通説の客観的違法論が，犯罪成立阻却事由を違法性阻却事由と責任阻却事由に区別することの実際上の意義は何なのでしょうか。それは，主に，① その行為に対して**正当防衛**が可能であるかという点と，② その行為への**共犯**が成立しうるかという点にあります。

　まず，①についてですが，違法性阻却事由に当たる行為は違法，すなわち「不正」（▶36条）ではないので，正当防衛で対抗することはできません。たとえば，捜査機関が適正な手続に則って行う逮捕は，法令による行為（▶35条）で違法・不正な行為ではありませんので，これに正当防衛で対抗することはできません。これに対して，重度の精神病者が心神喪失状態で突然襲いかかってきた場合には，彼は責任がなかった（▶39条1項）としても違法・不正な攻撃をしているので，正当防衛で対抗することが認められるのです（➡**本章・4**，**争点19**）。

　次に，②についてですが，以下のような事例を考えてみましょう。

> **Case 5-1**　Xは，暴漢Aに襲われた友人のYに，これを使ってわが身を守れといって棒を手渡したところ，Yは正当防衛でAを棒で殴りAにけがを負わせた。
> **Case 5-2**　Xは，重度の精神病者であるYに，Yが誰かに乱暴をはたらくかもしれないことを未必的に認識・認容して棒を手渡したところ，Yが心神喪失状態でその棒でAを殴り，Aにけがを負わせた。

　今日の通説的な考え方である**制限従属形式**（**制限従属性説**）によれば，共犯成立の必要条件として，正犯の構成要件該当性と違法性が要求されますが，責任は必要とされません。そのため，**Case 5-1**では，正犯Yが棒で暴漢Aを殴った行為は傷害罪（▶204条）の構成要件に該当しますが，正当防衛として違法性が阻却されますので，Xも共犯として処罰されることはありません。これに対して，**Case 5-2**では，正犯YがAを殴った行為は傷害罪（▶204条）の構

成要件に該当し，かつ特に違法性阻却事由もありませんので違法ですが，心神喪失によって責任のみが阻却されます。構成要件に該当し違法な行為への関与は，制限従属形式からは共犯として可罰的なので，Xは共犯として処罰されることになります。このように，同じく正犯は犯罪成立が否定されるにもかかわらず，それに関与した者が共犯として処罰されるかどうかは，正犯の犯罪不成立の理由が違法性阻却事由だったのかそれとも責任阻却事由だったのかによって異なるのです（➡第 6 章・**6**，争点46）。

2　違法性阻却事由，責任阻却事由，可罰的違法性阻却事由

犯罪成立阻却事由の分類　このように，犯罪成立阻却事由は違法性阻却事由と責任阻却事由に分けることができるのですが，それぞれどのようなものがあるのでしょうか。

　まず，違法性阻却事由としては，**法令または正当業務行為**（▶35条）と**正当防衛**（▶36条）があります。**緊急避難**（▶37条）も通説によれば一元的に完全な違法性阻却事由とされていますが，学説によっては緊急避難の全部もしくは一部を責任阻却事由としたり，または可罰的違法性阻却事由としたりするものもあります。なお，35条は，法令または正当業務行為ばかりでなく，形式的に構成要件に該当するが実質的な違法性がないその他の正当行為の不処罰も導く，一般的な根拠規定と解されています。**法令行為**としては，捜査機関の強制捜査などがあり，**正当業務行為**としては，宗教者，医療関係者，法律家の活動などがあり，**その他の正当行為**としては，自救行為や争議行為などがあります。

　次に，責任阻却事由としては，**心神喪失**（▶39条 1 項）や**刑事未成年**（▶41条），さらに通説の規範的責任論によれば**期待可能性**の不存在などがあります。

　さらに，学説によっては，刑罰という刑法上の効果は消滅するが，その行為はなお法からみてなすべきでないという場合に，完全な違法性阻却ではなく，可罰的違法性のみが阻却されるという場合を**可罰的違法性阻却事由**と呼んで，違法性阻却事由や責任阻却事由と異なる犯罪成立阻却事由の第 3 の範疇を認めようとする考え方も有力です。この見解は，たとえば，緊急避難（▶37条）の一部を可罰的違法性阻却事由と位置づけるのです。

「緊急避難」の法的性質　このように，緊急避難の法的性質が何であるかは特に激しく争われています。緊急避難行為者の不処罰と危難を転嫁される第三者の保護をいかに調和させるかが問題なのです（➡本章・**5**，争点24）。

　この点，通説である① **違法性阻却一元説**は，37条1項本文が恐怖・驚愕等の特別の心理的圧迫を緊急避難の成立要件として要求していないこと，自己や親族ばかりではなく他人一般の法益を守るための緊急避難を認めていること，侵害が避けようとした害を超えないこと（法益均衡または害の均衡）を要求していることなどを根拠に，緊急避難を一元的に違法性阻却事由と解しています。この見解によれば，緊急避難は常に適法となりますので，緊急避難に対する正当防衛は常に否定され，通説の制限従属形式によれば緊急避難に対する共犯も成立しないことになります。しかし，危難を転嫁される第三者は危難とは無関係な者であり，正当防衛による対抗を認めないと第三者保護に欠ける場合があるようにも思われます。通説は，第三者は正当防衛で対抗することはできないが，緊急避難で対抗することができるとしていますが，そうすると適法な緊急避難に適法な緊急避難で対抗するという事態が生じることになってしまうのです。

　これに対して，緊急避難行為には違法性があるが緊急状態下では期待可能性がないから責任が阻却されるとする② **責任阻却一元説**も存在します。この見解は，とっさの場合に働くのは自己保存の本能なので，通常人に対して自己の利益を犠牲にして緊急の危難を避けることを要求するのは期待があまりにも大きすぎるのであり，結局，緊急避難行為は違法であるがそれ以外の態度を期待しえないという意味において期待可能性がなく，責任が阻却されると説明します。この見解によれば，緊急避難に対しては常に正当防衛で対抗することが可能で，制限従属形式からは緊急避難に対して常に共犯が成立することになります。しかし，この説も，第三者のわずかな犠牲で緊急避難行為者の命が救われるような場合にまで第三者の正当防衛による対抗を認めるのは妥当ではない，法益均衡の要件は期待可能性を問題にするなら不要である，他人のための緊急避難は常に期待可能性がないとはいえないなどの批判が向けられています。

　そこで，今日では，緊急避難は，完全に適法で正当防衛による対抗が許され
ない場合と，違法であるが可罰的違法性がない，あるいは責任がないだけであ
り，正当防衛による対抗が許される場合があるとする③ **二分説** も有力になっ
ています。それをどのように場合分けするかについては，法益同価値の場合は
責任阻却事由であるが，大なる利益を守るため小なる利益を犠牲にする場合は
違法性阻却事由であるとする説や，生命対生命や身体対身体の場合は責任阻却
事由であり，その他の場合は違法性阻却事由であるとする説などがあります
（**➡本章・5**）。

2　違法性の基礎

1　違法論の意義

　犯罪は，構成要件に該当し，違法で，有責な行為であるとされています（**➡
第3章・2**）。また，行為が構成要件に該当すると，違法性の存在が推定されま
す（構成要件の違法性推定機能**➡第4章・1**）。そうすると，犯罪の成立に関する
第2段階としての違法とは，構成要件該当性によって推定された違法性の存在
を破る事由の存否，すなわち違法性阻却事由（違法阻却事由）の存否について
検討することといえます。しかし，刑法総則上，違法性阻却事由についてはわ
ずかに法令行為・正当行為（**▶35条**），正当防衛（**▶36条**），緊急避難（**▶37条**）
の3つの条文にしか規定されていません。後に触れるように，現在ではこれら
の違法性阻却事由のほかに超法規的違法性阻却事由の存在が認められていま
す。これを理解するためには，違法性阻却事由において，「何が（＝違法性の実
質）」，「なぜ阻却される（＝違法性阻却原理）」のかという点を明らかにすること
が不可欠といえるでしょう。しかし，刑法総則のどこをみても何が違法かにつ
いては明らかとされていません。そこでこれらの点に関しては解釈によって明
らかとする必要がありますが，刑法の存在意義や機能に関する根本的な理解と
連なる問題であり，学説上激しい対立がみられるところです（**争点15**）。

2 違法性とは何か① ——主観的違法論と客観的違法論

前述のように，刑法学上，違法性の本質をめぐっては主観的違法論と客観的違法論の対立があります。**主観的違法論**とは，法規範は人の意思に対する命令・禁止であり，違法とはその命令・禁止に従って行為できたのに命令・禁止規範に違反して行為した場合をいうとする考え方です（それゆえ，**命令説**とも呼ばれます）。このように考えると，命令・禁止規範は，命令・禁止の意味を理解

Further Lesson 5-1
▶▶▶▶▶ 対物防衛をめぐって

現在では，客観的違法論が通説となっていますが，さらにその内部で**対物防衛**をめぐる争いがあります。客観的違法論のもとで評価規範を名宛人のない規範と解すると，動物や自然も法益を侵害する限りで違法となります（**違法状態**）。

これに対して，規範はあくまで人間に向けられているのであって，違法に行為するのは人間のみであるとする批判があるのです。このような批判のもととなっているのは，規範の構造として違法性にも責任にも評価規範と決定規範とが関係しているという理解です。そこでは決定規範が違法性においては一般人を名宛人としており，責任においては行為者個人を名宛人としていると主張されます。この対立は，たとえば犬に襲われた場合，それに対して正当防衛ができるかといった問題で先鋭化します。

前者の立場では，たとえ犬であっても身体の安全という法益を侵害している以上違法なものであり，これに対して正当防衛ができるということになります。後者の立場では，犬は人ではないのでそれを違法とはいえず，緊急避難ができるにとどまります。

もっとも，後者をとったとしても，襲ってきた犬が誰かの飼犬で，飼主の故意・過失によって犬が襲いかかってきた場合には，飼主の故意あるいは過失行為に対する正当防衛と考えることが可能です。また，飼主のいない犬に襲われた場合には，（「犬」の法益（？）はともかく）これを排除したとしても問題は生じないでしょう（動物の愛護及び管理に関する法律44条1項は，愛護動物〔飼主のいない犬も含む〕をみだりに殺し，または傷つけた者は，5年以下の懲役または500万円以下の罰金に処すると定めていますが，犬に襲われた場合には，これを「みだりに」殺傷したとはいえないことがほとんどでしょう）。したがって，両者において結論に大きな違いが生じるわけではありません。

しかし，客観的違法論におけるこの対立は，単に対物防衛の問題というだけにとどまらず，その他の点ともあいまって，違法性の実質をめぐる対立へと結びついていることに注意が必要です。

しそれによって意思決定をする能力，つまり責任能力がある者に対してのみ意味があります。結局，主観的違法論においては，責任能力者のみが違法に行為することができると解するわけですから，違法と責任の判断が一体化するということになります。また，責任能力者の行為のみが違法となることから，責任無能力者の行為に対しては正当防衛ができないという帰結になります。

　これに対して，**客観的違法論**は，法規範を**評価規範**と**決定規範**とに分けて考えます。法が決定規範として「その行為を行ってはならない」と行為者にいうためには，それに先行して評価規範として「その行為が許されない」という評価が存在しなければならないというのです。また，決定規範は行為者に向けられており，それを理解するための責任能力が前提とされますが，評価規範は評価にすぎないのですから，その対象は限定されません。たとえば，「人を殺してはならない」という命令（決定規範）は命令を理解できる者（責任能力者）に向けられていますが，「人を殺してはならない」という評価（評価規範）には名宛人が存在しません。法規範をこのように解すると，評価規範違反が違法を意味し，決定規範違反が責任を意味することになります。このような客観的違法論の理解によって，「責任なき違法」が観念されることになり，また違法が責任に先行すべきことが明らかとされました。

　現在では，違法性の前提として責任能力を要求し，違法と責任の判断を一体とする主観的違法論を支持する見解はほとんど存在せず，客観的違法論が通説となっています。

3　違法性とは何か②──規範違反説と法益侵害説

形式的違法論と実質的違法論　違法性とは，形式的には，行為が法規定ないしそこから導かれる規範に違反することを意味しますが（**形式的違法論**），違法性とは何かを考えるに当たっては，さらにその実質を明らかにする必要があります（**実質的違法論**）。つまり，人を殺すことが違法なのは，刑法199条に違反したからというだけはなく，「人を殺してはいけない」のに殺したからです。殺人罪はそれを実定法に規定しているにすぎません。

　逆に，たとえ形式的には法規範に違反していたとしても，実質的に違法でな

いならば，犯罪の成立が否定されます。つまり，刑法199条に違反したとして
も，正当防衛などのように実質的にみて「人を殺してはいけない」といえない
場合であれば，殺人罪は成立しないことになります。

　さらに，犯罪の成否が実質的な違法の存否によって決定されると考えると，
正当防衛などの法定されたもの以外にも違法性阻却事由がありうることになり
ます。このような法定されていない違法性阻却事由のことを**超法規的違法性阻
却事由**と呼びます（詳細は➡本章・**3**）。

　このように，違法性を実質的に理解することで，違法性の質的・量的な把握
が可能となり，違法論・違法性阻却事由に関する考察を進めることが可能と
なったといえるでしょう。そこで違法性の実質とは何かを明らかとする必要が
ありますが，ここでは規範違反説と法益侵害説の対立があります。

　規範違反説と法益侵害説　**規範違反説**とは，違法性の実質を「法秩序の基
底となっている社会倫理的な規範に反すること」
（団藤），国家・社会的倫理規範に違反すること（大塚）と捉えるものです。

　これに対して，**法益侵害説**は，違法性の実質を「生活利益の侵害または危
険」（瀧川），法益の侵害ないしは危険（平野，内藤）に求める見解です。両者の
対立は，刑法の任務・機能（➡第1章・**2**）の理解や，次に述べる行為無価値
と結果無価値の対立，違法性阻却の一般原理における社会的相当性説・目的説
と法益衡量説・優越的利益説の対立に結びついています。

4　違法性とは何か③──行為無価値と結果無価値

　行為無価値と結果無価値　以上のように，違法性を客観的で実質的なもの
と解した結果，現在の学説の対立は，違法性の
実質を規範違反説を基礎とする行為無価値に求めるのか，法益侵害説を基礎と
する結果無価値に求めるのかという対立に集約されています。

　行為無価値とは，もともと目的的行為論（➡ **Further Lesson 3-1**，第4章・**3**）
の立場から主張されたものですが，現在では，行為の態様，すなわち行為の種
類や方法，あるいは行為者の意図・目的など，客観面・主観面によって構成さ
れる行為そのものに対して無価値判断を行うことをいいます（そのものを否定的

に評価することを，刑法学では「無価値」であるといいます）。この立場を徹底すれば，違法性とは行為自体の無価値性を問題としますので，未遂犯こそが犯罪の基本類型であり結果は偶然の産物にすぎないことになります。

　これに対して，**結果無価値**とは，行為そのものではなく，その行為によって惹起された法益の侵害ないしは危険に対して無価値判断を行うことをいいます。

違法二元論

もっとも，わが国では行為無価値を一元的に違法性の実質と考える見解は少なく，結果無価値・行為無価値を合わせて考慮する**違法二元論**が主張されています（わが国で行為無価値「論」という場合には，この違法二元論を指していることが多いことに注意が必要です）。この見解は，違法性の実質を第一義的には法益に対する侵害・脅威にあるとしながら，それに尽きるものではないとします。たとえば，故意に引き起こされた人の死（殺人）と過失によって引き起こされた人の死（過失致死）は，結果無価値の観点からは被害者の生命という法益侵害の点でまったく異ならないはずですが，それはわれわれの法感情に反するというのです。すなわち，故意行為であるか過失行為であるかは責任において考慮されれば足りるというものではなく，違法性においても問題とされなければならないとされています（この意味で，**Further Lesson 5-1** の客観的違法論内部における対立が反映されているといえます）。

✐ Topic 5-1

「無価値」の意味

　刑法を勉強する皆さんにとって最も理解しづらい単語の１つが，この「無価値」という言葉です。この単語はドイツ語の "unwert" からきています。ドイツ語で "wert" とは「価値」を意味し，"un" が否定の接頭語ですから，価値があることを否定するという意味になります。ところが，これを「無価値」としてしまうと，日本語では価値がない，すなわち価値がゼロ，無意味という意味にとられてしまいそうです。違法論において，行為無価値，結果無価値というのは，行為あるいは結果に対して，肯定的な評価（プラスとしての評価）ではなく否定的な評価（マイナスとしての評価）をすることを意味しています。そこで，マイナス評価であることを強調するために，「無価値」という単語を用いず，「反価値」とする論者もいます。

| 行 為 無 価 値 論 と 結 果 無 価 値 論 の 対 立 | 行為無価値「論」（違法二元論）と結果無価値「論」は次の3点で特に対立します。 |

　第1に，故意・過失あるいは目的犯における目的といったような主観的要素が違法性に影響するかという点について，行為無価値論では原則として主観的違法要素（後述）を認めることになりますが，結果無価値論はこれを違法要素として認めない，あるいは法益侵害と関連する限りでしか認めないとします。

　第2に，違法性阻却の一般原理について，行為無価値論は社会的相当性説・目的説（後述）と結びつき，結果無価値論は法益衡量説・優越的利益説（後述）と結びつきます。

　第3に，たとえば防衛の意思といった主観的正当化要素について，行為無価値論はこれを必要とするのに対して，結果無価値論はこれを不要と解することになります（詳細は➡本章・**4**）。

5　主観的違法要素

| 主観的違法要素 | 違法評価に影響を及ぼす主観的要素を主観的違法要素（主観的構成要件要素）と呼びます。これには，目的犯にお |

ける目的，傾向犯における内心の傾向，表現犯における心理的過程などの**特殊的主観的違法要素**と，**一般的主観的違法要素**としての故意があります。

　目的犯とは，「目的」を構成要件要素とする犯罪をいいます。例としては，内乱罪（▶77条）における「壊乱することを目的として」，各種偽造罪（▶148条・155条など）における「行使の目的」，営利目的誘拐罪（▶225条）における「営利の目的」などがあります。目的犯においては，目的が欠如する場合には犯罪が成立しません。

　たとえば，買い物に使うために偽札を作ろうとしている行為者と教材として使おうとしている美術教師が並んで紙幣をコピーしていた場合，行使の目的を有していない美術教師には通貨偽造罪が成立しないことになります（その場合でも，模造紙幣作成罪〔▶通貨2条〕に当たる可能性はあります）。

　傾向犯とは，行為者の特定の心情または内心の傾向を構成要件要素とし，行為がそのような主観的傾向の表出とみられる場合に成立する犯罪をいいます。

傾向犯においては，その主観的傾向が表出されていない場合には，行為が外形上構成要件に該当しても当該犯罪は成立しません。強制わいせつ罪がその例とされ，かつての判例は婦女を裸にして撮影する行為であっても，それがもっぱら報復目的でなされた場合には強制わいせつ罪は成立しないとしていました（昭和45・1・29刑集24巻1号1頁／百選Ⅱ14）。しかし最高裁は故意以外の行為者の性的意図を一律に強制わいせつ罪の成立要件とすることは相当ではないとして判例を変更しました（最大判平成29・11・29刑集71巻9号467頁）。

　表現犯とは，行為が行為者の特定の心理的過程または状態の表現とみられる場合に成立する犯罪をいいます。たとえば，偽証罪（▶169条）は，その主観的な記憶に反して供述するという心理的過程が証言という形で表現された場合に成立することになります（もっとも，偽証罪の成立要件については主観説と客観説の争いがあります〔➡【各論】第15章・**3-3**〕）。

主観的違法要素と違法性の実質

　行為そのものに対する評価を基礎とする行為無価値論においては，行為の態様のみならず，行為者の意図，目的などについても違法評価の対象とされるので，行為者の主観面が当然に違法性に影響を及ぼすことになります。

　これに対して，結果無価値論においては，違法評価の中核は結果としての法益侵害ですから，その判断は法益という客観面に尽きており，行為者の主観は違法判断から排除されることになります。もっとも，特殊的主観的違法要素については，目的犯のように行為者の主観が故意の範囲を超えて法益侵害ないし危険に一定の影響を及ぼす場合には主観的違法要素として認められることがありますが（これを**超過的内心傾向**といいます），故意一般が違法要素であることは否定されます。

未遂犯の故意

　しかし，未遂犯の故意については争いがあります。未遂犯は法益に対する危険を生じさせたにとどまるのですから，どの法益を危険にさらしたのか，つまりそれが何罪の未遂になるかは，もっぱら行為者の故意によってしか決めることができません。それゆえ，結果無価値論の中でも，未遂犯については故意を主観的違法要素として認める見解があります。

6　違法性阻却の一般原理

　ここまでは，阻却の対象となる違法性とは「何か」という議論でしたが，ここからは，違法性が「なぜ」阻却されるのかという違法性阻却の一般原理をみていくことにしましょう。

違法性の実質と違法性阻却原理　実質的違法論の立場からは，形式的に構成要件に該当する行為の違法性が阻却されるのは，その行為が実質的違法性を欠いている場合にほかなりませんので，違法性阻却の一般原理と実質的違法性とは表裏一体の関係にあります。

　実質的違法性の内容を，行為の規範違反性に求める規範違反説（行為無価値論）であれば，その行為が構成要件に該当したとしても社会規範の面からみて相当な行為あるいは，共同生活の目的達成のための適当な手段であれば，違法性が阻却されます（**社会的相当性説・目的説**）。

　これに対して，実質的違法性を結果としての法益侵害と捉える法益侵害説（結果無価値論）からは，法益が衝突する場面において，侵害された法益と保全された法益とを比較し後者が前者に優越する場合，あるいは後者に優越的な要

✐ Topic 5-2

社会的相当性の体系的位置づけ

　現在，多くの教科書において，社会的相当性は違法性阻却の一般原理の1つとして紹介されます。しかし，本来，社会的相当性説は，違法性の実質を社会観念上妥当と思われる基準から逸脱した行為と捉える見解です。また，構成要件は違法行為の類型ですから，社会的相当性を看過することができない程度に逸脱した行為の類型であるといえます。したがって，社会的相当性説の立場からは，日常性・通常性のゆえに非難を受けないという意味で不法性を伴わないような社会的相当性の認められる行為は，そもそも構成要件に該当しないことになるのです（ヴェルツェル，藤木）。ここでは，社会的相当性は構成要件該当性の限界を画するものとして理解されています（➡ **Further Lesson 5-2**）。

　もっとも，わが国で社会的相当性説をとる論者の中には，抽象的・類型的判断である構成要件該当性の段階に，当該行為の社会的逸脱の度合いといった具体的・非類型的な価値判断を過度に持ち込むことは，違法類型としての構成要件の保障的機能を弱めることになり妥当ではないとして，社会的相当性を違法性阻却の一般原理と解する見解（福田）もあります。

保護性がある場合には，違法性が阻却されます（**法益衡量説・優越的利益説**）。な
お，法益侵害説においては，被害者の同意の場合には，保護すべき法益が存在
しない（利益不存在）として違法性が阻却されます（➡本章・**6**）。

　この対立を，正当防衛の正当化根拠を例にとって説明してみましょう。正当
防衛においては，自己を殺害しようとする行為者を逆に殺害してしまった場合
に違法性が阻却されます。この場合，社会的相当性説からは，不法な攻撃に対
してとっさに反撃することは人間の自己保存本能であり，歴史的に形成された
社会生活の秩序の枠内にある（社会的に相当な行為である）から違法性が阻却さ
れる，と説明されます。これに対して，法益衡量説からは，生命対生命という
法益衝突の場面において，不法な侵害者の生命という法益は防衛に必要な程度
で法益性が否定され，それによって自己の生命という保全法益が優越すると説
明されます。また，優越的利益説からは，正当防衛状況においては自己の生命
という法益に法確証の利益を加えることによって，保全法益の要保護性が侵害
法益の要保護性に優越すると説明されます（詳細は➡本章・**4**）。

　このように違法性阻却の一般原理は，実質的違法論の対立を反映していま
す。

7　法秩序の統一性

　ある行為が構成要件に該当しているが，他法域において適法とされている場
合，これを処罰することができるでしょうか。逆に，他法域で違法とされてい
る構成要件該当行為は常に処罰されるでしょうか。この問題を取り扱うのが法
秩序の統一性をめぐる議論です。

　違法一元論と違法多元論　法秩序の統一性と違法性の関係については，違
法性は全法秩序を通じて一体であるとする**違法
一元論**（**違法の統一性説**）と，違法性は法秩序全体に照らして判断されるが，
個々の法領域における具体的な違法判断は異なることが許されるとする**違法多
元論**（**違法の相対性説**）とが対立しています。

　両説の根拠　違法一元論は，行為がある法領域で適法とされながら異なる
法領域で違法とされるのは法秩序による評価矛盾であり許さ

れないことをその根拠とします。これは，**法秩序の無矛盾性**の要求からくるものであり，そのような意味で全法領域を通じて統一的な**一般違法**が観念されます。

　これに対して違法多元論は，各法にはそれぞれ固有の目的があり，法秩序は全体として統一であるが，個々の違法判断はそれぞれの目的に応じて決められると主張します。また，「民事法上は違法とされるかも知れないが，刑事法上違法ではないのであえて行う」，あるいはその逆の場合のように，異なる評価の中でも人は行為を選択しうるのであるから，異なる法領域間における矛盾はこれを絶対的に排除しなければならないというものではないとも主張されます。

　法秩序の統一性をめぐっては，２つの場面で問題とされます。１つは，他法域で違法とされた行為は刑法上も違法か，という場面であり，もう１つは，構成要件該当行為が他法域で適法とされた場合になお刑法で処罰しうるか，とい

✐ Topic 5-3
「かたい違法一元論」と「やわらかい違法一元論」

　法秩序の統一性については，違法一元論と違法多元論の対立がありますが，さらに，違法一元論は「かたい違法一元論」と「やわらかい違法一元論」に分けることができるとされています。

　「**かたい違法一元論**」は，違法・適法を問わずその判断は全法秩序を通じて一体であるとします。

　これに対して，「**やわらかい違法一元論**」は，まず適法判断においては，他法域で適法とされた行為を刑法上違法と評価することは許されないとします。しかし，違法判断においては，他法域で違法とされた行為は全法秩序の中で違法であるが（これを**一般違法**といいます），刑法上はさらに刑罰を科すにふさわしい違法性の質と量を備えているかを判断しなければならないとします。

　しかし，これは違法一元論における「統一性」の理解に関する対立ではなく，統一的に理解すべき「違法」，「法秩序」の理解についての対立にすぎないことに注意が必要です。したがって，現在では前述の実質的違法論によって違法性が質的・量的に把握されるようになったことや，違法性が全法秩序において統一的であったとしてもその発現形式には様々な種別・軽重がありうることが認められるようになったことから，「かたい違法一元論」をとる論者はほとんど存在しなくなっています。

う場面です。

　前者については次の可罰的違法性の中で詳しく触れます。後者については多くの場合，各論の分野で争われます。特に財産犯の成否については刑法と民法の関係が問題になります。判例は，窃盗罪の保護法益をめぐる問題（最決平成1・7・7刑集43巻7号607頁／**百選Ⅱ26**，➡**【各論】第6章・1**）や，誤振込み金の引き出しをめぐる問題（最決平成15・3・12刑集57巻3号322頁／**百選Ⅱ51**，➡**【各論】第6章・4・5**），建造物損壊罪の「他人性」をめぐる問題（最決昭和61・7・18刑集40巻5号438頁／**百選Ⅱ77**，➡**【各論】第6章・7-7**）において，民法と異なる判断によって犯罪の成否を決めるかのような態度を示しています。

8　可罰的違法性

総　説　　ある行為が構成要件に該当すれば違法性の存在が推定されますが，刑法上，犯罪の成立要件としての違法性は刑罰という峻厳な制裁を科すに値する質と量を有しなければならないと考えられています。これを**可罰的違法性**といいます。これは，刑法が刑罰というきわめて厳しい制裁を科すものであることから，刑法の謙抑性（➡**第1章・2**）という観点から論じられるようになりました（宮本，佐伯）。

　可罰的違法性について，かつては「かたい違法一元論」によって，全法秩序の統一性の見地から否定する見解がありましたが，現在では，違法はその発現形式において様々な種別と軽重の段階があることが認められることから，一部の学説を除いて（➡ **Further Lesson 5-2**），一般に認められています。

可罰的違法性の質と量　　可罰的違法性の質が問題となる例として，姦通（夫または妻が妻または夫以外の異性と肉体関係を結ぶこと）があります。姦通は，民法上違法とされていますが，刑法上はこれを処罰する規定がありません（戦前は妻の姦通を処罰する規定がありましたが，戦後廃止されました）。違法一元論を前提とすると，民法上の違法は前述の**一般違法**として刑法上の違法でもありますが，ここでは，違法性の質が刑罰に適しないとされています。同様に，民法上の緊急避難の一部は損害賠償責任があることから，これを違法と考えることもできますが，刑法上は緊急避難として可罰的違

法性がないとされています（詳細は，➡本章・**5**）。

　可罰的違法性の量が問題となる場合として，**絶対的軽微型**と**相対的軽微型**があります。絶対的軽微型とは，違法性の程度がそれ自体軽微であって可罰的であるといえない場合をいい，相対的軽微型とは，違法性の程度が軽微とはいえないが，保全された利益と比較して越えた量がわずかであり処罰に値しない場合をいいます。

　判例の動向　　絶対的軽微型について，判例は，旧煙草専売法において政府に納入すべき煙草の葉約３グラム（価額一厘相当）を手刻みで消費したという事案において，刑罰の制裁のもとに法律の保護を要求すべき法益の侵害と認められない，として無罪を言い渡しました（一厘事件：大判明治43・10・11刑録16輯1620頁）。しかし，マジックホン事件（最決昭和61・6・24刑集

Further Lesson 5-2
▶▶▶▶▶ 可罰的違法性の体系上の地位と否定説

　可罰的違法性については，これを構成要件の段階で考慮すべきか，違法性の段階で考慮すべきか，という点が議論されています。構成要件該当性阻却説は，違法多元論を基礎に，刑法は刑法独自の目的から違法判断を行うことを出発点とします。そうだとすると，刑法における違法判断は，その行為が処罰に値する違法性を有しているといえるか，すなわち可罰的な違法性を有しているかという判断と一致することになります。その上で，構成要件を刑法が処罰に値する一定の違法量を備えた行為の類型と考えると，構成要件該当性の判断とも一致することになるのです（藤木）。この見解からは，可罰的違法性はすでに構成要件該当性の段階で考慮される，あるいは違法性の判断そのものが可罰的違法性の判断となるのですから，その理論は独自の意義を失い，「可罰的違法性」という概念を用いて議論を錯綜させる必要はない，とまで指摘されます（前田）。

　これに対して，違法性阻却説は，構成要件該当性は抽象的・類型的に判断されるべきであり，可罰的違法性を構成要件の段階で判断することは過度の実質化につながるとして構成要件該当性阻却説を批判し，可罰的違法性の問題は形式上構成要件に該当する行為（それゆえ違法と推定される行為）が，実質的に処罰に値する違法性を備えているかという判断であって，違法論に位置づけられるとします。もっとも，絶対的軽微型については，類型的に処罰に値しないといえる場合には，違法性阻却説においても，構成要件該当性の段階で可罰的違法性を考慮することがありえます。

40巻4号292頁／**百選Ⅰ17**）においては，第一審は可罰的違法性がないとして無罪としましたが，原審が有罪を認め，最高裁は上告を棄却しました。

可罰的違法性の理論は，労働公安事件をめぐる一連の判例の中で取り扱われることが多かったといえます。全逓東京中郵事件（最大判昭和41・10・26刑集20巻8号901頁）は可罰的違法性の理論をもとに無罪とし，さらに「二重の絞り論」と呼ばれる合憲限定解釈を用いた判断が続きました（都教組事件：最大判昭和44・4・2刑集23巻5号305頁，全司法仙台事件：最大判昭和44・4・2刑集23巻5号685頁では同じ基準を用いて有罪とされました）。しかし，全農林警職法事件（最大判昭48・4・25刑集27巻4号547頁）において「二重の絞り論」が否定され，さらに同日に出された久留米駅事件（最大判昭48・4・25刑集27巻3号418頁／**百選Ⅰ16**）では，「刑法上の違法性阻却事由の有無を判断するにあたっては，……法秩序全体の見地から許容されるべきものであるか否かを判定しなければならない」と述べて有罪を言い渡しました。その後，名古屋中郵事件（最大判昭和52・5・4刑集31巻3号182頁）において，全逓東京中郵事件判決は明示的に変更され現在に至っています（判例の詳しい動向については，百選Ⅰ16を参照）。

3　正当行為

1　総説

刑法35条の意味　刑法35条は，「法令又は正当な業務による行為は，罰しない」と規定しています。

法令行為とは，法律・命令その他の成文法規に基づく行為のことをいいます。刑法は他の法規とともに法秩序を形成していますから，他の法規が適法と認めた行為については刑法上も適法行為といえます（法秩序の統一性➡**本章・2**）。

正当業務行為の意味　しかし，**正当業務行為**の理解については争いがあります。この点に関する争いは，刑法35条が自救行為などの緊急行為や被害者の同意，憲法上の権利を守るための抗議行動といった超法規的違法性阻却事由を含んでいるかという点についての争いということも

できます。

　「業務行為が正当とされるのは，業務行為であるからではなく，それが正当な行為だからである」（木村亀二）と考えると，本条は正当行為一般について規定されたものであり，その行為が正当であるかは違法性の実質から検討されなければならないことになります。そうすると，刑法35条はすべての違法性阻却事由に条文上の根拠を与えることになり，その内容は違法性の実質（違法性阻却の一般原理）を考察することにほかなりませんから，超法規的違法性阻却事由（➡本章・**2**）の概念は不要ということになります。

　これに対して，社会的相当性の観点から，被害者の同意については社会的相当行為として，刑法35条の適用の問題であるが，緊急行為については本条の適用外であるとする見解もあります（団藤）。

　このほかにも，刑法35条に「業務」と規定されていることを強調する考え方から，自救行為などの緊急行為と被害者の同意による違法性阻却については刑法35条の射程外であり，超法規的違法性阻却事由として認められるとする見解があります。また，憲法上の権利に基づく抗議行動についても超法規的違法性阻却事由とする論者もいます（内藤）。

　これらの対立は，刑法35条の適用範囲についての争いです。現在では実質的違法論からくる超法規的違法性阻却事由の理論自体を否定する見解はほとんどありませんから，この対立はそれほど重要なものではないといえるでしょう。ただし，特に被害者の同意の取扱いについては，それぞれの見解の根拠が前節の違法性の実質の理解を反映していることに注意が必要です。

　以下では，刑法35条とそれに関連する超法規的違法性阻却事由について，法令行為，正当業務行為，その他の正当行為の順で説明することにします（被害者の同意については➡本章・**6**）。

2　法　令　行　為

刑事手続上の法令行為　刑事手続においては，一定の要件のもとで，死刑や自由刑の執行（▶11条・12条，刑事収容施設及び被収容者等の処遇に関する法律），被疑者の逮捕・勾留（▶刑訴199条以下），住居の捜

索（▶刑訴218条）などを認めています。それぞれの行為は，殺人罪，逮捕・監禁罪，住居侵入罪の各構成要件に該当しますが，法令行為として違法性が阻却されます。

懲　戒　行　為　校長・教員の懲戒行為（▶学校教育11条）や，親権者による懲戒行為（▶民822条）についても，違法性が阻却されます。ただし，校長・教員による体罰は禁止されていますので，懲戒のためでも，教員が生徒を殴る行為は違法といえます（▶学校教育11条ただし書き）。

その他の法令行為　刑法は，賭博罪（▶185条）や富くじ罪（▶187条）を規定していますが，競馬法5条による勝ち馬投票券の発売，自動車競技法8条による車券の発売，当せん金付証票法4条による宝くじの発売は，違法性が阻却されます。これらの行為は，私人が行っても公共団体が行っても法益侵害の点では異なりませんが，「地方税制の健全化」（▶自動車競技法1条）といった一定の政策上の理由から，違法性が阻却されると解されています。

　また，死体解剖保存法8条による解剖や母体保護法14条による人工妊娠中絶も，法令行為として違法性が阻却されます。ただし，人工妊娠中絶については，それらの法律を待つまでもなく理論的に違法性が阻却される場合もありますから，注意的に適法性を明示したものと解されています。

3　正当業務行為

　正当業務行為とは，その行為が正当な業務の正当な範囲に属している場合を指します（「業務」については，業務上過失致死傷罪➡**【各論】第2章・4**，業務妨害罪➡**【各論】第5章・2**）。

弁護士の弁護活動　弁護士がその職務を果たすに当たって，業務上知りえた他人の秘密を漏らす結果となっても，秘密漏示罪の違法性が阻却されます（大判昭和5・2・7刑集9巻51頁）。また，被告人の弁護活動の一環として名誉毀損に当たる事実を公表したとしても，違法性が阻却される場合があります（丸正事件：最決昭和51・3・23刑集30巻2号229頁，ただし本決定においては，被告人の行為は正当な弁護活動の範囲を超える等として，有罪とした

原審を維持しました)。

報道機関による取材活動　報道機関の活動が正当業務行為として問題となるのは，主として取材活動の自由との関係においてです。その点が問題とされたのが，新聞記者が外務省の事務官から外交機密を聞きだしたという件に関して，新聞記者が国家公務員法111条の秘密漏示そそのかし罪に問われた**外務省機密漏洩事件**です（最決昭和53・5・31刑集32巻3号457頁／百選Ⅰ18）。最高裁は，「報道機関が取材の目的で公務員に秘密を漏示するようにそそのかしたからといって，そのことだけで直ちに当該行為の違法性が推定されるものと解するのは相当ではな（い）」と判示し，一般論として違法性が阻却されることを認めました（ただし，「取材対象者の個人としての人格の尊厳を著しく蹂躙する等法秩序全体の精神に照らし社会観念上是認することのできない態様のものである場合」には違法性が阻却されないとして，有罪を認めた原審を維持しました）。

医師による治療行為　外科手術や治療などの身体の侵襲を伴う医者の行為は，傷害罪（▶204条）の構成要件に該当します。これがなぜ処罰されないかについて，かつては治療行為が医者の業務権に属することから正当業務行為あるいは社会的相当行為として違法性が阻却されるという見解がありました（**業務権説**）。そこでは，① 医療目的，② 医学的適応性（その治療行為が患者のために必要であること），③ 医術的正当性（その治療行為が現代医学の水準に達していること），④ 患者の同意があること，などの要件を充た

✐ Topic 5-4

自己決定権と安楽死・尊厳死

　治療行為について患者が「どのような生を生きるか」という自己決定権が強調されるのと同様に，患者が「どのような死を迎えるか」という自己決定権も注目されるようになっています。刑法学においてこの問題を取り扱うのが，安楽死・尊厳死をめぐる議論です。終末期医療をめぐっては，患者の自己決定権を中心に据えることで，単に生命を長らえさせるということだけでなく，いかにして「**生活の質（QOL＝Quality of Life）の向上**」という観点を取り込むことができるかということが議論の中心となっています（安楽死・尊厳死については➡【各論】第2章・**2-6**）。

すことによって正当化されると解されていました。

　しかし，治療行為においては，治療によって増進される健康と治療行為によって侵襲される身体がともに患者自身に属していることや，**インフォームド・コンセント（十分な説明に基づく同意）** の考え方が広く受け入れられるようになったことから，今日では，治療行為は**「患者の自己決定権」** によって正当化されるとする考え方が有力なものとなっています（被害者の同意については➡**本章・6**）。

　患者の自己決定権が問題となるのは，患者の同意のない治療行為（**専断的治療行為**）の場合です。もっとも，治療に対する患者の明示的な同意がなくても，患者の推定的同意が認められる場合には，違法性が阻却されますが，患者の個人的な選択に反することが明らかな治療行為については違法であると解する見解が有力に主張されています（町野，林）。

4　その他の正当行為

自 救 行 為　　刑法は緊急状態における違法性阻却事由として，正当防衛，緊急避難を定めています。このほかに，緊急行為として**自救行為**を認める見解が有力です。最高裁では自救行為を理由として無罪とされた事例はありませんが，自救行為が違法性阻却事由に当たることは，一般論としては認められています（最判昭和30・11・11刑集9巻12号2438頁／**百選 I 19**，最決昭和46・7・30刑集25巻5号756頁）。

　自救行為とは，過去に起きた権利侵害に対して，法律上の手続によっていたのでは権利の実現が不可能あるいは著しく困難になる場合に，私人が実力を行使して権利を保全することをいいます（民事法では自力救済と呼ばれます）。近代法治国家においては，民事手続の整備によって権利の救済過程を国家が保障する代わりに，私人による実力の行使が禁じられています。しかし，どれだけ法制度が整ったとしても，その救済を受ける時間的余裕がない場合があります。その場合には，私人の請求権を保全するために必要な範囲で実力を行使することを認める必要があるといえるでしょう。他方で，その範囲をあまりに広いものとすると，国家による救済をないがしろにしてしまう危険性もはらんでいる

ことから，その範囲は慎重に定められる必要があります（窃盗犯からの自己の財物の取戻しについて➡【各論】第6章・**2**，権利行使と詐欺・恐喝について➡【各論】第6章・**4**-5）。

憲法上の権利と違法性阻却　憲法上の権利については，権利行為として法令行為の一種と捉えることもできますが，便宜上ここで紹介することにします。憲法上の権利が問題となった事件として，大学の自治が問題となったポポロ事件（最大判昭和38・5・22刑集17巻4号370頁）や集会の自由が問題となった舞鶴事件（最決昭和39・12・3刑集18巻10号698頁）などがあります。

　そのほかに憲法28条の争議権が問題となった一連の事件があります。憲法28条は労働争議権を認めており，それをうけた労働組合法1条2項は「刑法第35条の規定は，労働組合の団体交渉その他の行為であって前項に掲げる目的を達成するためにした正当なものについて適用がある」としています。しかし，そのただし書きでは「いかなる場合においても，暴力の行使は，労働組合の正当な行為と解釈されてはならない」と規定していることから，労働争議においてみられる様々な実力行使について，その違法性が阻却されるかという点が問題となります（この点については，前節の可罰的違法性阻却を参照）。

4　正　当　防　衛

1　総　　説

意　義　36条1項は，「急迫不正の侵害に対して，自己又は他人の権利を防衛するため，やむを得ずにした行為は罰しない」として，正当防衛が不処罰である旨を定めています。緊急避難にはその法的性質をめぐる激しい対立がありますが（➡本章・**5**），正当防衛は**違法性阻却事由**ということでほぼ争いはありません。正当防衛が違法性阻却事由であるということは，言い換えれば，正当防衛は適法ということです。ですから，正当防衛に対して正当防衛を行うことはできませんし，要素従属性に関して制限従属性説（通説）に立つ限り（➡第6章・**6**），正当防衛に共犯的に関与しても処罰されません。

　正当防衛には次のような特徴があります。まず1つめは，急迫不正の侵害に

対して退避することが可能であっても，原則として反撃が許される点です。2
つめは，緊急避難と異なり，法益衡量（害の均衡）が要求されない正当防衛に
おいては，保全法益を侵害法益が上回る場合にも違法性が阻却されうるという
点です。たとえば，急迫不正の侵害によって，自分の身体が重大な危険にさら
されているとき，場合によっては，侵害者の殺害まで許容されます。

正当防衛の正当化原理 正当防衛では，なぜ違法性が阻却されるのでしょ
うか。これには，大きく2つの考え方があります。1つは，**優越的利益の原則**です。正当防衛によって保護された利益の優越
性を根拠とするものです。もう1つは，「正は不正に屈する必要なし」という
考え方で，**法確証の原理**と呼ばれています。前者の考え方は，緊急避難の不処
罰根拠と共通のものですが，この考え方によると，保全法益を侵害法益が上回
る場合になぜ適法なのかの説明が困難になります。そこで，この論者は，侵害
者の法益性を否定することでこの場合の優越的利益を説明しようとします。す
なわち，侵害者の保護を被侵害者の防衛に必要な限度で否定し，侵害法益が上
回っているようにみえる場合でも，依然として，防衛行為による保全利益の優
越性は確保されていると解するわけです。他方，後者の見解によると，正は不
正に屈する必要はなく，退避が可能であっても，正当防衛は許されます。学説
の多数は，正当防衛には法益保護的側面と法確証的側面があることを認め，双
方を加味して正当防衛の適法性を説明しています。

2 防衛状況

侵害の急迫性 正当防衛と緊急避難はともに緊急行為と呼ばれます。例外
的に私人による実力行使が許されるのは，まさにこの緊急
状況が存在するからといえます。それゆえ，正当防衛において，侵害の**急迫性**
は，その不可欠の前提となります（**争点19**）。

侵害の急迫性とは，侵害が現に存在するかまたは間近に迫っている状態をい
います（最判昭和46・11・16刑集25巻8号996頁）。基本的に，緊急避難の「危難の
現在性」と同様に解されます（**➡ Further Lesson 5-7**）。ですから，過去の侵害
や何ら切迫していない将来の侵害に対して正当防衛を行うことはできません。

> **❖ Case 5-3** Ｘは，「昨日お前に殴られたので今殴り返す」と言ってＡを殴った。Ｙも，「明日お前に殴られそうなので今日のうちに殴っておく」と言ってＡを殴った。

　たとえば，**Case 5-3** のＸの行為は単なる復讐であって正当防衛ではありませんし，Ｙの行為も当然許されませんが，この結論は，いずれの場合も侵害の急迫性を欠くからであると説明できます。

　もっとも，**侵害が予期されていた場合**であっても，必ずしも急迫性は否定されません。そうでないと，侵害の予期があるだけで救助要請義務や退避義務が課されることとなり，法が「不正に屈する」ことを強制するという矛盾を来たすからです。しかし，単なる予期を超えて，予期された侵害機会を利用して**積極的に加害行為をする意思**で侵害に臨んだ場合に，急迫性を否定した判例があります（最決昭和52・7・21刑集31巻4号747頁／**百選Ⅰ23**，最決平成29・4・26刑集71巻4号275頁）。

　これに関連して，互いに暴行し合ういわゆる**喧嘩闘争**の場合が問題となりえます。かつての判例は，喧嘩両成敗という発想から，そもそも喧嘩闘争の場合に正当防衛の観念を入れる余地はないと解していました。しかし，近時の判例は，喧嘩闘争といえども，正当防衛と評価できる局面は存在しうると解する方向に変化しつつあり（最判昭和32・1・22刑集11巻1号31頁），学説においても，一定の状況下で，喧嘩の場合に正当防衛の余地を肯定する見解が多数を占めています。

侵害の不正性　　また，正当防衛の前提となる侵害は不正，つまり**違法**なものでなければなりません。これは，正当防衛が「不正」対「正」の関係といわれるゆえんでもあります（**争点19**）。

　ここで問題となるのは，違法な侵害とは何かということです。たとえば，動物その他の物から生じる侵害に対して正当防衛が可能かどうか，いわゆる**対物防衛**の可否が争われています。

> **Case 5-4**　Xは自己の飼犬を犬小屋にロープでしっかりつないでいたが，地震（または雷）でロープが切断されたため飼犬が逃げ出し，他人を襲った。

　この問題は，違法性の本質の捉え方と密接な関係があります。違法とは規範違反のことで，規範は人に向けられているという見解（規範違反説，➡本章・**2**）からは，違法は人の行為についてのみ考えうることになり，人の行為ではない動物その他の物に対しては正当防衛ができません（**違法行為説**）。これに対して，違法性の本質を法益侵害とその危険と捉える見解（法益侵害説，➡本章・**2**）からは，法益侵害ないしその危険という結果に着目することになり，原因が人か物かは重要ではなくなります。法益に危険が迫っている状態，すなわち，危険状態こそが不正の侵害と解され，危険状態を生じさせている対象に向けて正当防衛が可能です（**違法状態説**）。

　もっとも，物の所有者や管理者等に故意または過失があれば，その者に対する正当防衛を観念することが可能です。したがって，対物防衛が問題となる局面は，物の所有者や管理者が無過失の場合，たとえば **Case 5-4** のような場合に限られます（この場合，刑法35条を介して民法720条2項により正当化することもできます）。対物防衛は違法性の本質論に関わる重要な問題ですが，これを論じることでそれほど多くの事例が処理できるわけではありません。

3　防衛行為

自己または他人の権利

36条1項は，「自己」の権利のみならず「他人」の権利を防衛するための行為も処罰しないと規定しています。他人のための正当防衛は，**緊急救助**と呼ばれることもあります。

　36条1項は，自己または他人の「権利」と定めていますが，ここでいう「権利」は広く**法益一般**を指すと理解されており，法律上の権利に限定されません。

　問題となるのは，社会的法益・国家的法益のために正当防衛が可能か否かです。判例・多数説は，社会や国家も「他人」に含まれうるとして，これらの正当防衛も肯定していますが，あくまで私人の実力行使は例外的なものであり，

広く肯定するのは混乱を招くとする否定説も有力です。

防衛するため 急迫不正の侵害に対する反撃は，防衛するためのものでなければなりません。ここで，36条1項の「防衛するため」とは何を意味しているのかが問題となります。より端的にいうと，36条1項の正当防衛行為は，**防衛の意思**によるものでなければならないかどうかという点が争われています（**争点20**）。

正当防衛に際して，防衛の意思が必要であると考えるのが，判例・通説です。防衛の意思の内容については，「防衛の認識」で足りるとするものが多数を占めています。これに対して，違法性は客観的に構成されるべきで主観面を加味してはならないという立場からは，違法性阻却事由に主観的要素を入れることも拒否され，正当防衛において防衛の意思は不要ということになります。後者の立場からは，36条1項の「防衛するため」とは，客観的に防衛に向けられているという意味だと解釈されます。

防衛の意思必要説と不要説の対立が鮮明になるのが**偶然防衛**です。偶然防衛とは，客観的には正当防衛状況があるにもかかわらず，行為者がその状況を認識せずに攻撃（反撃）に及んだ場合をいいます。たとえば，**Case 5-5** がこれに当たります。

> **Case 5-5** XがYを射殺したが，ちょうどそのとき，YもXを爆殺しようとしていた。

防衛の意思必要説からは，偶然防衛の場合，客観的には正当防衛であっても，防衛の意思に基づいて防衛行為がなされていないので，正当防衛は成立せず，単に既遂犯として処罰されます（**Case 5-5** のXには殺人既遂罪が成立します）。防衛の意思不要説によれば，客観的に正当防衛の要件が充たされていれば，防衛の認識は不要ですので，正当防衛が成立し，無罪（**Case 5-5** のXは無罪）という結論に至ります。もっとも，それぞれの立場から，未遂説も主張されています。防衛の意思必要説から，客観的には正当防衛なので結果無価値は存在しないけれども，行為無価値が残るので未遂になるとする見解や，防衛の意思不要説から，行為時には未遂犯を基礎づける具体的危険が存在するとする

見解がそれです。未遂説が成り立ちうるかどうかは、結果無価値・行為無価値二元論に立ちつつ行為無価値のみで未遂を肯定することができるかどうか、他方、結果無価値一元論に立ちつつ不法結果の存在しない具体的危険を肯定することができるかどうかにかかっているといえます。

　防衛の意思との関係でもう1つ問題になる点があります。それは、防衛行為者が**憤激・逆上**していた場合、あるいは、**攻撃的な意思**をもっていた場合の処理です。判例は、憤激・逆上して反撃を加えたからといって、直ちに防衛の意思を欠くものではないとし（最判昭和46・11・16刑集25巻8号996頁）、攻撃的な意思と防衛の意思とが併存している場合についても、防衛の意思を欠くものではなく、正当防衛が成立するとしています（最判昭和50・11・28刑集29巻10号983頁／**百選Ⅰ24**）。もっとも、防衛に名を借りて侵害者に対し積極的に攻撃を加える行為（**積極的加害行為**）は、防衛の意思を欠くとされます（前掲 最判昭和50・11・28）。

| 「やむを得ずにした行為」 |

一定の法益に対する急迫不正の侵害がありさえすれば、何をしても許されるというわけではありません。36条1項によれば、不処罰となるのは、「やむを得ずにした行為」のみであるとされています。どういう場合に、当該行為が「やむを得ない」といえるのでしょうか。この点、「やむを得ない」とは、防衛行為の**必要性**と**相当性**（**争点21**）を指すと一般的に理解されています。

　まず、防衛行為の必要性からみていくことにします。防衛行為の必要性とは、防衛行為が侵害排除に必要であるということを指します。いくら急迫不正の侵害があるとしても、その侵害を排除するのに必要でない行為は正当化されません。たとえば、Xに殴られそうになったときに、侵害排除と関係しないXの所有物を破壊することは単なる違法行為です。

　次に、侵害排除に必要な行為であっても、さらに、その行為が相当性を有していなければなりません。正当防衛の他の要件は充たしているものの、相当性を欠くという場合、正当防衛の成立は否定され、**過剰防衛**（▶36条2項）が成立します。

　防衛行為の相当性とは、防衛手段が侵害との関係で相当であることを意味し

ます。判例によれば，相当性とは，反撃行為が自己または他人の権利を防衛する手段として**必要最小限度**のものであることと解されています。

> **Case 5-6**　Xは，自分の所有している高価な壺をAが壊そうとしていたので，その壺を守るためにAを突き飛ばした。Yは，自分の所有している高価な壺をBが壊そうとしていたので，その壺を守るためにBを射殺した。

たとえば，**Case 5-6** におけるXの行為は，必要最小限度の反撃行為といえるでしょうが，Yが行った射殺行為は，たとえその行為が自己の財物に対する侵害を排除するのに必要だとしても，必要最小限度のものとはいえないでしょう。もっとも，その反撃行為によって生じた結果がたまたま侵害されようとした法益より大であっても，それだけで直ちに相当性が否定されるわけではありません（最判昭和44・12・4刑集23巻12号1573頁，千葉地判昭和62・9・17判時1256号3頁）。

防衛行為の必要性および相当性は，個別具体的に判断されます。たとえば，素手での攻撃に対して凶器をもって反撃すると過剰と評価されることが多いと思われますが，判例には，素手の殴打に対して菜切り包丁で脅迫した場合であっても，依然として相当性があるとしたものがあります（最判平成1・11・13刑集43巻10号823頁／**百選Ⅰ25**）。

自ら招いた防衛状況　ところで，**正当防衛状況を自ら招いた場合**（自招侵害）はどう考えればよいでしょうか。この場合にも，当該行為はやむをえないものといえるか，あるいはそれ以前にそもそも急迫性を欠くのかが問題となります。

> **Case 5-7**　Xは，Aが怒りっぽい性格であることを知った上でAを挑発し，自己に殴りかからせ，それに対して反撃した。

自招侵害にはいくつかの類型があります。たとえば，**Case 5-7** のように，正当防衛状況を意図的に利用して相手に危害を加える類型があります。これは**挑発防衛**（意図的挑発）と呼ばれるもので，この場合には，権利濫用，急迫性の欠如，あるいは，相当性の逸脱として，正当防衛の成立を否定する見解が多

数です。

　意図的ではなくても，行為者が故意または過失で不正の侵害を惹起する場合
も考えられます。故意または過失によって自ら招いた正当防衛状況において，
これに対する正当防衛を完全に否定してしまうと，侵害を自招した者に著しく
不利益になる場合があります。たとえば，怒りっぽい相手をからかってやろう
と故意に悪戯をしたところ，相手は激怒し包丁で襲いかかってきたといった場
合，もしこの侵害に対して正当防衛が否定されるとすれば，侵害を自招した者
は自己の身体さらには生命まで失うことになりかねません。急迫不正の侵害を

Further Lesson 5-3
▶▶▶▶▶ 防衛行為と第三者

　防衛行為によって第三者の法益を侵害してしまった場合はどのように処理すれば
よいでしょうか。これには大別すると3つの類型があります。

　第1の類型は，攻撃の手段として第三者の物が利用される場合で，たとえば，攻
撃者が第三者の杖を用いて攻撃してきたので，傍らの材木で反撃したところ，第三
者の杖が毀損したような場合です。多数説は，この場合，第三者の物が攻撃の手段
であることから，第三者との関係でも正当防衛が成立するとしています。

　第2の類型は，防衛の手段として第三者の物が利用される場合で，たとえば，攻
撃者が材木で攻撃してきたので，傍らにあった第三者の杖を用いて反撃したとこ
ろ，第三者の杖が毀損したような場合です。この場合は，自己の法益に対する現在
の危難を避けるために第三者の法益を侵害していますので，典型的な緊急避難事例
ということができます。学説もほぼ異論なく，この場合に緊急避難の成立を認めて
います。

　第3の類型は，防衛行為の結果が予想外の第三者に発生した場合です。たとえ
ば，ピストルで生命を侵害しようとしている攻撃者に対して，傍らにあった猟銃で
反撃したところ，狙いが外れて，攻撃者ではなく，たまたま現場を通りかかった歩
行者に命中してしまったような事例がそれです。

　この場合の処理について，学説は錯綜しています。第三者に対しても正当防衛と
する見解，第三者に対しては緊急避難とする見解，第三者に対しては誤想防衛とす
る見解，正当防衛も緊急避難も否定して責任阻却の余地を顧慮する見解などが主張
されています（**争点22**）。ちなみに，下級審の判決には，正当防衛行為の結果，
まったく意図していなかった客体を侵害してしまった場合に，当該客体に対しては
誤想防衛になるとして故意阻却を認めたものがあります（大阪高判平成14・9・4
判タ1114号293頁／**百選 I 28**）。

故意に惹起したことは非難されるべきでしょうが，その結果として完全に正当防衛権が否定されるのは行きすぎでしょう。そこで，大半の学説は，故意または過失により正当防衛状況が惹起された場合でも，完全に正当防衛権を否定するのではなく，その事情を相当性判断などに取り込むことで，通常より正当防衛の成立範囲を制限する方向で解決しようとします。なお，故意の自招侵害の事例で，「本件傷害行為は，被告人において何らかの反撃行為に出ることが正当とされる状況における行為とはいえない」として，正当防衛の成立を否定した判例があります（最決平成20・5・20刑集62巻6号1786頁／**百選Ⅰ26**）。

4　過　剰　防　衛

意　義　36条2項は，「防衛の程度を超えた行為は，情状により，その刑を減軽し，又は免除することができる」として，過剰防衛に際する刑の**任意的減免**を規定しています。任意的減免とは，刑を減軽または免除してもよいし，しなくてもよいという意味です。

　このように，過剰防衛は，刑が減免されうるにすぎず，正当防衛と異なり，行為は違法のままです。したがって，過剰防衛行為に対しては，正当防衛が可能ということになります。

　過剰防衛には，2つの類型があります。1つが，**質的過剰**（内包的過剰）といわれるもので，反撃手段自体が過剰な場合，たとえば，素手の攻撃に対してライフル銃で反撃して必要以上の傷害を負わせたような場合を指します。もう1つが，**量的過剰**（外延的過剰）で，すでに攻撃が終了しているのになお反撃を続ける場合をいいます。たとえば，Xが殴りかかってきたのでYは反撃したが，さらなる攻撃をすることなく立ち去ろうとしているXをYが執拗に殴り続けたような場合がこれに当たります。この場合，細かくみると，攻撃が終了するまでの部分は正当防衛として違法性が阻却され，攻撃終了後の部分は単なる暴行罪になりそうですが，まとめて過剰防衛として評価するのが一般的です。そこで問題となるのは，行為の一体性を判断する基準です。この点，判例は，時間的・場所的連続性，侵害の継続性，防衛の意思，および，行為態様の共通性等をその基準として挙げています（最決平成20・6・25刑集62巻6号1859頁／**百**

選 I 27)。

刑の減免根拠

なぜ，過剰防衛の場合，刑が減軽されたり免除されたりするのでしょうか。大きく分けて 3 つの考え方があります。過剰防衛の場合，過剰に及んだとはいえ，急迫不正の侵害に対する反撃として法益保全に資する面は無視できません。過剰防衛においても，この点で違法性が減少していることに着目し，違法性との関連で減免根拠を捉えるのが**違法減少説**です。他方，急迫不正の侵害に直面した者は，恐怖・驚愕・興奮・狼狽から過剰な行為に出てしまうということも考えられます。この場合，通常よりも非難可能性が減少すると捉え，責任の側面から減免根拠を説明するのが**責任減少説**です。また，過剰防衛には，違法減少の側面と責任減少の側面の双方があるとして，違法，責任の双方に減免根拠を見出すのが，**違法・責任減少説**です。

　ここでの見解の対立は，後述する誤想過剰防衛の場合に，36条 2 項を適用・準用できるかという問題と密接に関わっています（**争点23**）。

5　誤 想 防 衛

意　義

誤想防衛の典型は，急迫不正の侵害がないのにあると誤信して反撃に出た場合です。たとえば，**Case 5-8** のようなものです。

> **Case 5-8**　X は，A がおもちゃのけん銃で脅かそうとしてきたのを本物のけん銃で殺そうとしてきたものと誤信し，傍にあった石を A に投げつけて A にけがを負わせた。

　さらに，急迫不正の侵害が存在しそれに対して不相当な反撃を行ったものの，行為者はその反撃を相当なものだと考えていた場合（相当性の錯誤・過剰誤想防衛）も誤想防衛です。ただ，この場合，相当性の誤信に過失があれば，過失犯処罰規定の存在を前提に過失犯が成立し，過失の過剰防衛として36条 2 項の適用を受けます。

　誤想防衛は，違法性阻却事由に関する前提事実（違法性阻却事由に該当する事実）の錯誤といえます。誤想防衛の特徴は，いずれの場合も，客観的には正当防衛の要件を充たしていないにもかかわらず，行為者は正当防衛のつもりで行

動している点にあります。

　誤想防衛か過剰防衛かが争われた判例として，最判昭和24・4・5刑集3巻4号421頁が挙げられます。棒様の物で襲いかかってきたAに対して，その場にあった斧を斧ではない棒様の物と思ってそれを用いてAの頭部を殴りつけ同人を死亡させたという事案で，弁護人は，過剰事実の認識が欠けているので誤想防衛として故意を阻却すべきと主張しましたが，最高裁は，斧だけの重量のある棒様の物で頭部を乱打すればたとえ斧とは気づかなかったとしても過剰防衛と認めることができるとして，上告を棄却しました。

故意犯の成否　誤想防衛の場合はどのように処理すればよいでしょうか。典型例においては，急迫不正の侵害がないことから，また，相当性の錯誤においては，過剰な反撃が行われていることから，誤想防衛行為はいずれにしても違法です。焦点になるのは，誤想防衛の場合に故意犯が成立しうるかどうかです。故意は構成要件的故意（構成要件該当事実の認識）に尽きると解する厳格責任説を除けば，大半の学説は，**故意阻却**を認めて故意犯

Further Lesson 5-4

▶▶▶▶▶ **盗犯等ノ防止及処分ニ関スル法律**

　盗犯等ノ防止及処分ニ関スル法律は，1条で正当防衛の特例について規定しています。

　同法1条1項は，「盗犯ヲ防止シ又ハ盗贓ヲ取還セントスルトキ」，「兇器ヲ携帯シテ又ハ門戸牆壁等ヲ踰越損壊シ若ハ鎖鑰ヲ開キテ人ノ住居又ハ人ノ看守スル邸宅，建造物若ハ船舶ニ侵入スル者ヲ防止セントスルトキ」または「故ナク人ノ住居又ハ人ノ看守スル邸宅，建造物若ハ船舶ニ侵入シタル者又ハ要求ヲ受ケテ此等ノ場所ヨリ退去セザル者ヲ排斥セントスルトキ」に，自己または他人の生命，身体または貞操に対する現在の危険を排除するために行われる犯人の殺傷を正当防衛とみなしています。この規定の特徴は，36条1項と異なり，「やむを得ずにした」という要件を挙げていないところです。この点について，判例・通説は，通常の正当防衛より，相当性の要件を緩和したものと解しています。

　同条2項は，現在の危険が存在しないにもかかわらず，行為者が恐怖・驚愕・興奮・狼狽によって現場で犯人を殺傷した場合に不処罰とする旨を定めています。恐怖・驚愕・興奮・狼狽という行為者の主観面を考慮していることからもわかるように，これは責任阻却事由を規定したものと解されます。

の成立を否定し，過失犯処罰規定の存在を前提に，過失があれば過失犯の成立を認めます（ちなみに，厳格責任説によれば，故意は阻却されませんが，錯誤が回避不可能であった場合には責任が阻却されます）。この場合，故意犯の成否は，行為者が違法性を基礎づける事実を認識しているかどうかで決まります。上で述べたとおり，誤想防衛の場合，行為者は正当防衛のつもりで行動している以上，違法性を基礎づける事実の認識が欠けているといえます。したがって，誤想防衛の場合，故意が阻却され，せいぜい過失犯の限度で責任を問われるにすぎないのです。

6　誤想過剰防衛

意　義　誤想防衛と過剰防衛が重なると**誤想過剰防衛**になります。急迫不正の侵害が存在しないのに存在すると誤信した上，仮に急迫不正の侵害が存在したとしても反撃が過剰に及んでいる場合を誤想過剰防衛といいます。たとえば，**Case 5-9**のような場合です。

> **Case 5-9**　Xは，傍らに立っていたAがいきなり傘を振り上げたので，自分がその傘で殴られるものと誤信し，そばにあった釘の出た材木でAを殴り，傷害を負わせた。

これには，行為者が過剰性の認識を有している場合と，その認識を欠く場合の2つがあります。学説では，これらの場合を狭義の誤想過剰防衛と呼び，これに上述の相当性の錯誤（過剰誤想防衛）を含めて広義の誤想過剰防衛と呼ぶことがあります（**争点23**）。以下では，混乱を避けるため，「誤想過剰防衛」という言葉を狭義の誤想過剰防衛の意味で用いることにします。

誤想過剰防衛のリーディングケースとされるのが，ヘルプミー事件（勘違い騎士道事件：最決昭和62・3・26刑集41巻2号182頁／**百選 I 29**）です。空手3段の腕前を有するイギリス人の被告人が，酩酊したA女とこれをなだめていたBとがもみ合ううち同女がしりもちをついたのを目撃して，BがAに暴行を加えているものと誤解し，Aを助けようとしたところ，Bがボクシングのファイティングポーズのような姿勢をとったため，自分に殴りかかってくるものと誤信

し，空手技である回し蹴りをして，右足を同人の右顔面付近に当て，頭蓋骨骨折等の傷害を負わせ，死亡させたという事案で，最高裁は，「被告人の所為について傷害致死罪が成立し，いわゆる誤想過剰防衛に当たるとして刑法36条2項により刑を減軽した原判断は，正当である」として，原判決を支持しました。

故意犯の成否　誤想過剰防衛の場合に故意犯は成立するでしょうか。基本的に，誤想防衛のところでみたのと同じことがここでも妥当します。すなわち，故意犯の成否は，厳格責任説を除けば，行為者に違法性を基礎づける事実，つまり**過剰性の認識**（過剰と評価される事実の認識）があったかどうかによって判断されます。端的にいえば，行為者に過剰性の認識があ

Further Lesson 5-5
▶▶▶▶▶　典型的な誤想防衛との均衡論

　誤想過剰防衛事例への過剰防衛規定の適用・準用を考える際，典型的な誤想防衛において刑の減免が認められないこととの対比が問題とされることがあります。すなわち，急迫不正の侵害を誤信して防衛行為をなし，その行為が相当性の範囲内にとどまる場合でも，誤信に過失があれば過失犯が成立しこれに対しては刑の減免ができないのに，他方で，急迫不正の侵害を誤信してなした防衛行為が相当性の範囲を逸脱した場合には，成立した犯罪につき36条2項による刑の減免が認められうるとすれば，防衛行為が相当性の範囲内にとどまる場合には刑の減免の余地がなく，相当性を逸脱する場合には36条2項によって刑の減免を受けうることになり均衡を失するという指摘がなされています。そこで，急迫不正の侵害を誤信したことについて過失があったときは，典型的な誤想防衛において成立しうる過失犯の刑よりも軽く処罰することはできないとする見解が主張されます。これによれば，侵害事実の誤認に関する過失の有無によって以下のように区別することができます。すなわち，侵害事実の誤認について過失がない場合には36条2項がそのまま準用され，侵害事実の誤認について過失がある場合には，過剰防衛に比して侵害事実の誤認について過失が加わる点で刑の免除は否定される上，刑の減軽も典型的な誤想防衛において成立しうる過失犯の刑の限度を下回ることはできないことになります。もっとも，この見解においても，均衡論による制限は36条2項の準用に際する制限であって，これとは別に一般的責任減軽・阻却事由である期待不可能性の理論によって右の限界を超えて刑の減軽・免除をし，さらには不可罰とする可能性があると主張されています。

れば故意犯が成立し，この認識がなければ故意犯の成立が否定され，過失犯処罰規定の存在を前提に，過失があれば過失犯が成立します（前掲 最決昭和62・3・26／**百選Ⅰ29**参照）。**Case 5-9** では，反撃に用いた材木から釘が出ていたことを認識していれば傷害罪（▶204条），材木から釘が出ていたことを認識しておらず，認識していないことに過失があれば，過失傷害罪（▶209条）が成立するということになります。

| 刑の減免の可否 |

かくして，違法性を基礎づける事実の認識（過剰性の認識）があったかどうかで故意犯か過失犯か（あるいは無罪か）が決まりましたが，これらの犯罪に対して，その刑を減免することは可能でしょうか。これは，誤想過剰防衛の事例に，過剰防衛規定を適用ないし準用することができるか否かという問題です。

　従来，36条2項の適用・準用の可否は，過剰防衛の法的性質に対応させた形で論じられており，責任減少説からは適用説，違法・責任減少説からは準用説，違法減少説からは適用・準用否定説という図式が一般に妥当すると考えられていました。過剰防衛の減免根拠を責任減少に求めるならば，誤想過剰防衛の場合も行為者は急迫不正の侵害が存在していると考えている以上，行為者の主観面では過剰防衛と誤想過剰防衛を区別する必要はないことになり，誤想過剰防衛にも過剰防衛規定がそのまま適用できます。違法・責任減少説によれば，誤想過剰防衛の場合には急迫不正の侵害がないので急迫不正の侵害の存在を前提とする過剰防衛規定をそのまま適用することはできませんが，誤想過剰防衛にも過剰防衛の場合と同様，責任減少的側面があるのは否定できず，過剰防衛規定の準用ということになります。違法減少説に立てば，急迫不正の侵害に対する反撃である点に過剰防衛の減免根拠があるため，その前提となる急迫不正の侵害が存在しない誤想過剰防衛には，過剰防衛規定の適用も準用もできないという結論に至ります。もっとも，近時では，違法・責任減少説に立ちつつ違法減少的側面を重視し適用・準用否定説に立つ見解のほか，違法・責任減少説からの適用説や責任減少説からの準用説等も主張されています。

5 緊 急 避 難

1 総 説

意 義
37条1項本文は,「自己又は他人の生命,身体,自由又は財産に対する現在の危難を避けるため,やむを得ずにした行為は,これによって生じた害が避けようとした害の程度を超えなかった場合に限り,罰しない」と規定しています。これは,緊急避難と呼ばれるもので,正当防衛と同様,緊急行為の一種です。緊急避難は,現在の危難を避けるために,やむをえず,無関係の第三者を侵害する行為です。たとえば,**Case 5-10** のような場合です。

> ✠ **Case 5-10**　Ｘは,ナイフを持った暴漢Ａに追いかけられ,刺し殺されそうになった。Ｘは,逃げる際に,やむをえずＢを突き飛ばし,Ｂにけがを負わせた。

この場合,Ｘの行為は傷害罪(▶204条)の構成要件に該当しますが,緊急避難が成立して無罪となります。

正当防衛との違い
それでは,緊急避難と正当防衛はどこが異なるのでしょうか。正当防衛は,急迫不正の侵害に対する反撃で,ここには「不正」対「正」の関係があります。これに対して,緊急避難は,現在の危難を無関係の第三者に転嫁する点にその本質があります。緊急避難行為者にも危難を転嫁される第三者にも不正な点がないため,緊急避難は**「正」対「正」の関係**といわれます。

それゆえ,緊急避難の要件は,正当防衛の要件より厳格に解されています。後述のとおり,緊急避難が成立するためには,正当防衛にはない**法益均衡**(害の均衡)の要件が課され,正当防衛の必要性よりも厳格な**補充性**(ほかに危難を避ける手段が存在しないこと)が要求されます。

このように,正当防衛の場合は,通常,攻撃者と反撃者という二者の関係で捉えればよかったのですが,緊急避難の場合は,無関係の第三者を含めた三面構造として捉える必要があります。緊急避難では,緊急避難行為者と危難を転

嫁される第三者の関係に着目しなければならず，緊急避難論を展開する上で，この第三者をいかに保護するかが重要になります（**争点24**）。

緊急避難の法的性質　正当防衛が違法性阻却事由であるという点にはほとんど争いがありませんが，緊急避難の法的性質については激しい対立があります。**違法性阻却一元説，責任阻却一元説，二分説**等，様々な見解が主張されています。対立の焦点は，緊急避難行為者の不処罰と危難を転嫁される第三者の保護とをいかに調和させるかにあるといえます。

　通説は，緊急避難を違法性阻却事由と解しています（違法性阻却一元説）。その根拠として，まず，37条 1 項本文が，他人のための緊急避難を承認していることが挙げられています。これは，自己または親族等のための緊急避難しか認められていないのであれば，期待可能性の不存在による責任阻却で説明もできますが，他人一般のための緊急避難を認めている現行規定を責任阻却で説明するのは困難であるという趣旨です。また，法益均衡の要件も違法性阻却説の根拠として挙げられます。こちらは，本来的に法益衡量は違法論の問題で，責任とは直接関係しないことから，法益衡量を要件とする緊急避難は違法性の問題として論じるべきという主張です。

　違法性阻却一元説に立つと，緊急避難行為は適法となります。したがって，緊急避難行為に対する正当防衛は否定されます。また，共犯の要素従属性に関

✎ Topic 5-5

民法上の正当防衛・緊急避難

　緊急避難概念について，刑法上の緊急避難概念と民法上の緊急避難概念が相違している点には注意を要します。民法720条 1 項は，他人の不法行為を原因とする危難に対する反撃行為および転嫁行為を（民法上の）正当防衛として規定し，同条 2 項は，他人の物から生じた危難に対する反撃行為を（民法上の）緊急避難として規定しています。刑法が反撃行為か転嫁行為かによって正当防衛と緊急避難を区別しているのに対し，民法は危難の原因が人か物かによって両者を区別しています。他人の物から生じた危難に対する転嫁行為については民法720条が規定していないことから，違法の統一性をめぐる解釈論上の問題が生じています。刑法上の緊急避難と民法上の正当防衛・緊急避難の規定の違いに着目して，緊急避難の法的性質論を展開する論者もいます（**可罰的違法性阻却説**）。

して，共犯の成立には正犯の構成要件該当性と違法性が必要であるとする制限従属性説（通説）に立つ限り，緊急避難行為への共犯的関与も不処罰となります。

　このように，違法性阻却一元説からは，緊急避難行為に対して正当防衛ができなくなります。しかし，危難を転嫁される第三者は，危難とは無関係のいわば「正」の存在です。この点を捉えて，違法性阻却一元説では危難を転嫁される第三者の保護に欠けるとする批判があります。そこで，通説は，危難を転嫁される第三者を保護するため，緊急避難行為に対する緊急避難（➡ **Further Lesson 5-6**）を肯定しています。すなわち，通説によると，適法である緊急避難行為に対して適法な緊急避難によって対抗するという事態が生じることになります。

　これに対して，緊急避難行為は違法であるが，期待可能性を欠くため責任が阻却されるとする見解があります（責任阻却一元説）。この立場からは，避難行為に対して正当防衛が可能となり，制限従属性説に立てば共犯も肯定されます。この立場は，危難を転嫁される第三者の権利擁護の必要性を強調します。

　責任阻却一元説が，無関係の第三者に危難を転嫁するという緊急避難の特質を的確に捉えた上で，第三者の保護を重視する点は評価できますが，上でみたように，37条1項本文が他人のための緊急避難を認めている点，および，法益均衡の要件を定めている点を責任阻却から説明するのは困難です。また，この説には，緊急避難行為に対する正当防衛が常に認められることになり避難行為

Further Lesson 5-6
▶▶▶▶▶　**防御的緊急避難論**

　防御的緊急避難は，対物防衛を正当防衛に含めないと解する場合（違法行為説）の反撃行為や，緊急避難の法的性質について違法性阻却一元説に立った場合の緊急避難行為への対抗行為を説明するために用いられることが多い概念です。これは，正当防衛の要件である侵害の「不正性」（＝違法性）は充足されないけれども相手方に対抗を認める必要がある場合に，当該対抗行為を緊急避難として正当化しようとするものです。したがって，防御的緊急避難は，**危険源に対する反撃**という構造になり，その点では正当防衛と類似しています。

者の保護に欠けるという批判もあります。

　さらに，さまざまな二分説が展開されています。

　違法性阻却中心の二分説は，緊急避難を原則として違法性阻却事由としつ
つ，例外的に責任阻却事由の場合があるとする見解であり，法益同価値の場合
を責任阻却とする説と，生命と生命，身体と身体が対立する場合を責任阻却と
する説があります。前者は，法益同価値の場合には守られる優越的利益がない
ことを理由として，この場合を期待不可能性による責任阻却とします。後者は，
生命または身体はそれ自体自己目的であって手段たりえないことを理由に，こ
れらの法益が対立する場合には責任が阻却されるにすぎないとしています。

　しかし，これらいずれの見解も広く違法性阻却を認めることには変わりがな
く，危難を転嫁される第三者の保護の問題は残ったままです。

Further Lesson 5-7
▶▶▶▶▶　正当防衛類似状況（予防防衛）

　正当防衛類似状況は，予防防衛とも呼ばれ，直ちに回避措置をとらないと将来確
実に危険が実現する場合を指します。たとえば，ホテルの経営者が，利用客による
強盗の共謀について聞き及んだが，犯行を防止する他の手段がなかったため，飲み
物に睡眠薬を混入しこれを防止したといった場合が挙げられます。このような場
合，いまだ危険が現在していないことから，ほとんどの学説で正当防衛は否定され
ています。争いがあるのは，この場合に緊急避難が肯定できるかどうかです。

　上の例で，ホテルの経営者は犯罪が行われることを知っていながら手をこまねい
ていなければならないとするのは不自然にも思えます。そこで，正当防衛類似状況
の場合，正当防衛における「急迫性」より緊急避難における「現在性」のほうが広
く認められるとして，正当防衛を否定し緊急避難を肯定する見解が主張されます。
すなわち，いまだ間近に切迫しているとはいえないが，経験上，自然の転帰によれ
ばすぐに切迫するべき状態にある場合にも，すでに「現在の危難」というべき場合
がありうると説明されるのです。

　この見解に対しては，正当防衛と緊急避難の混同の危険があるという指摘があり
ます。さらに，なぜ，正当防衛の「急迫性」と緊急避難の「現在性」を別異に理解
することができるのかという疑問も呈されています。正当防衛も緊急避難も緊急行
為であり，この点に差異を見出すことができないとすれば，基本的に，正当防衛の
「急迫性」と緊急避難の「現在性」は同様に解されるべきということになるでしょ
う。

　責任阻却中心の二分説は，原則として緊急避難は責任阻却事由であるとした上で，著しく大きな法益を救う場合に例外的に超法規的な違法性阻却を認めます。この説は，37条1項本文の「やむを得ずにした」という文言を期待不可能性の意味にとり，37条1項本文を責任阻却としての緊急避難について規定したものと解します。

　この説が法益間の差が著しい場合に避難行為を適法とする余地を認め，避難行為者と危難を転嫁される第三者とのバランスに配慮した点は評価できますが，37条1項本文と責任阻却の整合性の問題は依然として解消されていません。

2 緊急状況

危　　難　37条1項本文は，危難の対象を「生命」，「身体」，「自由」または「財産」としています。しかし，これは**例示列挙**と解されており，法益一般が危難の対象となります。

　危難にさらされる法益の主体には，緊急避難行為者本人のみならず，他人も含まれます。同条が列挙しているのは個人的法益ですが，国家的法益や社会的法益のための緊急避難も肯定するのが通説です。

　危難の発生原因について，人の行為に限らず，自然現象，動物の行為，社会情勢等も広く危難の原因になりうると考えられています。この点，正当防衛において対物防衛の可否として展開されたような議論は，緊急避難では問題となりません。

> **▦ Case 5-11** Xは，村所有の吊橋が腐朽して車馬の通行に危険が生じていた状況で，村に何度も橋の掛け替えを要求したが実現されなかったので，自然災害を装って災害補償金の交付を受けようとして吊り橋を爆破した。

現 在 性　緊急避難によってやむをえず他者を侵害しても処罰されないのは，緊急状況が存在するからです。緊急避難も正当防衛と並ぶ緊急行為である以上，その前提として，危難が現在していなければなりません。**危難の現在性**とは，危難が現に存在しているか，間近に迫っている状態をいいます。正当防衛における「急迫性」（▶36条1項）と同様に解されていま

す。現在の危難に関する判例として，最判昭和35・2・4刑集14巻1号61頁（百選I30）があります。**Case 5-11** の事例について，最高裁は，吊り橋が老朽化しているとはいえ人の通行には差し支えなく，危険はいまだ切迫していないとしました。

3　避難行為

法益均衡　37条1項本文は，「生じた害が避けようとした害の程度を超えなかった場合に限り」，避難行為は不処罰になると定めています。この**法益均衡**（害の均衡）は，正当防衛では要求されていないものです。この点については，正当防衛と異なり，緊急避難は無関係の第三者を巻き込むことから，要件が加重されていると説明されます。規定をみればわかるように，生じた害（侵害法益）と避けようとした害（保全法益）が等しい場合（法益同価値）にも，緊急避難が成立します。

違法性阻却一元説（通説）によれば，侵害法益と保全法益が同価値の場合にも緊急避難行為は適法となります。この説では，たとえば，生命に危険が迫っている場合，自己の生命を保全するために他の手段がなければ，第三者の生命を侵害することも適法ということになり，危難を転嫁される第三者は，これに対して正当防衛ができないことになります。違法性阻却一元説からは，法益同価値の場合には優越的利益は存在しないけれども，マイナスがない以上，この場合にも違法ではないという説明がなされます。

危難を避けるため　緊急避難にも，正当防衛における防衛の意思と同様の議論があります。すなわち，緊急避難は**避難の意思**をもってなされなければならないかという問題です。ここでも，避難の意思必要説が通説です。避難の意思の内容についても，多数説は，避難の認識で足りるとしています。

Case 5-12　Xは，単に嫌がらせとしてホテルの客室に投石してガラス窓を破壊したところ，たまたま室内にいた宿泊客がガス中毒で死に瀕しており，ガラス窓の損壊の結果，一命をとりとめた。

　避難の意思の要否が問題となる場合として，**Case 5-12** のような**偶然避難**が
あります。偶然避難の議論は，偶然防衛に対応した形で展開されています。避
難の意思必要説によると，避難の意思を伴わない避難行為である偶然避難は正
当化されないことになります。

「やむを得ずにした行為」

　　　　　　　　　　　　　　正当防衛と同様，緊急避難も現在の危難があれ
ば何をしても処罰されないというわけではあり
ません。緊急避難として不処罰となるのは，「やむを得ずにした行為」に限ら
れます。用いられた文言は正当防衛と同じですが，緊急避難の場合，正当防衛
の場合より厳格に解され，**補充性**と**相当性**を意味します。

Further Lesson 5-8

▶▶▶▶▶　強制による行為（強要緊急避難論）

　近時，強制による行為に緊急避難規定が適用できるかどうかが問題とされていま
す。ある者に強要されて犯罪行為を実行する場合，たとえば，「あの店から物を盗
んでこないとお前の家族の身体に危害を加える」と脅迫されて窃盗行為に及ぶよう
な場合に，緊急避難規定の適用は可能でしょうか。37条1項本文は，「現在の危難」
としか定めていませんので，文言上は，人の暴行・脅迫から生じる危難も当然ここ
に含まれることになります。

　しかし，人の暴行・脅迫に基づく強制の場合は，他の緊急避難の場合と異なる側
面を有しています。それは，この場合に緊急避難規定の適用を認めると，通説の違
法性阻却一元説からすれば，窃盗行為は適法となり，これに対して正当防衛をする
ことができなくなります。背後者からすれば，緊急避難によって適法とされる道具
を用いることで，正当防衛による対抗のリスクを回避しつつ，自己の意思が実現で
きます。

　そこで，危難を転嫁される第三者に正当防衛を認めるため，脅迫された行為者は
「背後者の不法と不可分一体」であるとして，緊急避難の適用を排除する見解が一
部で主張されています。これに対しては，なぜ背後者に脅迫され被害者ともいえる
被強要者が緊急避難規定の適用排除という不利益を受けなければならないのかとい
う疑問が呈されています。

　強要緊急避難の問題は，緊急避難に広く違法性阻却を認めるがゆえに起こる問題
ということもできます。ここでも，緊急避難行為者の不処罰と危難を転嫁される第
三者の保護をいかに調整するかが問われているといえるでしょう（なお，東京高判
平成24・12・18判タ1408号284頁は，被告人が拳銃で脅されて覚せい剤使用を強制され
た事案につき，緊急避難を認めて無罪としています）。

　緊急避難では，必要性より厳格な要件である補充性が必要とされます。補充性とは，現在の危難を回避する他の手段が存在しないことをいいます。補充性が要求されるのは，無関係の第三者に危難を転嫁する緊急避難は最終手段であって，回避する術がほかにあるならそちらによるべきという理由からです。それゆえ，正当防衛の場合は退避が可能な場合でも防衛行為に出ることが許されましたが，緊急避難の場合は退避が可能ならば退避しなければならないということになります。もっとも，必ずしも緊急避難が唯一無二の手段である必要はなく，補充性の有無は個別具体的状況に照らして判断されます。

> **Case 5-13**　酒乱のＡが鎌を持って暴れ，兄のＸを追跡しようとしたため，自己の生命，身体に危険を感じたＸは，警察署まで酒気帯び運転をして逃げ出した。

　判例・学説の中には，緊急避難の場合にも，正当防衛と同様，避難行為の相当性を要求するものが多くみられます。相当性とは，危難に対して避難行為が相当であること，ないしは，当該行為に出たことが条理上肯定しうることをいいます。

　下級審判決ですが，避難行為の相当性が問題とされたものとして，東京高判昭和57・11・29刑月14巻11=12号804頁（**百選 I 31**）があります。**Case 5-13** の事例で，東京高裁は，適当な場所で運転をやめ，電話連絡等の方法で警察の助けを求めることは不可能ではなかったとして，過剰避難（▶37条１項ただし書き）を認定し，刑を免除しました。

　自己の故意または過失によって危難を招来した場合を**自招危難**といいます。たとえば，**Case 5-14** のような場合がこれに当たります。

> **Case 5-14**　Ｘは，普段からうるさく吠える犬に石を投げたところ，急に自分に襲いかかってきたので，やむをえず隣家の庭に逃げ込んだ。

　この場合を相当性要件で処理するかについては争いがあります。ここでも，大半の学説は，自招というだけで一律に緊急避難の可能性を排除するのではなく，制限しつつも緊急避難の余地を残す方向で処理しています（**争点25**）。

　判例には，行為者の有責行為によって危難を自招した場合で，社会通念に照

らしてやむをえないものとして是認しえない場合には，緊急避難は成立しない
としたものがあります（大判大正13・12・12刑集3巻867頁／**百選Ⅰ32**）。

4 過剰避難・誤想避難・誤想過剰避難

過剰避難 37条1項ただし書きは，避難の程度を超えた場合（補充性や法益均衡が認められない場合）には，情状により刑の減軽または免除ができる旨定めています（**過剰避難**）。いかなる理由から，過剰避難の場合に刑の任意的減免ができるのかについては，過剰防衛の場合と同様，**違法減少説**，**責任減少説**，違法・責任減少説の対立があります。現在の危難にさらされている法益を保護するという違法減少的側面，および，現在の危難に直面し恐怖・驚愕・興奮・狼狽した行為者の責任減少的側面をどう捉えるかが焦点になります。

誤想避難 **誤想避難**の典型例は，現在の危難がないのにあると誤信して避難行為に及んだ場合ですが，現在の危難が存在しこれに対して過剰な避難を行ったものの行為者が当該行為を相当なものと誤信していた場合も誤想避難です。ただ，後者において，相当性の誤信に過失があれば，過失犯処罰規定の存在を前提に過失犯が成立し，過失の過剰避難として37条1項ただし書きの適用があります。

　いずれの場合も，行為者は緊急避難と思って行動している点が特徴です。違法性阻却一元説によれば，緊急避難は違法性阻却事由なので，誤想避難は，違法性阻却事由の前提事実に関する錯誤ということになります。この場合，多数説は，事実の錯誤として故意阻却を認めます。なお，緊急避難を責任阻却事由と解する場合には，誤想避難は期待可能性の錯誤となります。

誤想過剰避難 誤想避難と過剰避難が重なったのが**誤想過剰避難**です。誤想過剰避難とは，現在の危難がないのにあると誤信して避難行為を行ったところ，誤想した危難が存在していたとしても，避難行為が過剰であった場合をいい，さらに過剰の点に認識がある場合とその認識がない場合に分かれます。これらの類型を狭義の誤想過剰避難と呼び，現在の危難を回避するための避難行為が過剰であったが過剰の点に認識がなかった場合（相当

性の錯誤・過剰誤想避難）を含めて，広義の誤想過剰避難と呼ぶことがあります。

（狭義の）誤想過剰避難においても，誤想過剰防衛と同様，故意犯の成否と過剰避難規定の適用・準用の可否が問題となります。

故意犯の成否は，厳格責任説を除けば，違法性を基礎づける事実の認識があったか否かによって判断されます。通説によれば，緊急避難は，正当防衛と同様，違法性阻却事由なので，この場合も，行為者に**過剰性の認識**（過剰な事実の認識）があったか否かが決め手となります。これとは異なり，緊急避難を責任阻却事由と解する場合には，緊急避難の認識はもはや適法行為の認識ではないため，故意を阻却しません。

過剰避難規定の適用（準用）の可否については，過剰避難の法的性質をどう考えるかによって結論が異なってきます。図式的には，責任減少説からは適用説，違法・責任減少説からは準用説，違法減少説からは適用・準用否定説ということになりますが，違法・責任減少説からの適用・準用否定説，適用説，責任減少説からの準用説等もありえます。

下級審判決ですが，やくざ風の男2人から身体に危害を加えられると誤信して，護身用の道具として理髪店から散髪バサミを窃取したという事案で，大阪簡裁は，誤想過剰避難を認めて，37条1項ただし書きにより刑を減軽しています（大阪簡判昭和60・12・11判時1204号161頁／**百選Ⅰ33**）。

5　特別義務者

37条2項は，業務上特別の義務がある者には37条1項を適用しないと規定しています。これは，警察官や消防士のように，危難に立ち向かうことが職務内容として含まれている者に対して，緊急避難を援用し危難を第三者に転嫁することを禁じるという趣旨です。しかし，特別義務者であっても，自己の生命や身体に重大な危険が及んでいる場合にまで，危難に立ち向かうことが義務づけられるわけではないのであって，同項の存在意義はそれほど大きくないといえます。

6　義 務 衝 突

　緊急避難とよく似た状況に，**義務衝突**があります。義務衝突とは，両立しない複数の義務の履行が同時に要求され，一方の義務を履行すると他方の義務が履行できないという状況を指します。これには，衝突する義務の一方が他方に対して優越している場合と，同価値の義務が衝突している場合とがあります。前者の例としては，医師が重症患者の治療に向かい軽症患者の治療を拒絶したために軽症患者の症状が悪化した場合，後者の例としては，２人の息子が池で溺れている状況で，父親がそのうちの１人を助けたためにもう１人の息子が溺死した場合がそれぞれ挙げられます。

　義務衝突は緊急避難とどこが違うのでしょうか。決定的に違うのは次の点です。緊急避難が問題となる事例では，危難を第三者に転嫁せず甘受すること，すなわち，緊急避難を行わないという選択肢があります。これに対して，義務衝突の場合は，衝突している義務のうち，価値に差があれば，優越する義務の履行が要求されますし，同価値であれば，いずれか１つの義務の履行が要求されます。つまり，義務衝突の場合には，何らの義務も履行しないということは許されないのです。

　義務衝突の法的性質には争いがあります。緊急避難の一種とする説，法令行為の一種とする説，および，独自の違法性阻却事由とする説が対立しています。上述のように，義務衝突は，緊急避難と異なる側面を有していますし，必ずしも緊急状況を前提としない法令行為とも異なるといわざるをえません。したがって，義務衝突は，緊急避難とも法令行為とも違う独自の違法性阻却事由と解されることになるでしょう。

7　自 救 行 為

　自救行為とは，権利を違法に侵害された場合に，権利者が，国家機関による法定の手続によらずに，自ら実力をもってその権利の保全を行うことをいい，民事法では「自力救済」と呼ばれているものです。

　法治国家のもとでは，基本的に権利の保全は法定の手続によるべきであって，自救行為を広く認めることは，国家の根幹を揺るがしかねず，多くの弊害

を伴います。とはいえ，自救行為を一切認めないとすると，後の権利行使が不可能ないしは著しく困難になるなど，事実上権利の保護が図られないといった事態が生じてしまいます。そこで，即座に保全しておかなければ，権利行使が不可能になるか著しく困難になるような緊急を要する場合にのみ，例外的に，自救行為を認めるべきだという主張が展開されることになります。かくして例外的に承認される自救行為は，明文規定をもたない違法性阻却事由，すなわち，超法規的違法性阻却事由に位置づけられます。

　このように，自救行為も緊急行為の一種と考えることができますが，正当防衛や緊急避難とは緊急の意味が少し違います。すなわち，正当防衛や緊急避難が現在の侵害に際してなされるのに対して，自救行為は過去の侵害に対してなされるものであって，この点で両者は大きく異なります。

　自救行為の要件として挙げられるのは，① 権利に対する違法な侵害が存すること，② 自力による保全を直ちに行わなければ後の権利行使が不可能ないし著しく困難になること，③ 当該行為が権利保全の効果を有すること，④ 当該行為が権利保全の手段として相当であること，および，⑤ 侵害法益と保全法益が均衡していること，の 5 つです。

　もっとも，盗品の取戻しについては，これとは別に，許容される余地があります。一般に，盗品の取戻しは，窃盗罪が既遂に達した後も一定の範囲で可能と解されています。この点は，238条が取戻し防止目的でなされる窃盗犯人による暴行，脅迫を事後強盗として処罰していることからも示唆されます（➡本章・**3**–4 の「自救行為」も参照）。

6　被害者の承諾

1　被害者の承諾の意義と体系的地位

被害者の承諾の意義　　被害者の承諾（もしくは同意）というのは，法益主体（被害者）が法益侵害に対して承諾を与えることをいいます。国家的法益，社会的法益に対する罪については，承諾という個人の意思が犯罪の成否自体に影響を与えることはありません（もっとも，放火罪におけ

る居住者の承諾のように，それらの法益の中に個人的法益が含まれている場合には，その限度で意味をもちます）。被害者の承諾が刑法において意味をもつことを基礎づけているのは，あくまで個人としての被害者の自己決定を尊重するという思想（▶憲13条）ですから，被害者の承諾が犯罪の成立を否定するという大きな意味を有するのは個人的法益に対する罪に限られるのです。

　もっとも，**個人的法益に対する罪**においても，**承諾が犯罪の成否に影響しない場合**があります。たとえば，13歳未満の者に対する強制性交等罪（▶177条）では，13歳未満の者は性的な事柄について承諾能力がないと擬制されているので，13歳未満の者の承諾があろうとなかろうと犯罪は成立し，13歳未満の者の承諾には処罰を軽くする効果すらも与えられていません。また，構成要件によっては，**承諾の不存在が構成要件要素**とされているものもあります（▶199条）。生命については，人の生命に対する自己決定に完全な犯罪阻却効果が認められていませんので，たとえ承諾があっても自殺関与・同意殺人罪（▶202条）が成立します。つまり，承諾があっても犯罪としては成立するが，承諾がないことによってそれがあった場合に比べて重く処罰されることになるのです。これら以外の個人的法益に対する罪は，被害者の承諾があれば犯罪の成立が否定されることになります。

構成要件阻却と違法性阻却　それでは，個人的法益に対する罪において被害者の承諾によって犯罪成立が否定される場合，構成要件該当性が否定されるのでしょうか。それとも構成要件該当性は認めた上で違法性が阻却されるのでしょうか。これは，**被害者の承諾の体系的地位**の問題と呼ばれています。

　この点，**厳格責任説**においては，構成要件該当事実の認識・不認識は故意の問題ですが，違法性阻却事由該当事実の認識・不認識は故意とは無関係です。したがって，厳格責任説によれば，被害者が実際には承諾していないのに承諾していると錯誤して行為者が法益侵害を行った場合，承諾を構成要件阻却事由と位置づければ故意が否定されますが，違法性阻却事由と位置づければ故意は否定されないことになります。このように，厳格責任説を採用すればこの区別は重要な意味をもつのですが，わが国の判例・通説は，違法性阻却事由該当事

実の錯誤も故意を阻却すると考えていますので，この立場からは，この区別にあまり重要性は認められません。構成要件阻却にせよ違法性阻却にせよ，承諾が犯罪成立を否定する根拠自体は同一であるので，この区別は実益の少ない議論と考えられているのです。

　被害者の承諾が**構成要件該当性を阻却**する場合としては，まず，財産犯が考えられます。窃盗罪（▶235条）の実行行為は「窃取」ですが，これは被害者の意思に反して財物を自己または第三者の占有下に移すことなので，被害者の承諾があれば窃盗罪の構成要件該当性が否定されます（もっとも，このことは，被害者の所有権放棄によって他人の物でなくなると説明することも可能です）。また，器物損壊罪（▶261条）についても，被害者が放棄した財物は要保護性が欠けますので，やはり構成要件該当性が否定されます。また，自由に対する罪も，これらの罪はおよそ被害者の意思に反してなされる罪であることを前提にしていますので，承諾があれば犯罪成立が阻却されるのは当然です。逮捕・監禁罪（▶220条）や（13歳以上の者の承諾のあるときには）強制性交等罪（▶177条）の場合は，被害者の承諾によって構成要件該当性が否定されます。住居侵入罪（▶130条）の場合も，住居権者が住居への立入りについて承諾を与えている限り構成要件該当性が否定されることになります。

　これに対して，傷害罪（▶204条）の場合には，通説によれば，たとえ被害者の承諾があったとしても，生理的機能の侵害がある限りそれは傷害といえるので，構成要件該当性があり，被害者の承諾が**違法性を阻却**することになります（もっとも，傷害罪の場合も被害者の承諾は構成要件阻却事由であり，およそ承諾は一元的に構成要件阻却事由であるとする説も有力になっています）。

2　被害者の承諾の犯罪阻却根拠

承諾の犯罪阻却根拠　さて，被害者の承諾が犯罪の成立を阻却する根拠をどのように説明すべきでしょうか。この問題は，行為無価値論的な発想と結果無価値論的な思考方法の違いをよく反映しています。

　まず，**行為無価値**の観点を重視する論者は，承諾を得て行う法益侵害が公序

良俗に反する（社会観念の上から是認されない）場合に犯罪が成立するとします（① **公序良俗説**）。あるいは，諸般の事情を考慮して，承諾を得た法益侵害行為が社会的に相当であって初めて犯罪成立が否定されるとします（② **社会的相当性説**）。このような考え方の特徴は，行為者の行為目的や行為態様，行為の社会的評価を重視して承諾の有効性の限界を考える点にあります。しかし，公序良俗も社会的相当性も，それ自体はいろいろな意味で用いられる概念であって，論者によってその内容とするところがかなり異なっており，判断基準としては不明確です。また，この見解によれば，被害者の承諾の問題は被害者の主観の問題でなく法の理念の問題と考えられていますので，結局のところ，個人の自己決定を十分に尊重しないというところに問題があるように思われます。

　これに対して，**結果無価値**の観点を重視する論者は，被害者の法益処分によって保護すべき法益が存在しなくなるので犯罪成立が否定されるとします（③ **法益欠如説**）。あるいは，承諾によって実現された自己決定の自由という利益が行為によって侵害された法益に優越する場合に法益侵害が正当化されるとします（④ **自律原理・優越的利益説**）。これらの考え方の特徴は，法益侵害を行う行為者の行為目的や行為の反社会性という価値判断を承諾の有効性を考えるに当たって重視しない点にあります。

同意傷害における承諾の有効範囲　このような被害者の承諾の犯罪阻却根拠についての考え方の相違が顕著に表れるのは，同意傷害について承諾の有効範囲をどのように考えるかです（**争点18**）。

　この点，判例は，保険金詐取目的の同意傷害が問題となった事案で，承諾があっても傷害罪が成立するかどうかは「単に承諾が存在するという事実だけでなく，右承諾を得た動機，目的，身体傷害の手段，方法，損傷の部位，程度など諸般の事情を照らし合せて決すべき」であるとし，この事案では承諾は保険金詐取目的のものなので違法であるとしました（最決昭和55・11・13刑集34巻6号396頁／**百選Ⅰ22**）。行為無価値を重視する論者はおおむねこの判決に好意的ですが，結果無価値を重視する論者は，基準が不明確であり，公序良俗違反であることが処罰を根拠づけているとして，この判例を批判しています。

　それでは，この論点につき学説はどのように考えているのでしょうか。以下

の2つの事例を素材にして，学説の動向を検討してみましょう。

> **Case 5-15**　暴力団員Xは，不義理をした配下の組員Aが望んだので，彼の承諾を得て出刃包丁でAの小指を詰めた（切断した）。
>
> **Case 5-16**　医師Xは，難病に苦しむ近親者の臓器移植のためにAが臓器摘出を求めるので，Aから命の危険はあるが臓器の摘出を行った。

　まず，行為無価値を重視する① **公序良俗説**や② **社会的相当性説**によれば，行為が社会観念上是認されるとき，あるいは社会的に相当であるといえる場合に限って同意傷害が犯罪成立を否定されることになります。したがって，医師による手術のような治療行為や献血，あるいはルールに則って行われるスポーツなどは犯罪成立が否定されますが，暴力団の指つめなどは行為の公序良俗違反，社会的不相当を根拠に承諾が無効とされ犯罪が成立することになります。これらの立場からは，**Case 5-15** では承諾は無効とされ，**Case 5-16** では有効とされることになります。

　これに対して，結果無価値を重視する法益欠如説や優越的利益説からは，重大な傷害の場合には被害者の処分権が制限される（③ **重大傷害説**），あるいは生

✏️ Topic 5-6

治 療 行 為

　（成功した）医師による手術などの**治療行為**は，客観的にみたとき患者の身体的利益を増進するものであるという特殊性をもっており，純然たる法益侵害とは異なった側面があります。このことから，生命危険説の立場からも生命に危険な治療行為が場合によっては可罰性を否定されることが認められうることになります。

　この治療行為の正当化根拠について，以前は正当業務行為（▶35条）であるとする見解が有力でしたが，近年は患者の自己決定を強調する見解が有力になっています。両説の相違は，患者の意思に基づかない**専断的治療行為**の評価において顕著に表れます。正当業務行為説は，患者の同意がなくても医師が治療目的で行う治療は**正当業務行為**として正当化されるとします。これに対して，**患者の同意説**は，専断的治療行為は特別な場合を除き傷害罪に当たる可能性があるとするのです。ただし，この説からも，緊急に患者の生命を救う必要がある場合は，緊急避難としての正当化を認める余地があるとされています。

命に危険なほど重大な傷害の場合にのみ処分権が制限される（④ **生命危険説**）ことになります。これらの説からは，Case 5-15 では承諾は有効とされますが，Case 5-16 では少なくとも被害者の承諾論のみではⅩの不可罰を認めるのは難しいでしょう。

　重大傷害説は，パターナリズムなどの観点から生命および身体の重要部分の放棄は許容できないと説明します。しかし，自己決定の存立基盤である個人の抹殺を意味する生命処分と，生命そのものには危険が及ばない身体の重要部分の処分との間には，質的な差違が存在します。後者の場合には，いまだ自己決定の可能な主体が存続するのであり，自己の身体の処分はそれがたとえ重大なものであれ，その人の生き方・価値観の問題として許容しうるように思われるからです。そこで，身体法益の処分は生命に危険な傷害に限りその処分権が制限されると解すべきように思われます。たとえば手足の切断や腎臓などの臓器の摘出など，たとえそれが身体の重要部分であっても，その傷害が生命に危険を及ぼすものでなければ，その処分は許容されるべき個人の自己決定の範疇にあり，ただそれが生命に危険な故意の傷害である場合には，それへの承諾を認めることは個人の自己決定の存立基盤である生命そのものを脅かすことになりかねないので，その場合にだけ処分の限界が設けられるのです。

　なお，法益欠如説の立場から，身体傷害については一切の制限を設けず法益処分は自由であるという考え方も出されています（⑤ **無限定説**）。この見解は，第１に，同意堕胎のように同意傷害のうち処罰すべきものについては特別な規定があるのだから，それ以外の同意傷害はおよそ不可罰であると考えるべきこと，第２に，わが国の刑法には202条に相当する同意傷害罪の規定がないので同意傷害を処罰しようとすれば204条で処罰するしかないが，そうすると同意殺人よりも同意傷害のほうが重く処罰されることになってしまうという刑のアンバランスが生じるということをその論拠にしています。この立場からはCase 5-15 のみならず Case 5-16 も承諾は有効とされます。しかし，この説の論拠のうち，第１の点については，同意堕胎を同意傷害の一種と考えることにそもそも問題があるように思われます。堕胎罪の保護法益は第１に胎児の生命であり，母親の身体の利益は副次的に保護されているにすぎないからです。ま

た，第2の点については，同意傷害の一部を処罰する場合には，204条を用いながら202条とのバランスから刑の上限を7年以下の懲役にとどめることによって対処することができます。

3 被害者による承諾の表示と行為者による承諾の認識

被害者による承諾の表示の要否 被害者の承諾が有効とされるためには，それが被害者によって外部に表示される必要があるのでしょうか。また，行為者において被害者の承諾を認識している必要があるのでしょうか。

まず，承諾の方法として，承諾は外部に表示されることを必要とするかについて考えます。この点，①**意思表示説**は，承諾が効力をもつためには外部に表明されることを要するとしています。なぜなら，承諾が外部へ表明されておらず承諾の有無が他人からわかりえない場合になお承諾を有効とすることは，承諾の有効・無効の判断を不安定なものにするからです。これに対して，②**意思方向説**は，承諾は外部に表明されなくても被害者が法益侵害に承諾している以上法益はすでになくなっており，被害者の内心に法益放棄の意思が存在すれば足りるとします。被害者の内心的事情は行為者の主観とは異なり行為者から認識される事情なので，承諾は犯罪論体系においては客観的要件であり，外部に表示されなくても被害者の内心において客観的に存在していれば足りるからです。

行為者による承諾の認識の要否 次に，承諾の有効性における行為者の主観的要件として，行為者は被害者が承諾してくれていることを認識していなければならないのかについて考えます。この点，①**認識必要説**は，行為者の主観的な要件として承諾の認識は必要であると考えます。これに対して，②**認識不要説**は，行為者によって承諾が認識されていなくても承諾は有効であるとします。

Case 5-17 貧乏なXは，パン屋でパンを盗んだが，そのとき店主Aは，Xがかわいそうなので見て見ぬふりをしていた。Xは，パンを盗むことをAが承諾してくれていることに気づかなかった。

通常は，① 意思表示説をとれば認識必要説になり，② 意思方向説をとれば認識不要説をとることになります。したがって，**Case 5-17** は，①からは窃盗罪（▶235条）の既遂が成立し，②からは窃盗罪の既遂は成立しないことになります（②から窃盗罪が完全に不成立なのか，それとも窃盗の未遂は成立するのかは争いがあります）。認識必要説は，承諾が外部に表示されていなければ認識できない場合がありますから，意思表示説をとることは論理必然であるといえましょう。これに対して，認識不要説は，通常は意思方向説と結びつきますが，「承諾の有効性判断の法的安定性の確保のために同意の表示は必要であるが，行為者からそれが認識されている必要はない」という立場もありえますので，意思表示説と結びつくこともありうるのです。

4 承諾の対象と心理的内容──危険引受けとの関連

承諾の対象　承諾の対象は行為でしょうか。それとも結果でしょうか。また，承諾の心理的内容としては，どのようなものが必要なのでしょうか。いわゆる**危険引受け**について，被害者の承諾との関連が問題になるのです。危険引受けとは，**被害者が結果は発生しないであろうと思ってあえて自らをその危険にさらしたところ，不幸にも結果が発生してしまった**という問題です。

> **▓ Case 5-18**　Xは，飲酒運転で事故を起こし同乗者Aを死なせてしまったが，Aは，酒を飲んだXの運転が危ないのをわかっていて自宅まで送ってくれるように要求していた。

まず，承諾の対象は行為か結果かという点を考えます。この点，① **行為説**は，承諾の対象は行為で足りるとします。危険な行為の実行を承諾していれば，行為の無価値が止揚されるので，行為無価値を重視する立場からは完全な承諾の効果を認めることができるとされます。これに対して，② **結果説**は，承諾の対象は構成要件的結果でなければならないとします。結果無価値論の立場からは，結果に承諾していない以上，たとえ行為実行には承諾していたとしても結果無価値は止揚されないことになるからです。ここでの問題状況におい

て，被害者は結果の発生については，それにまったく思いをはせていないか，あるいはせいぜい漠然とした危惧感の程度でその可能性はありうるとしか思っておらず，おそらく大丈夫だろうと考えて結果発生の可能性を最終的に心のうちで打ち消していたのであって，結果が発生するのであればそれでもかまわないとまでは決して思っていません。たしかに，「過失犯における違法性の実体を義務違反的な行為にあると捉え，結果の発生は単なる処罰条件に過ぎない」とする立場からは，承諾の対象も行為で足りるとし，前述した被害者の心情も被害者の承諾として十分であるとする考え方もありえます。しかし，「過失犯において結果は単なる処罰条件ではなく重要な構成要件要素の1つであり，また実質的にも被害者にとって結果が発生するかどうかは最重要関心事である」と考える立場からすると，承諾の対象は結果でなければならないといえるでしょう。

承諾の心理的内容　次に，承諾の心理的内容についてですが，承諾によって被害者と法益との保護必要性という関係を断ち切るためには，単に被害者が結果発生を**予見**したという知的要素を充たしただけでは足りず，承諾の心理的内容（意的要素）としても，被害者が結果発生を「**意欲**するか少なくとも**認容的に甘受**する」ことが必要であるといえます。したがって，**Case 5-18** のような危険引受けの事例は被害者の承諾そのものとはいえないのであり，この問題は客観的帰属論の枠内において，**被害者の自己答責性**の観点から問題解決を図るべきと思われます（**争点38**）。

5　錯誤に基づく承諾の有効性

意思の瑕疵の場合の判断基準（反対給付の錯誤）　行為者の欺罔によって被害者が錯誤に陥って承諾を与えた場合，その承諾は有効といえるのでしょうか。

> **✂ Case 5-19**　Xは，最初からその気もないのに，殴らせてくれればお金を払うと欺いてAの承諾を得て殴った。

この点，① **重大な錯誤説**（**主観的真意説**）は，もし錯誤に陥っていなかった

ならば承諾しなかったであろうといえる場合（錯誤と承諾に因果関係がある場合）には承諾は無効であるとします。錯誤した事柄について，被害者本人が与えた主観的重要性をもっぱら重視し，被害者本人の主観と離れた客観的な重要性判断をしないということがこの説の特徴です。この説によれば，**Case 5-19** では，「反対給付を受けることができないことを被害者がわかっていたのであれば被害者は決して承諾しなかったであろう」といえるので，承諾を無効として傷害罪（▶204条）が成立することになります。しかし，この場合に傷害罪の成立を認めることには問題があるように思われます。この事例においては，被害者にとって身体法益の保護が問題なのではなく，反対給付請求権が満足させられるかということのみが問題になっています。そうであるのに，この場合に傷害罪を成立させるということは，身体法益をその存在においてではなくその交換価値において傷害罪で保護するということを認めることになります。生命や身体という一身専属的法益の保護は，交換価値として保護されるのではなく，自己目的としてそのもの自体を保護するということでなければならないでしょ

Further Lesson 5-9

▶▶▶▶▶ 行為者の同一性についての錯誤

行為者の同一性（侵害の相手方）についての錯誤を法益関係的錯誤とみるかどうかについて，法益関係的錯誤説をとる論者の中で争いがあります。まず性的自由に対する罪においては「誰と性的行為を行うかについての自由」が法益であるので，赤の他人である行為者を夫と錯誤している場合が法益関係的錯誤に当たることについては異論はありません。問題は，傷害罪において，行為者の同一性の錯誤が法益関係的錯誤に当たるかです。この点，「教授が執刀すると思って手術に同意したが医学実習生が執刀した（ただし，両者の執刀に手術の効果や安全性の差異がなかった）」という事案を念頭に置いて，行為者の人違いは傷害罪との関連では法益関係的錯誤ではなく承諾はなお有効であるとする見解があります（佐伯仁志）。なぜなら，傷害罪は患者の身体を保護するものであって患者の単なる好みを保護するものではないからです。しかし，身体傷害の場合であっても，法益の処分権（誰の侵害を許すかについての自由）をも法益の中に含めて考えるならば，やはり法益関係的錯誤ということになるように思われます。被害者の意思が「Xになら殴られてもよい」というものであった場合，X以外のYが被害者を殴ることは，やはり被害者の承諾によってカバーされていないというべきです。

う。このように，② **法益関係的錯誤説**は，法益に関係する事実の錯誤の場合のみ承諾は無効であると考えます。この立場からは，**Case 5-19** のような傷害罪における反対給付の錯誤においては，傷害罪の身体法益について法益関係的錯誤はないので承諾は有効とされることになります（しかし，「偽装心中」の事例について，最判昭和33・11・21刑集12巻15号3519頁／**百選Ⅱ1**は，被害者が死ぬとわかっていて毒薬を飲んだ事案についても，承諾は無効としています。これには，学説から多くの批判があります。）。

6　推定的承諾

推定的承諾の意義

推定的承諾（推定的同意）とは，被害者が不在や意識不明などの理由で意思表明することができなかったので現実の承諾は得ていないが，もし被害者が事態を正しく認識したならば承諾したであろうと推定される場合です。通常，推定的承諾は違法性阻却事由とされています。たとえば，留守宅で水道管が破裂して浸水しそうになっているのを発見した隣人が，許可なく住居に侵入して元栓を止めたという場合に，住居侵入罪の構成要件該当性は否定できませんが，推定的承諾によって違法性が阻却されるとするのです。

推定的承諾の判断方法についても，行為無価値論と結果無価値論の間に争いがあります。行為無価値を重視する論者は，被害者の立場に置かれた一般人ならば承諾したであろうかを考え，法益侵害行為の目的や手段が社会的相当性を有する場合には違法性が阻却されるとします（① **社会的相当性説**）。これに対して，結果無価値を重視する論者は，具体的な被害者の推定される意思を重視し，現実の承諾の延長上に被害者の推定的承諾をおいて承諾が実際にあった場合と同様に扱うことになります（② **本人意思重視説**）。

推定的承諾の類型

このような推定的承諾が問題になる事例は，① **被害者の利益になる場合**と，② **もっぱら行為者の利益にしかならない場合**があります。①は客観的に緊急避難類似状況がある場合（民法の「事務管理」）で，水道管破裂事例のほか，意識不明の救急患者に対して必要な緊急手術を行う場合などがあります。これに対して，②は行為者と被害者の特

別な人的関係のために承諾が推定される場合で，雨が降ってきたので無断で近くの友人の下宿に入り傘を借りる場合や，トイレに行っている友人が置き忘れたタバコを1本もらって吸う場合などがあります。

7　責任論の基礎

1　責任論の意味

可罰的違法性と責任の関係　ここまでの解説では，構成要件の要素や，違法性の概念と違法性阻却事由についてみてきました。ある行為が構成要件に該当し，かつ違法性が阻却されない場合，その行為は，刑法上の禁止に違反する行為であり処罰に値します。すなわち，可罰的違法行為であるといえます。しかしながら，可罰的違法行為を行った者が，すべて処罰されるわけではありません。後で述べますように，**責任主義の要請**から，行為者が可罰的違法行為を行ったことについて非難できないような事情が存在する場合には，その行為者を処罰することはできません。その場合には，責任は阻却されるため，犯罪が成立しないことになります（**争点26**）。

故意責任と過失責任　**故意**のところ（➡第4章・5）で学習したように，構成要件該当行為のような可罰的違法行為の認識は，通常，行為者がそれを差し控えようとする動機（**反対動機**）となるはずです。

> **Case 5-20**　Xは，ダーツゲームでこれから矢を投げようとするとき，前のプレーヤーが的に刺さった矢を回収しているのを見た。

たとえば，**Case 5-20** の場合のように，ダーツゲームで前のプレーヤーが的に刺さった矢を回収しているのを見たら，普通はまだ投げずに，矢の回収が済んで的から立ち去るのを待つでしょう。本格的なダーツゲームの場合，金属製の鋭利な矢を用いますので，的の前に人がいるのに矢を投げてしまえば，その人にけがをさせてしまう危険性はかなり大きいからです（もっとも，最近はプラスティック製の矢が主流のようですが）。つまり，理性的な人は，前のプレーヤーの傷害という可罰的違法性を有する事実を認識（ないしは予見）したことが動

機となって，前にまだ人がいる的に向かって矢を投げるという危険な行為に出
ることを差し控える，というわけです。簡単にいいますと，反対動機とはこの
ような「犯罪となるような危険な行為を差し控えよう」という動機を指しま
す。それにもかかわらずあえて行為に出ることには，刑法上，重い非難が向け
られます（この場合，必ずしも，「○○法○○条に違反する」という意味での刑罰法規
の存在まで認識している必要はありません〔▶38条3項〕。あくまで，刑罰法規によっ
て禁止される事実そのものを認識していれば十分です）。

　これに対し，**過失**の場合には，重い非難を基礎づける「あえて行為に出る」
という要素がありません。たとえば，**Case 5-20** で，おしゃべりに夢中で前の
プレーヤーに気づかず，うっかり矢を投げてしまい，頭に当たってけがをさせ
た場合，的の前に人がいるという事情は同じですが，それを知りながらあえて
投げたという事情はありません。過失に対しては，むしろ，注意して見ていれ
ば的の前に人がいることがわかるのに不注意で気づかなかった，という**注意義
務違反**に，非難が向けられます。しかしこれは，「知っているのにあえて行為
に出る」という故意に対する非難と比べて，かなり軽いものです。このように
故意と過失は，それぞれ異なる責任の形式として理解することができます。

| 責 任 主 義 | これに対し，可罰的違法行為を行ったことについて，行為者 |

を非難できない場合が存在します。たとえば，先ほどの
Case 5-20 で，矢を投げたのが8歳の子供であるならば，傷害について刑事責
任を問うことはできません（▶41条）。また，重い精神疾患にかかっており，自
己の行為の是非について判断することができない者（心神喪失者）についても
同様です（▶39条1項）。前者は，仮に，矢が当たってけがをさせる危険がある
とわかって投げたのだとしても，そのことに対する刑法上の非難の意味を理解
し受け止めるには，あまりに幼すぎます。ましてや，後者については，そもそ
も自分の行為の意味さえ理解できないのですから，刑法上の非難に意味がある
とはいえません。

　それゆえ，可罰的違法行為について，行為者を非難しその刑事責任を問うに
は，行為者の側に一定の前提が必要です。この前提のことを，**非難可能性**と呼
んでいます。そして，この非難可能性こそが，責任という第3の犯罪成立要件

の実体です。換言すると，行為者に非難可能性がない場合には，犯罪は成立せず，刑罰を科すことはできません。このことは標語的に，「**責任なければ刑罰なし**」といわれ，これを**責任主義**といいます。責任主義は，罪刑法定主義，行為原理とならぶ，刑法上の重要な原則の1つです。

　非難可能性が否定されるのは，上の例のように，行為者が非難を受け止められるだけの能力をそもそも有していない場合（**責任無能力**）に限りません。たとえば，**Case 5-20** で，矢を投げようとするまさにそのとき，隣のプレーヤーがいきなり自分の的の前に飛び出してきたために，不幸にも，矢が当たってしまってけがをしたような場合，そもそも，このような事態は予測不可能であ

✐ Topic 5-7
結果的加重犯と責任主義

　結果的加重犯は，「被害者の死亡」のような特定の結果（加重結果）が発生した場合に，特別に重く処罰する犯罪類型です。たとえば，傷害致死罪（▶205条）は，人に暴行ないしは傷害を加え，それによりその人を死亡させる犯罪です。その法定刑は，傷害罪（▶204条）が15年以下の懲役または50万円以下の罰金なのに対して，傷害致死罪は3年以上20年以下の懲役とかなり重くなっています。

　責任主義の見地からしますと，基本犯と加重結果との間に因果関係があるだけでは，このような重い処罰を正当化できません。それゆえ，結果的加重犯において責任主義を貫徹させるために，学説では，行為者に加重結果について過失があることを要件とすることで，その成立範囲を限定する見解が有力です（もっとも，過失は明文の要件ではありませんので，判例は過失による限定を認めていません）。責任主義との調和という問題関心からは，このような見解は基本的に妥当といえるでしょう。

　しかしながら，これではまだ問題は解決しないとみる見解もあります。たとえば，傷害致死罪の法定刑の上限（20年以下の懲役）は，傷害罪と（重）過失致死罪の観念的競合（▶54条1項前段）の場合の法定刑の上限（15年の懲役）よりもまだ重いです。これは，傷害致死罪が，傷害罪と（重）過失致死罪の法定刑を単純に刷り合わせたものよりも，さらに重い犯罪類型であることを意味します。さらにこのことを正当化するために，学説には，結果的加重犯は，基本犯が有する特別な危険性が，直接に加重結果に現実化した場合に限って（**直接性の要件**），処罰が許されるとする見解（**危険性説**）もあります。もっとも，直接性の要件を根拠づける明文の要件が存在しないことから，危険性説はまだ少数有力説です。

り，避けることができなかったでしょう。この場合，注意していれば，傷害という可罰的違法性を有する事実を認識することができたという関係は認められません。このような事態については，そもそも行為者に非難を向けることはできません。責任主義は，無過失の行為の処罰は許されないことをも要請します。以上をまとめると，責任主義は，行為者が主観的な意味で非難可能であることを要請します。これに対し，たとえ無過失であっても，その行為から結果が発生した以上は刑事責任を負うべきとする考え方を結果責任といいます。結果責任は，責任主義とはあいいれません。

2　責任の本質

道義的責任論と意思自由論　責任が，可罰的違法行為を行ったことについての，行為者に対する主観的な非難可能性を意味するという先の説明からは，責任は，そのような行為者の主観的状況に対する道義的な非難可能性であると理解できます。これを，**道義的責任論**といいます。

このような道義的非難は，当然，行為者が可罰的違法行為に出ない選択肢をとることが可能であったということを前提とします。そのような選択肢があったからこそ，あえて可罰的違法行為に出たことに対して非難を向けることができるのです。そのため，道義的責任は，人の意思決定は自由であるとする考え方（**意思自由論**）を前提とします。

道義的責任論は，刑罰をそのような道義的責任に対する反作用と捉えます。それゆえ，刑罰理論としては，**応報刑論**をとります。ここでいう「応報」とは，あくまで責任に対するものを意味することに注意が必要です。すなわち，刑罰は，犯罪結果をあえて（あるいは，不注意によって）もたらしたことによる非難に対応するものであって，単に犯罪結果をもたらしたことに対応するものではない，ということです。学説の中には，「応報」を法益侵害結果，すなわち結果無価値の惹起に対応させる見解もみられますが，それでは，たとえば「人を殺した者は常に死刑である」ということになりかねません。これは，すでに克服された**タリオ**（**同害復讐**）の考え方です。そうではなくて，先ほど説明しましたように，「応報」は，あくまで刑罰と行為者の非難可能性の対応を

求めるものです。

社会的責任論　道義的責任論や後に **Topic 5-8** で解説する法的責任論は，刑罰を責任に対する応報（ないしは，応報を通じた一般予防）と理解する限りでは，**古典学派（旧派）**の考え方を土台するものです。これに対し，**近代学派（新派）**の立場は，そのような**非難を基礎とはしません**。近代学派にとって，刑罰の目的は，犯罪行為者の性格や環境の改善・更生を通じた再犯の予防（**特別予防**）というものでした（➡第1章・**1．3-2**）。そして，改善・更生という刑罰目的の正当性を認めるためには，科刑が，そのような改善・更生を必要とする要因を有している行為者に対してなされる必要があります。近代学派にとって，責任の基礎は，犯罪を犯すように仕向ける行為者の危険な性格であり（**性格責任論**），責任の内容は，そのような改善・更生を受けなければならないという，**行為者の社会的地位**を指すことになります（**社会的責任論**）。また，このような社会的責任は，行為者の自由な意思決定（意思自由）とは一応無関係に基礎づけられますので，社会的責任論は，主として**意思決定**

✐ **Topic 5-8**

法的責任論

　学説には，「法と道徳の峻別」という見地から，道義的責任論はふさわしくないとする見解があります。そのような見解は，「法的責任論」といいまして，責任を法的な意味での非難可能性と捉えます。たしかに，「法と道徳の峻別」という要請は，近現代の刑法において特に重要なものです。「被害者の同意」などの議論でみましたように，単純な倫理違反行為を処罰することは，妥当ではないでしょう（➡本章・**6**）。しかし，責任非難から道義的な要素を取り除いてしまって，それで，果たして刑罰という峻厳な制裁を根拠づけられるのか，という問題が残ります。というのも，「法的責任」の枠組みでは，単なる法違反に対する非難しか根拠づけることができないからです。むしろ，この考え方は，刑罰を行政関係や市場経済における単なる統制の道具として利用する考え方とつながりえます。というのも，これらの統制法規に違反することは，法的非難を根拠づけうるとの説明が可能だからです。これでは，統制目的を達成するためには積極的に刑罰を用いるべきだという考え方（**刑罰積極主義**）に対して，その限界を示すことができません。その結果として残るのは，刑罰法規の山に埋もれた息苦しい社会です。

論の立場から主張されます。

　重い精神病にかかっていて物事の是非・善悪を判断できない者，あるいはそのような判断能力を有していても，精神的な病のために自己の行動をそのよう

━━━━━━━ ✐ **Topic 5-9** ━━━━━━━

常習犯人と人格責任論

　行為責任論に対する批判として，常習犯人に対する刑の加重の説明が困難であるというものがあります。たとえば，単純賭博は50万円以下の罰金で済みますが（▶185条），これが常習になりますと３年以下の懲役と格段に刑が重くなります（▶186条）。このような常習犯人に対する刑の加重規定は，ほかに，暴力行為（▶暴力１条の３・２条２項。特に後者には，「面談強請」のように常習犯以外の一般的な処罰規定のないものさえ含まれます）や，盗犯（▶盗犯２条〜４条）などにもみられます。

　ここで，常習性を基礎づける，過去に重ねられた同種の犯罪行為は，当該行為には含まれません。これまでに同種の行為を積み重ねてきた行為者が，またそのような行為を行うことが，常習犯罪を基礎づけるのです。その意味で，常習性は基本的に行為者の属性というべきです。このような刑の加重を，個別行為責任で正当化することは困難でしょう。

　そこで，学説の中には，道義的責任論から出発しつつ，責任非難の対象を，行為をとおして表れた行為者の人格とする見解があります（**人格責任論**）。その場合，責任非難の根拠は，単に行為者が可罰的行為に出たことではなく，行為をとおして非難に値するような行為者の人格を主体的に現実化させたことに求められます。たとえば，常習犯罪に対する責任非難は，常習者が同種の犯罪行為を行うことによって，「常習性」という非難に値する人格属性を現実化させたことに対するものといえるので，通常の犯人より重い非難が妥当することになります。

　人格責任論は，性格責任論と異なり，行為者の人格形成に対しても非難可能であることを前提とします（**人格形成責任**）。しかし，それでは，たとえば，常習犯人に対する重い責任非難は，結局，過去に重ねてきた同種の犯罪に対する非難によって基礎づけられますので，それらの犯罪行為がすでに処罰されている場合には，二重評価の問題を回避できないでしょう。また，行為者の人格形成に対してまで非難を向けるのは，行為者の主観的領域に対する刑法の過度の介入というべきです。

　自由社会では，他者や社会の利益を害することが処罰を正当化するのであって，この見地からは，行為者の人格形成を根拠に重い刑を科すことは正当化できません。やはり，常習犯や累犯（▶57条・59条）の刑の加重を理論的に正当化することは，困難というべきです。

な判断に従ってコントロールできない者（**責任無能力者**）には，非難可能性が
ありません。しかし，そのような精神疾患が原因で違法行為に出たのであれ
ば，再犯の防止という特別予防の目的を果たすために，これを治療する必要が
あるでしょう。したがって，たとえ非難可能性がないとしても，治療に必要な
処分は受けなければなりません。言い換えると，非難可能性がない者も，再犯
の防止に向けた処分を受けなければならないという意味では，一定の社会的責
任を負います。また，そのための処分は必ずしも「刑罰」という形をとる必要
はなく，単に治療のために拘禁するだけの**治療・保安処分**も刑法上の処分と位
置づけられます。

　近代学派は，刑罰に行為者の改善・更生という科学的目的をもたせるものと
いえ，社会的責任論はそのような刑罰目的に合理的に応えうるものと評価する
ことができます。それゆえ，現在でも，犯罪者の改善・更生は，特に刑罰の執
行において，重要な目的と位置づけられています（このことは，行刑を担当する
法務省の部局が「矯正局」と呼ばれていることにも表れているといえるかもしれませ
ん）。

　しかしながら，違法行為者に特に改善・更生の必要性が見当たらない場合で
も，他人の犯罪を防ぐ威嚇のための刑罰は必要とします（放置すれば，模倣犯が
出かねませんので）。このことを「社会的責任」という観点から説明することは
困難でしょう（あえて説明するなら，行為者は，他者の犯罪を防ぐという一般予防目
的から処罰を受ける「社会的責任」を負うことになりますが，それでは，行為者は完全
に「他者の目的のための道具」になってしまいます）。また，改善・更生が不可能で
あり，かつ再犯の危険性が高い場合，どんなに軽微な犯罪であっても，行為者
は刑事施設内で拘禁を受け続けなければならないでしょう（**無害化**）。しかし，
軽微な犯罪行為者を終身拘禁することは，法的に許容できないでしょう（憲法
36条は，残虐な刑罰を禁じています）。

行為責任論と
行為者責任論　**道義的責任論**は，責任を，行為者が可罰的違法行為に出た
ことに対する非難可能性とするものでした。すなわち，そ
こでは，**責任非難は行為に向けられた回顧的なもの**と理解され（**行為責任論**），
責任非難の根拠は，行為者が現に行った個別の可罰的行為に関係する事柄に限

定されます（**個別行為責任**）。それゆえ，たとえば，「前科」のような当該行為以前の事情や，あるいは「再犯の危険性」のような当該行為以後の将来的な予測といった事柄は，責任非難を基礎づける事情には含まれません。行為責任論はこのように，責任非難の根拠を，行為者にとってコントロール可能な事情に限定することによって，刑法上の非難を限界づけ，自由社会の要請に応えるものです。

　これに対し，**社会的責任論**は，責任を，再犯の防止に向けた改善・更生のための処分を受けるべき行為者の地位と理解します（**行為者責任論**）。行為者が可罰的違法行為に出たことは，あくまで処分の契機にすぎません。それゆえ，責任を基礎づける事情は，行為者が有する改善や治療の必要な要因であり，たとえば，行為者の「常習性」や「再犯の危険」なども含まれます（常習性については，行為の属性とする見解もありますが，行為者が同種の行為を重ねてきたという事情は，明らかに当該行為以前のものでしょう〔**Topic 5-9**〕）。

3　責任非難の対象と期待可能性

心理的責任論と規範的責任論　これまでの説明では，責任非難は，行為者が可罰的違法事実を認識しながらあえて行為に出たこと（故意），あるいは不注意により認識できず行為に出てしまったこと（過失）に対して向けられるものとしてきました。それゆえ，責任とは，行為者がそのような心理的状況に置かれていたことに対する非難を意味します。つまり，責任非難の対象は，**故意や過失という行為者の心理的状況（心理的事実）**にあるという意味で，このような考え方を**心理的責任論**といいます。

　心理的責任論によると，責任非難は，行為者が可罰的違法事実を認識した（あるいは，認識すべきであった）にもかかわらず，行為に出たことに向けられます。ここで，責任非難の対象となる，行為者がある事実を認識したか否か（あるいは，すべきであったか否か）という事実は，文字どおりオールオアナッシングなもので，責任非難について程度は問題になりません。それゆえ，心理的責任論は，責任非難の程度を問題にしない理論といえます。

　しかし，責任非難において，**非難の程度**は問題にならないといえるのでしょ

うか。たとえば，銀行員Ｘは，ギャンブルに使う金欲しさから勤務先の銀行から50万円を横領したとします。これに対し，郵便局員Ｙは，1人で5人の子供を育てねばならず，生活苦から勤務先の郵便局の金50万円を横領したとします。このとき，両者の行為は，業務上横領罪（▶253条）の構成要件に該当し，少なくとも被害額を標準に考えますと可罰的違法性も同様であるといえます。また，他人の金銭を不法に領得することを認識しながらあえて行為に出たという点でも，両者は同じです。心理的責任論による限り，両者の責任非難は同じといえます。

　けれども，普通，Ｘ，Ｙの両者が同じ非難に値するとは考えないでしょう。やはり，ギャンブルに使う金欲しさから勤務先の金を横領したＸのほうが，生活苦から横領したＹよりも重い非難に値すると考えられるはずです。心理的責任論からは，このように，責任非難に程度の問題があることを理論的に説明できません。

　そこで，故意や過失といった心理的な事情を基礎としながらも，行為当時に行為者が具体的に置かれていた付随的な事情（**付随事情**）を，責任非難を論じる上で考慮する考え方が有力となりました。このような考え方は，責任の判断を，故意，過失のみによって行うのではなく，行為者の置かれた具体的事情を勘案しながら，規範的観点から行うという意味で，**規範的責任論**と呼ばれます。それゆえ，規範的責任論では，主観的・心理的事情だけでなく，**客観的事情も責任非難の対象に含まれる**ことになります。

期待可能性とその標準　　その際，責任の判断は，**適法行為の期待可能性**という観点から行われます。責任非難とは，可罰的違法行為に出ないという選択肢があったにもかかわらず（**他行為可能性**と呼ばれます），そのような行為に出たことに向けられます。可罰的違法事実を認識していた場合でも，あるいは認識すべき義務があった場合でも，そのような事態を避けることが，行為者に対して期待できない場合も存在します。すなわち，可罰的違法事実の認識ないしは認識の義務を，必ずしも反対動機と考えることができない場合が存在するということです。

> **🏴 Case 5-21**　御者Xは，自分が日ごろ使っている馬には尻尾を手綱に巻きつける
> 悪い癖があって，そのためこれまでにXの馬車が事故を起こしかけたことが何度か
> あった。それを知っていたXとしては，通常であれば，雇用主Aに対して馬を替え
> るよう申し出る必要があるが，しかし，Aの日ごろの言動からして，そんなことを
> 言えば，Xは解雇されてしまい，また，そうなれば，仕事を失って路頭に迷う危険
> が高かった。そうした状況で，Xは馬の悪癖が原因で事故を起こしてしまい，通行
> 人にけがを負わせた。

　この場合，Xは事故を起こす危険性を十分に認識しながら，適切な措置をと
らなかったのですから，この点につき過失があるといえます。しかしながら，
Xが馬を替えてもらうよう申し出るという，彼のとるべき適切な措置をとらな
かったのは，仕事を失う危険が高かったからで，そのことを期待することがで
きたとはいえないでしょう。

　この **Case 5-21** は，「暴れ馬事件」という実際にドイツであった事件をもと
にしています。この事件を審理したライヒ裁判所（当時の最上級審）は，Xの置
かれた上記のような事情を考慮して，その注意義務違反にもかかわらず，無罪
としました。この判例もきっかけとなって，**適法行為の期待可能性**（期待可能
性）のないことが，**行為者の責任を阻却する客観的な事由**とされるという考え
方が，支持を集めるようになりました。そして，現在では，規範的責任論の承
認とともに，期待不可能性は，**超法規的な責任阻却事由**として，広く承認を受
けるに至っています。すなわち，「暴れ馬事件」のように，具体的状況におい
て，**期待可能性がない場合**には，**超法規的に**（明文の規定はないが，責任概念の
本質という理論的な根拠から）**責任が阻却される**ことになります。また，付随事
情からして期待可能性の減少が認められる場合，それに応じて責任非難の程度
も減少することになります。期待可能性がないとされるのは，かなり例外的な
場合のみです。

　ところで，期待可能性を誰を標準にして判断すべきかに関しては議論があり
ます。行為者の置かれた具体的な事情をもとに判断するという考え方からする
と，行為者を標準に判断することになりそうです（**行為者標準説**）。しかし，行
為者が可罰的違法行為に出たことには，行為者なりの事情があるのですから，

それらすべてについて行為者を標準に勘案していきますと，結局，そのような行為に出ないことは期待できないということになりかねません。それゆえ，平均的一般人を標準に期待可能性を判断する見解（**平均人標準説**）が有力です。この場合，そのような付随事情からすると，平均的一般人にとっても適法行為を期待できない場合に，責任阻却が認められます。ここでは，期待可能性は，付随事情に関する**平均的一般人にとっての了解可能性**の観点から判断されます。これは，逆からみますと，付随事情の受け止め方に対する平均的一般人からの逸脱について行為者を非難するものです。しかし，刑法は人に特定の考え方をもつことを強制するものではありませんので，「普通から外れていること」そのものは非難の対象とはならないはずです。

　そもそも，「期待可能性」という場合，誰が行為者に対し適法行為に出ることを期待するのでしょうか。それは刑罰権を行使する国家であるとするなら，期待可能性の標準は，「国家が行為者に対して期待することができたこと」という形で定式化できるはずです（**国家標準説**）。そして，自由主義の国家においては，決して行為者にとって苛酷な要求をなすことは正当化されないはずです。すなわち，たとえ行為者の受け止め方が平均人から逸脱していたとしても，行為者の置かれた具体的状況において，平均人のように受け止めることを期待できない場合，期待可能性は否定されます。国家標準説には，国家主義的な考え方として批判的な見解も強いのですが，上記のように理解する場合には，リベラルな考え方となります（期待可能性に関する判例として，最判昭和33・7・10刑集12巻11号2471頁／**百選Ⅰ61**）。

4　責任能力

責任無能力の概念と類型　責任は非難可能性ですので，可罰的違法行為に出たことにつき，行為者に**責任能力**がない場合（**責任無能力**）には，責任は否定されることになります（**争点40**）。すでに1で述べたように，それは，①行為者が自己の行為の意味を判断するにはあまりに幼すぎる場合（刑事未成年），あるいは，②重い精神疾患などのために，そもそも自己の行為の意味を弁別できない場合（心神喪失者）などです。また，責

任能力は，責任主義の要請からは，犯罪行為時に必要とされます（行為と責任の**同時存在の原則**）。

(1)　**刑事未成年**　　上記のうち前者については，刑法は，**刑事未成年**という形で年齢を標準に規定しています。すなわち，14歳未満の者が行った可罰的違法行為は，責任能力を欠くため処罰されません（▶41条）。もちろん，判断能力には個人差がありますが，刑法はそのような個人差にかかわらず，14歳未満の者は一律に責任能力がないとするのです。もっとも，刑事未成年であっても，「**触法少年**」（▶少年 3 条 1 項 2 号）として，少年法で規定された**保護処分**の対象となります（2007年の少年法改正で，14歳未満の者に対しても，少年院送致の処分ができるようになりました〔▶少年24条 1 項ただし書き〕）。

(2)　**心神喪失者**　　後者については，刑法では，**心神喪失者**として類型化されています（▶39条 1 項）。すなわち，心神喪失者の行為は，**責任無能力者**によるものとして**処罰されません**。心神喪失とは，精神疾患や病的酩酊などによる精神障害のために，自己の行為の是非善悪について判断する能力がない（**弁識能力の欠如**）か，あるいは，そのような弁識に従って自己の行動を制御する能力がない（**制御能力の欠如**）状態をいいます。また，このような能力が**著しく減退している**場合（**限定責任能力**）については，**心神耗弱者**として**刑の必要的減軽**を受けます（▶39条 2 項。単なる減退では不十分です）。いずれも，精神障害という**医学的，生物学的な要因**と，弁識・制御能力の有無という**心理学的要因**を合わせて判断するので，このような定義に基づく判断方法を，**混合的方法**といいます。**責任能力の判断は法律的判断**ですので，心神喪失ないしは心神耗弱の判断は，もっぱら裁判所に委ねられます（最決平成21・12・8 刑集63巻11号2829頁／**百選Ⅰ35**）。そうだとしても，裁判官は，判断方法たる精神医学や心理学に関しては素人といえますから，専門家による鑑定（**精神鑑定**）を尊重すべきです（最決平成20・4・25刑集62巻 5 号1559頁は，専門家たる精神医学者の意見が鑑定等として証拠となっている場合，これを採用し得ない合理的な事情が認められるのでない限り，その意見を十分尊重すべきとします）。

なお，心神喪失者や心神耗弱者については，不起訴処分，不処罰ないしは刑の減軽を受ける場合でも，**精神保健福祉法**の措置入院や，**心神喪失者医療観察**

法の入院ないしは通院の措置（▶43条）を受けることがあります。

責任能力と訴訟能力・受刑能力　責任能力と類似の概念に，**訴訟能力**と**受刑能力**があります。このうち，訴訟能力は，刑事訴訟において，一定の訴訟行為をするに際し，その意義を理解し自己の権利を守る能力をいいます。刑事訴訟では，被疑者や被告人に訴訟能力があることが，訴訟を遂行する前提となります。そのため，被疑者・被告人が意思能力を有しない場合，法定代理人が訴訟行為を代理します（▶刑訴28条）。また，公判において，被告人が心神喪失の状態にあるときは，検察官および弁護人の意見を聞いた上で，公判停止を決定します（▶刑訴314条1項）。

　受刑能力は，受刑者が刑罰の意味を理解する能力をいいます。そのような能力を有しない者に対して刑罰を執行することは無意味です。そのため，死刑に関しては，刑の言渡しを受けた者が心神喪失の状態にあるときは，法務大臣の命令によってその執行を停止します（▶刑訴479条1項）。また，懲役，禁錮，拘留の自由刑についても，刑の言渡しを受けた者が心神喪失の状態にあるときは，検察官の指揮によって，その状態が回復するまで刑の執行を停止します（▶刑訴480条）。

8　原因において自由な行為

1　問題の所在

　原因において自由な行為とは，行為者自身が自らを責任無能力状態に陥れて，犯罪的行為を実行する場合をいいます。このとき，責任無能力状態をもたらす行為を**原因行為**，責任無能力状態で結果を直接惹起する行為を**結果行為**といいます。結果行為時には行為者の自由意思に基づく責任非難は認められませんが，原因行為時には，それが可能といえます。すなわち，原因行為時には自由意思による行為選択が可能であったことから，「原因において自由な行為」と呼ばれます。

　同時存在の原則（➡**本章・7-4**）によると，責任能力は行為時に存在してい

なければなりません。しかし、飲酒による完全酩酊などの場合に、そのような状態を意図的に作り出して犯罪を実行する者を処罰しないことには、問題があるといえます。

Case 5-22　Xは、自分には酒乱癖があることを知っており、そのことを利用して、同僚Aを、処罰を受けないように会社の忘年会の席で殺害しようと考えた。会が始まり、「計画どおりに」完全酩酊により責任無能力となったXは、ちょうど忘年会がかに鍋だったため用意されていた「かにスプーン」で、Aののどを突いて失血死させた。

この場合、殺人行為といえるのは、まさにXがAののどを突こうとしている時ですが、このとき、Xは完全酩酊のために責任能力がありません。それゆえ、同時存在の原則を前提にして、39条1項を形式的に適用するならば、Xは不可罰となります。

Case 5-22（かにスプーン事例）はいささか現実味に欠けるといえます（実際、飲酒によって自分の行為の是非善悪の判断能力を失ってしまった場合に、最初に計画したとおりのことを実行するのは難しいですし、計画を粛々と実行に移すような場合には、責任無能力とはいい難いでしょう）。しかし、たとえば、次の場合はどうでしょう。

Case 5-23　自動車で居酒屋に来たXが飲酒により完全酩酊となった後、自動車を運転して帰った。

Case 5-23（酩酊運転事例）の場合に責任無能力を理由に処罰しないとするなら、道路交通法が、酒に酔った状態で自動車を運転する行為を処罰している意味が薄れます（▶道交65条1項、117条の2第1号。法定刑は、5年以下の懲役または100万円以下の罰金です。同法117条の2によると、酒に酔った状態とは「アルコールの影響により正常な運転ができないおそれがある状態」ですが、必ずしも完全酩酊により責任無能力となる必要はありません）。とはいえ、ここでは、行為者は自らが責任無能力状態になることを意図して飲酒しているわけではありません。あくまで、ついうっかり飲みすぎて完全酩酊となったにすぎないのです。実際上問題となってくるのは、このような過失による責任無能力状態の創出の場合です。

他方，アルコールや薬物の影響によって責任無能力状態となったときに実行
された行為のすべてについて，「アルコールや薬物の影響を受けたのは，摂取
した者の責任だから」という理由で，一般的に処罰を認めることは責任主義の
要請に反するでしょう。それゆえ，上で示したような当罰性判断に基づいて，
たとえば「原因において自由な行為の法理」を形式的に適用して処罰を認める
ことには問題があるといえます。少なくとも，結果行為時には行為者は責任無
能力であったのですから，それでもなお，刑事責任が認められることを理論的
に説明する必要があります。また，その理論構成によって，可罰性の限界を適
切に画さなければなりません。それはかなりの難問です（**争点41**）。

2 学説による解決

道 具 理 論 ▶ 責任能力のある原因行為時を実行の開始時点（**実行の着手**）と
みることができれば，結果行為時の責任無能力の問題はクリ
アーできます。その場合，自己を責任無能力の状態に陥らせる行為（**原因行為**）
がまさに実行行為と位置づけられ，結果行為は，ナイフやけん銃などと同様，
犯罪実現のための単なる「道具」ということになります。行為者は，責任無能
力状態にある自己を，あたかも道具であるかのように利用して犯罪実現を行う
ものと考えるのです。この考え方は，本来は，責任無能力状態にある他者の利
用に関するものである間接正犯の理論を，自己の行為の利用に応用するもので
す。そのため，このような考え方は**道具理論**と呼ばれることがあります。

道具理論は，結果行為時の責任無能力を問題にすることなく，端的に原因行
為時の責任能力を根拠に行為者の刑事責任を肯定できることから，比較的広く
支持されているといえます。とりわけ，**Case 5-22**（かにスプーン事例）のよう
に，自己の責任無能力状態に対する積極的な利用関係が認められる場合には，
行為者の可罰性は比較的容易に説明されます。これに対し，**Case 5-23**（酩酊
運転事例）では，運転時の責任無能力状態は，初めから意図されていたわけで
はなく，結果としてそうなってしまっただけであるならば，積極的な利用関係
を認めることはできません。その意味で，道具理論の射程はあまり広いものと
はいえません。

　可罰性の広狭の問題はおくとしましても，道具理論の理論構成にも問題があるといえます。一般論として，飲酒のような原因行為を犯罪実行の一部とみるのは難しいでしょう（そんなことになりますと，酒好きな人は毎夜，客観的には殺人の実行を開始していることになりかねません）。そのような冗談はともかく，飲酒したからといって**必ずしも責任無能力状態となるとは限りません**。たとえば，**Case 5-22**（かにスプーン事例）で，Xが大量の飲酒により完全酩酊になったはいいけれども，そのまま酔いつぶれて眠ってしまったような場合，道具理論によると，原因行為時が殺人の実行行為の開始時期（実行の着手時期）となるので，殺人未遂となります。これはおかしな結論でしょう。

　また，Xが当初の計画とは異なり，**限定責任能力**（**心神耗弱**）にしかならないうちにAの殺害に及んだ場合には，限定的とはいえ，Xにはまだ責任能力がありますので，自己を道具として利用することはできません。この場合は，結果行為が殺人の実行行為となりますので，その時点を標準に考えて，39条2項により**刑の必要的減軽**が認められることになります。しかし，そうしますと，原因行為によって責任無能力という帰責性のまったくない状態に陥った者には，道具理論から完全な刑事責任が認められるのに対して，限定責任能力という──程度はかなり低いですが──帰責性のある状態の者には刑の必要的減軽が認められるということになってしまいます。これはアンバランスというべきでしょう。

　これらの不当な結論は，いずれも，原因行為を犯罪の実行行為の開始（実行の着手）とみることから生じるものです。その意味では，道具理論に内在する問題であるといえます。

同時存在の原則の緩和　　そこで学説には，責任能力は，結果行為時と密接な関係にある原因行為時に存在すればよいとして，**同時存在の原則を緩和**する見解があります。この立場は，道具理論と異なり，実行行為の開始時点は，結果行為の開始時点とします。その上で，これと密接に関係する原因行為時に責任能力が存在すれば，完全な責任能力が認められるとするのです。このようにして，先に述べました道具理論の問題点を回避しようとします。

　問題は，そのような密接な関係を認めるための，原因行為と結果行為の間の
つながりでして，これについては，相当因果関係の存在で足りるとする説や，
原因行為時の意思が結果行為に実現されたときとする説などがあります。しか
しながら，ここで詳述することはできませんが，いずれの見解にも問題点があ
り，議論は混迷を深めています。そもそも，この立場は，原因行為と結果行為
を1個の犯行とみなすことができる場合にのみ，たとえ結果行為時だけを切り
取ってみた場合には責任無能力にみえる場合でも，完全な責任能力は認められ
るとするものです。その意味で，原因において自由な行為の理論のカバーする
範囲はかなり限定されたものといえます。

　なお，この立場による場合，故意犯においては，犯罪実行時（結果行為時）
の犯罪実現の認識に加え，自分が責任無能力状態になるという原因行為時の認
識も故意の内容となります。その意味で，この立場による場合には，**二重の故
意**が必要となります。

否 定 説 ▶　いずれにせよ，原因において自由な行為の場合に，処罰を認
　　　　　めることは，理論的にみてかなりの困難を伴います。そのた
め，学説では，原因において自由な行為の処罰は理論的に正当化できないとす
る否定説も主張されています。

3　判例の概況

　故意犯について原因において自由な行為の法理を用いた裁判例は，実は，あ
まり多くありません。たとえば，以前から酒乱癖があって刑事事件を起こして
おり，裁判所から保護観察つきの執行猶予判決を受けた際，特別遵守事項とし
て禁酒を命じられていたほどの者が，飲酒による酩酊からタクシーの運転手に
凶器を示して脅迫した事件で，脅迫行為時の心神喪失を認めつつ，飲酒すれば
異常酩酊状態になることを認識・予見しながら飲酒したことを理由に原因にお
いて自由な行為の法理を適用し，示凶器脅迫罪（▶暴力1条）の成立を認めた
下級審裁判例（大阪地判昭和51・3・4判時822号109頁／**百選Ⅰ38**）等がみられま
す。このように，飲酒をすれば心神喪失状態に陥り犯罪行為を行うことを，行
為者が認識・予見している場合，判例も故意犯の成立を認めます。その意味

で，判例も二重の故意論を採用しているといえるでしょう。

　これに対し，多量に飲酒すれば心神喪失の状態になり他人に危害を及ぼす危険のあることを自覚していた者につき，そのような認識・予見が存在しないとしても，飲酒を抑止，制限する注意義務があることから，過失犯の成立を認めた裁判例は，心神喪失状態が薬物により生じた場合も含め，比較的多くみられます（最大判昭和26・1・17刑集5巻1号20頁／**百選I37**等）。もっとも，これらの判例の考え方は，原因行為そのものが，結果行為を行うような危険な状態に自己を陥らせないようにする注意義務に違反しているとするものともいえます。それゆえ，これは端的に原因行為につき過失犯の成立を認めたもので，必ずしも原因において自由な行為の法理によるものではないという見方もあります。しかし，そのような見方をするとしても，直接には結果行為からもたらされた法益侵害結果を，原因行為に帰属させる根拠が問題となることに注意が必要です。

　また，限定責任能力の場合に関して，裁判例では，酒酔い運転につき，たとえ心神耗弱状態であったとしても，飲酒の際に酒酔い運転の意思が認められる場合には，39条2項は適用されないとしたものがあります（最決昭和43・2・27刑集22巻2号67頁／**百選I39**）。道具理論からは，心神耗弱状態の自己を道具として利用することはできませんので，この裁判例の考え方を説明するのは困難といえます。しかし，事前の飲酒運転の意思のみで，原因において自由な行為の法理の援用から，39条の適用を排除するとしますと，運転開始時にすでに心神喪失状態になっていた場合にまで，処罰を広く認めることになってしまいます。それでは，39条の制度趣旨が没却されてしまうことになるため，事前意思と行為時の意思とのつながりを慎重に検討すべきです。

第6章　刑罰を拡張する事由

1　刑罰拡張事由としての未遂犯・共犯

刑罰拡張事由　これまで，犯罪成立の積極的要件と，犯罪の成立を妨げる事由について説明してきましたが，そこでは，主として，刑法各則の構成要件に該当する行為が念頭に置かれていました。しかし，刑法は，各則の構成要件に該当しない行為であっても，一定の要件を充たす行為については，処罰することとしています。このように，各則の構成要件に該当しない行為にまで処罰が拡張される事由のことを，**刑罰拡張事由**（または**修正された構成要件**）といいます。具体的には，**未遂犯**と（共同正犯を除く）**共犯**がこれに当たります。

未　遂　犯　「犯罪の実行に着手してこれを遂げなかった」（▶43条本文）場合，つまり**未遂**に終わった場合であっても，各則にその犯罪の**未遂**を処罰する旨の規定があるときには（▶44条），**未遂犯**として処罰されます。たとえば，人を殺そうとしてけん銃を発射したが，死亡させるに至らなかった場合は殺人未遂であり，それは人の死を要件とする殺人罪（▶199条）の構成要件には該当しませんが，殺人未遂を処罰するという各則の規定（▶203条）により，殺人未遂罪として処罰されます。

　未遂犯においては，未遂とそれ以前の段階である予備とを画する**実行の着手**という概念が重要です。また，未遂の特殊形態である**中止未遂**（**中止犯**）（▶43条ただし書き）や，未遂犯として処罰されそうにみえるが未遂犯として処罰されない**不能未遂**（**不能犯**）も，ここで扱われます。

共　　犯　複数人が共同して各則の構成要件を実現したり，各則の構成要件に該当しない行為によって他人の犯罪に関与したりする場合

があります。刑法は，これらの行為を，**共同正犯**（▶60条），**教唆犯**（▶61条），**従犯**（**幇助犯**）（▶62条）として把握し，処罰することとしています。これが**共犯**に関する諸規定です。共犯においては，共犯に関する一般的な理論のほか，共同正犯，教唆犯，従犯という各共犯類型の意義と成立要件，さらには**身分犯の共犯**や**共犯からの離脱**などの共犯の特殊問題が扱われます。

2　未遂犯の基礎

1　未完成犯罪の種類と未遂犯の意義

未完成犯罪　犯罪は，その構成要件が完全に充足されることによって完成し，成立することになります。すなわち，構成要件が充足に至らないような段階においては，犯罪は成立したとはいえないわけです。しかし，一部の犯罪においては，そのような犯罪の完成に至らなかったような場合においても，処罰の対象とされることがあります（未完成犯罪）。

未遂，予備，陰謀　未完成犯罪の種類として，未遂，予備，陰謀が挙げられます。

未遂とは，犯罪の実行に着手したものの，完成に至らなかった場合を指します。43条の本文には「犯罪の実行に着手してこれを遂げなかった」と，その一般的な定義が示されています。これに対して，犯罪の実行に着手し，完成に至ったような場合を**既遂**といいます。

予備とは，特定の犯罪を行う目的で，その準備行為をしたものの，犯罪そのものがいまだ開始されたとはいえない（実行の着手がない）場合を指します。すなわち，この「実行の着手」の有無が予備段階と未遂段階を区別するわけですが，この予備段階が犯罪類型化されたものを予備罪といいます。予備罪は通常，自己の既遂犯罪を行うことを予定して，その準備行為として行われるものであり，これを自己予備といいます。これに対して，他人が行う犯罪のための準備行為をもその処罰の対象とする予備罪の類型もあるとされており（通貨偽造準備罪〔▶153条〕など），これを他人予備といいます。

陰謀とは，2人以上の者が一定の犯罪を実行することを謀議し，合意した場

合を指します。予備との関係については学説上争いがありますが，予備とは独立した早期の犯罪行為態様として規定されていると考えられます。

　未遂犯の処罰は，その旨の規定がある場合に限られます（▶44条）。また，予備罪処罰は一部の重大な犯罪類型に限られ，陰謀罪の処罰はさらに重大な犯罪類型に限定されています。

障害未遂と中止未遂　未遂は，完成に至らなかった理由に応じて2種類に分類されます。外部的な妨害などにより，結果が生じなかったような場合のことを，**障害未遂**といいます（▶43条本文）。これに対して，行為者が自らの意思によって犯罪の遂行・完成を取りやめた場合のことを，**中止未遂（中止犯）**といいます（▶43条ただし書き）。障害未遂の法律効果は任意的減軽であるのに対し，中止未遂の法律効果は必要的減免であり，中止未遂のほうが法律効果として優遇されています。

不　能　犯　行為者がたとえ犯罪行為を開始したつもりであったとしても，その行為がおよそ客観的に結果発生の危険性をもたないものであった場合には，そのような行為は未遂犯としても処罰の対象とされるべき行為とはいえません。すなわち未遂犯成立の前提として，結果発生の危険があることが要求されているのです。このように，そもそも結果発生がおよそ不可能である行為を**不能犯**といい，処罰の対象となるべき未遂犯と区別されます。

2　未遂の本質論

主観主義と客観主義　本来は未遂犯は最終的な犯罪結果が生じていないわけですから，何ら処罰の対象とされるべき行為ではないはずです。しかし，一部の行為についてはその未遂犯が処罰され，さらに犯罪類型によっては予備や陰謀まで処罰されることになります。このように，結果も発生しなかったがゆえに本来は処罰されないはずの未遂犯が，一部の場合においては処罰の対象とされる理由は，どのような点に求められるのでしょうか。これについては，刑法の対象に関する基本的な考えの対立，すなわち主観主義刑法学と客観主義刑法学の対立を背景にして，主に2つの考え方が対立

図表 6 - 1　未遂の処罰根拠に関する学説

┌─ 主観的未遂論 ：行為者の悪い「性格」あるいは「意思」の徴表，悪い「性格」を働
│　　　　　　　　　かせたことについて責任を問われる
└─ 客観的未遂論 ：行為のもつ結果発生（法益侵害）の危険性，危険な状態を作り出し
　　　　　　　　　たことについて責任を問われる

しています。

主観的未遂論　主観主義刑法学の立場からは，未遂犯は，たとえ結果を発生させなかったとしても，その未遂行為に行為者の悪い「性格」や「意思」が徴表されている，として，当然に処罰されるとします。主観主義刑法学においては行為者の内面が刑法の対象の中心に置かれるので，既遂犯と未遂犯とでその内面は変わらず，未遂犯が処罰されるのはむしろ当然のこととされるのです。しかしこのような人間の内面部分に依拠した形での処罰は，実際の裁判での立証の際には困難を生じます。また，内面部分に依拠した処罰は，犯罪の早期段階での対処を正当化することになりがちですが，早期段階での処罰は個人の自由を不当に制約することにもなりかねません。

客観的未遂論　このため，現在ではそのような主観面だけに依拠した形での処罰は否定されています。すなわち客観主義刑法学の立場から，未遂犯においても何らかの客観的状態があることを前提にして処罰の対象となる，と考えるわけです。そしてこの客観的状態とは，結果発生の危険性そのものを指すとされています。つまり，未遂犯として結果は発生しなかったとしても，その行為のもつ結果発生の危険性が作り出されたことが，未遂犯としての処罰の根拠となる，と考えられているわけです。いわば，結果発生の危険が，未遂犯における（広い意味での）結果と考えられているわけです。

　この両者の対立は，実行の着手時期の判断基準や不能犯の判断基準に反映されます。

図表 6-2 実行の着手時期に関する学説

```
            ┌─純主観説：意思の飛躍的表動
 主観説（徴表説）┤
            └─主観的客観説：行為者の計画をみて裁判官が判断する
            ┌─形式的客観説：構成要件の定型に当てはまる行為の開始
 客 観 説───┤
            └─実質的客観説：結果発生の「切迫した危険」の発生時
```

3　実行の着手

1　「実行の着手」概念の意義

予備と未遂の分岐点　　未遂犯が成立するためのまず第1の要件として，「**実行の着手**」が存在したことが求められます。すなわち実行の着手が認められることによって犯罪行為が開始されたと評価されることになります。実行の着手が認められなければ未遂犯の成立は認められず，実行の着手が認められて初めて，未遂犯成立の可能性が生じるのです（**争点43**）。

2　実行の着手に関する学説状況

主観説と客観説　　実行の着手が認められるための基準に関する学説として，まず主観説と客観説の対立があります。これは前述の未遂の本質論における主観的未遂論と客観的未遂論の対立に対応します。主観的未遂論の立場からは，行為者の悪い「性格」や「意思」の飛躍的表動がみられたときに実行の着手とする**純主観説**が主張されましたが，主観主義刑法学の衰退とともに支持を失い，代わりに折衷的見解として，行為者の計画を考慮して裁判官が実行の着手を判断するという**主観的客観説**が主張されました。

形式的客観説　　これに対して客観的未遂論の立場からは，犯罪構成要件の定型に当てはまる行為の開始をもって実行の着手とする**形式的客観説**が主張され，広く支持されてきました。しかしこれでは，事例によっては結果発生の危険性が十分に高い場合においても実行の着手を認めえないことがあると批判されました。

Case 6-1 Xは，物を盗む目的でA宅に侵入し，家屋内を物色した。

　たとえば，**Case 6-1** の物色行為は，「物を盗む」という意味での「窃取行為」そのものとはいえず，この立場を厳格に貫くと，窃盗罪の実行の着手があったとはいえないことになります。このため，この形式的客観説を修正し，犯罪構成要件の一部に当てはまる行為または構成要件に密接する行為の開始をもって実行の着手とする見解が主張されるようになりました。しかし，何をもってこの「密接する行為」に含まれうるかという基準については明確にはならないという欠点があります。

実質的客観説　このような観点から，より実質的な基準で実行の着手があったか否かを判断すべきであり，それはまさに結果発生の危険（これは，結果発生の「現実的危険」，「切迫した危険」などと表現されます）が発生したか否かで決めるべきであるとする**実質的客観説**が主張されるようになってきています。すなわち，犯罪結果を具体的・現実的にもたらしうるような差し迫った状態になった場合に，その時点をもって「実行の着手」として未遂犯としての評価を与えるべきであるとするものです。

実行の着手の判断要素　主観的客観説が実行の着手の判断基準として重視する犯行計画は，客観的未遂論に基づく客観説の立場においても，まったく考慮されないわけではありません。しかし，犯行計画という内心的内容だけが実行の着手の存否にとって決定的な要素となるとはいえません。物色目的で物に手を触れたのか，「確実にその物を盗る」という窃取目的で物に手を触れたのかは，客観的には同様の行為としてしか現れず，この場合の内心的計画を実行の着手の決定的な分岐点とする場合には，過度に主観的要素に依拠して犯罪（未遂犯）の成立が決定づけられることになり，実用的でもありません。

　また，形式的客観説の前提とする「定型性」の考慮は，前述のとおり，実際には厳格な形では維持されえないものとされています。すなわち，**Case 6-1** のような一般住居への侵入後の物色行為は，犯罪構成要件の「窃取した」という行為が開始される前段階にある行為といわざるをえず，厳格な形式的客観説

からは実行の着手が否定されます。このため，構成要件の定型に当てはまる行
為に密接する行為の開始をも実行の着手に含める，という修正がなされること
になりますが，「密接する行為」に当たるか否かの基準があいまいになってし
まう以上，これは形式的客観説が当初前提とした「定型性」の考慮を事実上放
棄するものに他なりません。また，たとえば，判例においては，窃盗目的での
土蔵への侵入のために錠を壊す行為は窃盗罪の実行の着手があるとされていま
すが（名古屋高判昭和25・11・14高刑集3巻4号748頁），窃盗目的で一般住居への
侵入のために家屋の錠を壊したとしても，それだけでは，住居侵入罪について
はともかく，窃盗罪の実行の着手があったとはされません。すなわち，「定型
性のある行為」や「（その定型性のある行為に）密接する行為」であるかどうか

✎ **Topic 6-1**

不能犯の判断基準との重なり合いと実行の着手基準の一般化の困難さ

　このような「結果発生の切迫した危険性」を基準とする実質的客観説を
とった場合には，「結果発生の切迫した危険性が存在しない場合」を未遂
犯の範疇から排除することになり，これは「結果発生の危険性」がおよそ
存在しない場合である不能犯の内容と重なることになります。すなわち，
「（実行の着手があったことによる）未遂犯の成立の基準」と「不能犯の成
立の基準」とは，同じ「結果発生の危険性」による判断を行うため，両者
の基準は同じものが用いられるといってもよいことになります。

　また，「結果発生の危険性」が生じたといえるか否かは，犯罪構成要件
の「結果」が発生しうる危険があったといえるかどうかによることになる
ので，必然的に，「結果発生の切迫した危険性」の判断がどの時点で生じ
たと評価されるかは，犯罪類型（とりわけその客観的構成要件としての「結
果」）に左右されることになります。すなわち「危険性」という基準でと
りあえずは一括りにはできるものの，それ以上の詳細な判断は犯罪類型ご
との個別的な考慮の側面も大きいのです（窃盗罪について最決昭和40・3・
9刑集19巻2号69頁／**百選Ⅰ62**，強姦罪について最決昭和45・7・28刑集24巻
7号585頁／**百選Ⅰ63**，詐欺罪について最判平成30・3・22刑集72巻1号82
頁）。

　これらの点から，実質的客観説をとる場合には，実行の着手に関する判
断基準を不能犯の判断基準とは別個に考察・検討する意味は弱まり，その
一方で結果発生の危険性判断に関する犯罪類型ごとの考察・検討——それ
は刑法総論よりも，むしろ刑法各論の問題になる——が重要になるといえ
るのです。

だけでは，実行の着手の有無を的確に判断することは難しいのです。

　このような観点からすれば，その段階において結果発生を招くだけの切迫した危険性が生じたか否かという基準による実質的な判断の視点こそが，適切な結論に至りうるものといえます。結果も発生しなかった未遂犯がなぜ処罰される必要があるかといえば，まさに「もう少しで結果が発生するところであった」という危険な状況の存在を前提にして初めて，その処罰が説明されうるのです（客観的未遂論）。とするならば，「危険性の発生」の有無を基準とするのが，未遂の本質論とも合致した判断を可能にするといえます。その際にはもちろん，犯行計画や構成要件該当行為としての評価を受けうるかどうかも判断要素とされえますが，それらは実行の着手を認めるべき「結果発生の切迫した危険性の有無」の判断の一要素でしかなく，決定的な基準ではないと解するべきです。

3　離隔犯・間接正犯における実行の着手

離隔犯における実行の着手　行為者の行為と結果の発生との間に時間的・場所的な隔たりがあるような場合を，**離隔犯**といいます。たとえば，次のような場合です。

Case 6-2　Ｘが，遠くに住むＡに対して，毒入りの菓子を郵便で送り，それがＡの手元に届いたものの，結局Ａはその菓子を食べなかった。

　この離隔犯の事例において，実行の着手はいつの時点において認められるのでしょうか。この点については，原因行為時点，すなわちＸからの菓子の発送時であるとする考えと，危険現実化時点，すなわちＡへの菓子の到達時であるとする考えが対立しています。とりわけ，形式的客観説を採用する立場から，到達時には行為者は何らの犯罪「行為」をもしていないのだから，到達時に至って初めて実行の着手を認めるのはおかしい，として発送時説が主張されることがあります。

　しかし，前述のように実質的客観説を採用し，「結果発生の切迫した危険性」が生じたことをもって実行の着手として評価するのであるならば，結果発生の

危険が現実化した時点，つまり到達時の段階で実行の着手を認めるべきことになります。すなわち実行の着手は危険性の発生を基準として未遂犯成立の時点を指し示すものでしかなく，必ずしも行為者の行為の時点において認めなければならない必然性はない，ということになるわけです。

**間接正犯における
実 行 の 着 手**　間接正犯における実行の着手の成立時点についても，同様に考えることができます。すなわち実質的客観説の考えからは，背後正犯者の行為の時点において実行の着手を認めなければならない必然性はなく，結果発生の具体的危険が発生した時点，すなわち利用された他者の行動により結果が発生しそうになった時点において，背後正犯者の犯罪の実行の着手があったと認めればよいのです（大判大正7・11・16刑録24輯1352頁／**百選Ⅰ65**）。

4　不　能　犯

1　不能犯の定義

　たとえ犯罪行為を開始したつもりでも，その行為がおよそ結果発生の危険性をもたない行為であった場合には，そのような行為は未遂犯としても処罰の対象となる行為とはなりません。すなわち，未遂犯成立の前提として，結果発生の危険があることが要求されているのです。このような，未遂犯成立の前提となる危険性をおよそもたない場合を**不能犯**といいます。

> ■ **Case 6-3**　Xは，Aを殺すために，食事に硫黄を混ぜて食べさせた。
> ■ **Case 6-4**　Xは，財布を盗むためにAのポケットに手を入れたが，そこに財布は入っていなかった。
> ■ **Case 6-5**　Xは，勤務中の警察官Aからけん銃を奪い，Aに向けてけん銃の引き金を引いたが，弾丸が入っていなかった。
> ■ **Case 6-6**　Xは，射殺されて死亡した直後のAをまだ生きていると思い，とどめをさすためにAに日本刀で切りつけた。

　たとえば，**Case 6-6**のような事例では，死体はすでに死亡しているので，死体を「殺す」ことはできません。このような「死体を殺害しようとする行

為」のように，犯罪構成要件の客体が不存在であるような場合を，「**客体の不能**」といいます。また，**Case 6-3** の事例のように硫黄を経口で人体に摂取させることは，生命をも害するように思われますが，科学的には何ら死亡結果をもたらすような危険性はありません。このように犯罪の手段としての危険性が何ら存在しない場合を「**手段の不能**」といいます。さらに，自らを公務員であると認識しつつ職務に関連して賄賂を受け取ったものの，実際には公務員としての身分がなかったような場合を，「**主体の不能**」といいます（ただし，この主体の不能に関してはやや扱いが特殊なものとなります）。

　判例・通説は，この不能犯の場合は不処罰であると解しています。しかし，具体的にどのような基準により不能犯と評価するのか，という点に関しては，争いがあります（**争点44**）。

図表 6 - 3　不能犯の判断基準に関する学説

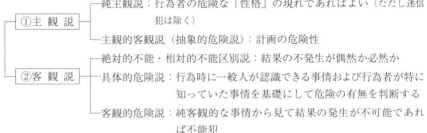

①主　観　説
　　純主観説：行為者の危険な「性格」の現れであればよい（ただし迷信犯は除く）
　　主観的客観説（抽象的危険説）：計画の危険性

②客　観　説
　　絶対的不能・相対的不能区別説：結果の不発生が偶然か必然か
　　具体的危険説：行為時に一般人が認識できる事情および行為者が特に知っていた事情を基礎にして危険の有無を判断する
　　客観的危険説：純客観的な事情から見て結果の発生が不可能であれば不能犯

2　不能犯に関する学説・判例状況

主観説と客観説　不能犯の判断基準に関する学説においても，実行の着手の基準に関する学説と同様に，未遂の本質論における主観的未遂論と客観的未遂論の対立が対応しているといえます。主観的未遂論からは，行為者が迷信などに基づいて相手を呪い殺そうなどとしたような場合（丑の刻参りなど。これを「迷信犯」という）を除いては，行為者の危険な性格の現れとして犯罪が試みられた以上はすべて未遂であるとする**純主観説**や，行為者の計画・認識事実の危険性を前提にして結果発生の危険があったとする場合には未遂犯とする**主観的客観説**が主張されています。たとえば，人を殺そうと

して砂糖を毒薬と誤認して飲ませた場合には，純主観説からも主観的客観説からも未遂犯となります。しかし，砂糖で人が殺せると思いこんで砂糖を飲ませた場合には，純主観説からは未遂犯となりますが，主観的客観説からは不能犯となります。もっとも，主観主義刑法学および主観的未遂論の衰退とともに，現在ではこれらの学説はほとんど主張されていません。

絶対的不能・相対的不能区別説 かつての判例は，結果の不発生が絶対的であって，必然的なものであった場合には不能犯であり，結果の不発生が相対的なものでしかなく，偶然に結果が発生しなかったに過ぎないような場合には未遂犯である，とする**絶対的不能・相対的不能区別説**をとっていました。

　これにより，判例は，**Case 6-3** については，硫黄で人を殺そうとしても絶対的不能なので不能犯であり，**Case 6-4** については，懐中物をすり盗ろうとしたが被害者がたまたま何も持っていなかった場合は相対的不能なので未遂犯となる，としていました。しかし，この考え方に対しては，結果の不発生が偶然的なものであったのか必然的なものであったのかの区別が難しい，という批判がなされました。

具体的危険説 これに対して学説の多くが主張するようになったのが，**具体的危険説**です。具体的危険説は，行為時に一般人が認識できる事情および行為者が特に認識していた事情を基礎にして危険の有無を判断するというものであり，結果が客観的には発生しえないような状況であったとしても，一般人からは危険であると判断される場合には未遂犯の成立を認めることになります。これにより，たとえば，**Case 6-5** の場合，Ａから奪ったけん銃に弾がまったく装塡されていなかったとしても，人に向けてその引き金を引く行為は殺人未遂となりますし，**Case 6-6** の場合も，殺人未遂とされうることになります。

客観的危険説 しかし，この具体的危険説では，**Case 6-6** の死体に対する殺人のように，実際には結果が発生しえないような事例においても，多くの場合に未遂犯が成立してしまうことになります。このような観点から，危険の判断資料をより客観化し，純客観的な事情からみて結果の発

生が不可能な場合には，広く不能犯を認めるべきとの見解が増えてきています。これを**客観的危険説**といいます。しかし，この客観的危険説の内部においても，その判断資料・判断基準に関しては争いがあります。特に，この客観的危険説を徹底させてしまうと，未遂犯の場合というのは何らかの事情により結果が発生しなかった場合なのであり，すべての未遂犯は結果が発生しえない不能犯になってしまう，という批判がなされています。

判　例	判例は，前述のように，戦前までは「絶対的不能・相対的不能区別説」をとっていることがうかがわれましたが，戦後になっ

てからは，特に下級審判例において「具体的危険説」に依拠したと思われるものがあります（広島高判昭和36・7・10高刑集14巻5号310頁／**百選 I 67**：死体殺人事例）。最高裁の立場は，必ずしも明らかではありません（最判昭和37・3・23刑集16巻3号305頁／**百選 I 66**：空気注射事例）。

判断資料をめぐる問題点　未遂犯が成立するためには「結果発生の危険性」があったか否かが問題となるわけですが，この危険性の判断に際して，「何を危険性の判断の前提対象事実とするか」という「判断資料」の問題と，「誰の目から見ての危険性の判断を行うのか」という「判断基準」の問題を分けて考察していきます。

判断資料に関して，具体的危険説の考え方によれば，前述のように，客観的な危険性がまったくない場合でも，行為者の内心の危険性を重視して処罰しかねないことになります。すなわち，実際に危険であったかどうかよりも，むしろ一般人が危険と「感じる」場合を「危険があった」，と評価することになりかねないのです。しかし，実際の危険性の有無・程度と，一般人がそれをどのように感じるかということについては，隔たりがあります。これにより，まったくもって客観的な危険がないような場合においても，「危険があった」と「感じられる」ことによって未遂犯として処罰することになり，行為者の内面の危険性を過度に重視することにもつながりかねません。未遂犯処罰が，結果発生の危険性という客観的な内容を前提としているならば，やはりそこで判断の資料とされるべき危険は純客観的な事情を前提にすべきであり，客観的危険説が支持されるべきといえます。

判断基準をめぐる問題点 判断基準に関しては，まず「行為時基準」で判断するか，「事後的基準」で判断するかという問題があり，さらにその際に「素人的一般人」の視点での判断によるか，「科学的一般人」の視点での判断によるか，という問題があります。具体的危険説は，「行為時基準」で「素人的一般人」の視点での判断を行う見解が多いといえます。このため，客観的には何ら危険を生じない場合であるにもかかわらず，一般人には危険であると認識されることによって未遂犯の成立が肯定されることがありえます。

> **Case 6-7** Xは，妊娠中の女性Aを同意なしに堕胎させるつもりで，科学的には何ら効き目がないにもかかわらず，効き目があると一般人には信じられているような堕胎薬を，Aに飲ませた。

この **Case 6-7** の場合に，Xの行為が，不同意堕胎未遂罪（▶215条2項）として処罰可能であるならば，これは結果として「人々が無知である」ということに基づいて未遂犯として処罰されかねないことを示しています。これに対して客観的危険説は，「事後的基準」で「科学的一般人」の視点での判断を行う見解が多いといえます。このため，この事後的基準を徹底させると，すべての未遂犯は事後的にみれば何らかの理由により結果が発生しなかった場合なのであり，それらの状況を前提にすれば，事後的には結果が発生しなかったのは必然ともいえるので，すべての未遂犯が不能犯とされることになりかねません。

では，どのように考えるべきなのでしょうか。判断資料に関しては，前述のように客観的危険説を前提にすべきです。しかし判断基準において「事後的基準」での「科学的一般人」の視点を徹底させると，未遂犯の成立の余地がなくなってしまいます。その際に，結果が不発生となった原因による区別を行う必要があると考えられます。すなわち，たとえば意識的な犯行阻止行為が存在したような場合に，「その犯行阻止行為がなければ結果が発生する」のであれば，それは未遂犯として評価されるべきものといえます。しかし，そのような事情がなかったとしてもやはり結果発生の危険性がないのであれば，不能犯と評価せざるをえません。「結果をもたらす危険性の発生」こそが未遂犯の処罰

の根拠であるならば，「結果不発生の直接的原因を取り去った場合に，確実に結果が発生すること」が未遂犯成立の前提となるのです。不能犯の判断の場合には，このような仮定的因果関係に基づく結果発生の存在可能性を問題にしなければならないといえるのです。

5　中　止　犯

1　中止犯の定義と従来の議論状況

中止犯とは　刑法43条ただし書きには，「自己の意思により犯罪を中止したときは，その刑を減軽し，又は免除する」という規定があります。すなわち，たとえ実行の着手に至って，未遂の段階に達したとしても，自ら犯罪の結果発生を避けるために中止した場合には，通常の未遂（障害未遂〔▶43条本文〕）が任意的減軽の法律効果にとどまるのに比べて，必要的減免という法律効果が与えられ，優遇されているわけです。これを，**中止犯（中止未遂）**といいます（**争点45**）。たとえば，次のような場合です。

> **Case 6-8**　Xは，殺意をもって，Aの腹部を包丁で刺して重傷を負わせたが，すぐに反省，後悔し，直ちに救急車を呼んでAを病院に搬送した。手術の結果，Aは一命をとりとめた。

根拠論と体系的位置づけ論（法的性格論）の区別の必要性　従来の日本の学説においては，中止犯が優遇される根拠論として，まず「刑事政策説」が挙げられ，それを否定する，もしくは「それだけで優遇の根拠が説明できるわけではない」として「法律説」を挙げ，その法律説の中で「違法減少説」ないしは「責任減少説」を挙げて，これらの学説のいずれか，もしくはその学説のいくつかを合わせて中止犯の根拠論とする，という議論形式をとる見解が圧倒的多数となっています（刑事政策説・法律説の内容については，後で述べます）。

しかし，このような議論形式は，それ自体として中止犯の根拠をめぐる議論を無意味にさせるものです。ある論点に関して対立するとされている学説が「あわせて」主張可能であるならば，その両学説は何ら対立するものではない

ことを示しているのです。すなわち，中止犯の根拠論を検討し，学説を選択することによって，具体的にどのような点に差異が生じるのかが明確にならねばなりません。

　そして，この中止犯の根拠論を検討する意義は，「なぜ中止犯が通常の未遂犯に比べて優遇されるのか」を考察することにより，中止犯制度の存在意義を明らかにし，よって中止犯の成立範囲を画する基準を導き出すということにあるのです。これに対して，「違法減少か責任減少か」といった議論は，「中止犯の優遇による効果が犯罪論体系のどの部分で現れることになるのか」という点を明らかにすることで，中止犯の法律効果の体系的位置づけ論――それは「違法性」や「責任」などの点で通常の未遂犯と共通するのか，または，していないのかということの検討である以上，中止犯の「法的性格」論とも表現できます――としての意味合いをもつものといえます。

　従来の議論はこの両者を混同することにより，議論が混乱した状況にあり，そしてその議論をすることに何の意味があるのかという点に関してもまったく解答を示しえなかったといえます。「中止犯の根拠論」と，「中止犯の体系的位置づけ論（法的性格論）」は，区別して検討される必要があります。

2　刑の減免の根拠論

中止犯の根拠論　中止犯の優遇に関する根拠論は，中止犯としての優遇効果を与えるべき範囲そのものに関わる議論です。すなわち，優遇を与えるべき「**中止犯の成立範囲**」はどこまでと考えるべきかについて，議論される必要があるのです。この中止犯の根拠論に関しては，以下の学説が対立しています。

刑事政策説（奨励説）　**刑事政策説（奨励説）**は，中止犯の優遇の根拠は当該犯罪の既遂結果阻止に尽きるものであり，そのような結果発生の回避がなされさえすれば，中止未遂を認めてかまわないとする考え方です。よってこの考え方によれば，「どのような（悪い）動機からでも結果発生を回避しさえすればよい」ということになります。

図表6-4　中止犯の減免根拠に関する学説

┌ 刑事政策説（奨励説）：刑の減免の根拠は当該犯罪の既遂阻止という刑事政策的理由
│　　　　　　　　　　　「自止の奨励」　※「退却のための黄金の橋」
│　　　　　　　　　　　　└ 動機の限定を不要とし，規範的に好ましくない動機
│　　　　　　　　　　　　　　から止めた場合も中止と認める
├ 褒賞説（恩賞説）：刑の必要的減免は，自ら犯罪を中止したことに対する褒美である
│　　　　　　　　├ 規範的観点からの動機の限定を必要と考える
└ 刑罰目的説：自分で犯罪を中止したことで，特別予防および一般予防上の処罰の必
　　　　　　　　要性が弱まる

⬛ Case 6-9　Xは，貧乏なAに対して強盗行為を行っていたが，より多くの金を持っていそうなBが向こうから現れたのを見て，Aに対する強盗を自ら止めて，Bへの強盗を開始した。

　刑事政策説（奨励説）からは，この **Case 6-9** のような事例であっても，最初のAに対する強盗未遂罪については，中止未遂を認めるべきことになります。

褒賞説・刑罰目的説　これに対して，**褒賞説**は中止の優遇の根拠を自ら犯罪を中止したことに対する「褒美（ほうび）」として捉えます。犯罪を行った者に対しては，刑法はその犯罪に対する報い（応報）として刑罰を科すわけですが，それとは逆の作用として，犯罪結果を回避して中止した者には，その中止に対応するものとしての褒美，すなわち中止犯としての優遇が認められるべきとするのです。そして**刑罰目的説**は，自発的に犯罪を中止したことによって行為者の合法性への回帰傾向がみられ（特別予防の達成），また「犯罪」という悪い結果を自発的にもたらさなかった以上，すでに規範の維持は達成されているのであり，社会の側からのその者への処罰の必要性が弱まる（一般予防の達成）として，刑罰での優遇を認める考え方です。この褒賞説と刑罰目的説は，いずれも「中止犯として認められるべき成立範囲」を限定的に捉える考え方といえます。すなわち前述の **Case 6-9** の事例では，Aに対する強盗行為の中止は，「褒賞を与えるに値する中止ではない」（褒賞説）ことや，「特別予防の点での合法性への回帰がみられず，規範の回復がない以

上，処罰の必要もある」（刑罰目的説）ことから，いずれもＡに対する強盗未遂罪について中止未遂を否定することになります。この褒賞説と刑罰目的説の違いは，その刑罰の正当化根拠において応報刑論に比重を置くか，むしろ目的刑論を重視するかによるわけです。

条文の文言から　このような対立状況を前提にすれば，褒賞説もしくは刑罰目的説のほうが理想的な結論を導けるようにも思われます。しかし日本の刑法の中止犯規定は，任意性に関しては，「自己の意思により」中止した場合にはすべて中止未遂が認められるのであって，その際に特定の内心的動機や目的を考慮する要件が要求されているわけではありません。すなわち，ともかくも行為者自身の考えによって，「自己の意思」で止めさえすれば，どのような悪い動機からでも中止未遂の成立が認められるべきなのであり，「悔悟して」「任意かつ後悔して」といったような，特定の内心的状況があって初めて中止未遂の成立が認められるという文言になっていないのです。中止未遂の成立は広く認められるのであり，あとは刑の免除にするか，減軽にとどめるかの裁量の部分で対処すべきとされているのです（これは立法者も予定していたことです）。このような被告人に有利な規定を，規定の文言以上の内容を要求することで限定的に解釈して運用しようとするならば，それは罪刑法定主義違反のそしりも受けうるといえます。

そもそも中止犯制度は反省などを問題にするような，酌量減軽などの制度から派生したものではありません。結果の生じなかった未遂犯を処罰することこそがむしろ例外的なのであって，たとえば現在のフランスの未遂犯処罰規定のように，行為者の犯罪結果に対する主観面の消滅を理由にして，未遂犯処罰の根拠が失われたことに基づく不処罰効果をその由来としているのです（➡ **Futher Lesson 6-1**）。そのような制度趣旨からすれば，どのような動機からであれ，犯罪結果発生を自ら望まなくなって回避した場合はすべて中心犯の概念に含まれるべきなのです。

結論の不合理性？　また，悪い動機から中止した場合に中止未遂の成立を認めるのは不当だ，という考え方があります。しかし，ともかくも自発的に結果の発生を回避する行動をとったのであるならば，

刑法の法益保護機能はその限りにおいて達成されたのであり，その部分を評価して中止未遂とすることは，問題があるとは思われません。このような評価をすることこそが，結果発生回避を促す（奨励する）ことにつながり，その限りで被害者保護にも資するものといえます。むしろ，当該未遂行為以外の部分の評価（たとえば前述の **Case 6-9** の事例では，「Bへの新たな強盗行為」についての評価）を当該未遂行為の評価に加味することにもなりかねず，当該未遂行為に対する適切な評価を阻害するおそれがあります。何よりも，「悪い動機から中止したような場合も中止未遂に含める」ことを立法者も意図していたという事実が存在しており，そのような場合を予定して刑の減軽にとどめるという選択肢が用意されたことがうかがわれる以上，このような場合にも中止未遂の成立を認めるべきであり，刑事政策説（奨励説）が支持されるべきと考えます。

3　中止犯の体系的位置づけ論──法的性格論

中止犯の体系的位置づけ論　中止犯の体系的位置づけ論（法的性格論）は，いったん中止犯が成立することになった場合に，その中止犯の効果が犯罪論体系のどの段階で現れるのかに関わる議論です。すなわち，「**成立した中止犯の法律効果（法的性格）**」がどのようなものとなるのか，未遂犯に比べて違法性が減少しているのか，違法性は変わらないのか，などについて，議論される必要があるのです。この中止犯の体系的位置づけ論に関しては，**図表6-5**のような学説が対立しています。

図表6-5　中止犯の体系的位置づけに関する学説

違法減少消滅説	中止犯は未遂犯に比べて違法性が減少・消滅している
責任減少消滅説	中止犯は未遂犯に比べて違法性は変わらない　しかし責任が減少・消滅している
一身的刑罰減少消滅説	中止犯は未遂犯に比べて違法性および責任は変わらない　ただ一身的に刑罰権が減少・消滅するにすぎない

違法減少消滅説・責任減少消滅説　**違法減少消滅説**は，中止犯は（障害）未遂犯に比べて，そもそも違法性が減少ないし消滅している，とするものです。この見解によれば，中止犯であることによって当該行為者の違法

性が通常の（障害）未遂犯に比べて減少ないし消滅するという法律効果が生じることになるので，必然的にその中止犯の効果は，その行為者に対する（狭義の）共犯に影響することになります。正犯者のみが中止行為を行い，狭義の共犯者が何ら中止行為を行わなかったような場合でも，この効果は——制限従属形式を前提とするならば，共犯の従属性（必要条件）の観点から当然に——認められることになります。

　これに対し**責任減少消滅説**は，中止犯は未遂犯と比べて違法性の点では変わりませんが，有責性が減少ないし消滅している，と説明します。この見解によれば，当該未遂行為の不法評価（構成要件に該当し，違法な行為の評価）は，障害未遂であろうが中止未遂であろうが変わらないため，正犯のみが行った中止の効果は，（制限従属形式を前提とするならば）その行為者に対する（狭義の）共犯には影響しないことになります。

　これらはいずれも，中止未遂の成立により，犯罪の成立要件たる構成要素が欠けることとなって，通常の障害未遂とは異なる優遇的評価としての必要的減免という法律効果がもたらされると主張します。これらの見解は一般的には**法**

✏ Topic 6-2

違法・責任減少（消滅）説の問題点

　違法減少消滅説と責任減少消滅説を組み合わせて，「違法・責任減少（消滅）説」を主張する見解も存在します。しかし，この違法・責任減少消滅説が，具体的に違法減少消滅説，または責任減少消滅説とどのような結論上の違いをもたらすのかは，明確ではありません。そもそも中止犯の体系的位置づけ論は，「中止の効果が犯罪論体系のどの段階で現れるのか」ということを問題にするのであり，中止の優遇効果を根拠づける構成要素を明らかにする議論ではありません。よって「違法と責任の両方ともに効果が現れる」とするならば，違法段階で現れる法律効果と責任段階で現れる法律効果の差異が合理的に説明できなければなりません。また「違法と責任の両方ともが減少しなければ中止犯の効果が認められない」とするならば，その法律効果は両方ともが減少することが確定する責任段階において初めて現れることになり，これは責任減少消滅説と変わらないことになります。違法・責任減少消滅説は，このような体系的位置づけ論の意義を理解した上で主張されているとはおよそいいがたく，論理破綻しているといえます。

律説と呼ばれます。

一身的刑罰減少消滅説　これらの見解に対して，中止犯の法律効果としては，犯罪論体系の違法性や責任に対しては何ら影響を与えるものではなく，したがって未遂犯の成立そのものは問題なく認められるが，ただ中止犯であることに基づいて一身的にその刑罰が減少・消滅すると考えるのが，**一身的刑罰減少消滅説**です。この考え方によれば，中止未遂は障害未遂と比べてその未遂犯としての犯罪の性質に変わりはなく，ただ事後的に中止犯としての行為を行ったことに基づいて，特別に刑の優遇を受ける立場を獲得するということになります。

犯罪成立後の行為による犯罪評価の変更？　中止犯に対する優遇的評価は，その構成要件に該当する行為そのものに対する評価ではありません。たとえば正当防衛は，その構成要件該当行為そのものに対して適法評価を与えるものですが，中止犯は，その中止行為が行われる直前までは通常の未遂犯と同様の状況であり，その直後に中止行為が行われることによって，中止未遂として評価されるものなのです。すなわち，中止行為直前までの未遂行為は，未遂犯の犯罪としての要素を完全に充たしているのです。この未遂犯が完全に成立しているという事実は，あとから「なかったこと」にできるものではありません。にもかかわらず，その未遂犯の犯罪成立要件としての違法性また

Further Lesson 6-1
▶▶▶▶▶ **法律説の由来**

　法律説は，本来はフランス型の未遂犯規定における中止犯の規定形式を前提に生まれたものです。すなわちフランス型の未遂犯・中止犯規定においては，「行為者の意思とは独立した事情によってのみ」結果が生じなかったことが未遂犯の成立要件とされます。すなわち，「中止犯ではないこと」が未遂犯の成立要件とされているのです。よって，中止犯が成立する場合には，（法律上の要件が欠けるため）未遂犯も成立せず，不処罰となる，として中止犯が結果的に優遇を受けることになるのであり，これが法律説という学説の由来なのです。よって，中止犯の場合も「中止未遂」として未遂犯が成立していることを前提にした（ドイツ型の）未遂犯・中止犯規定である日本の条文においては，法律説を採用することは（解釈としては可能ですが）本来的ではないということに注意すべきです。

は責任が「事後的に」減少・消滅して，事後的に「犯罪としての評価が変更される」というのは，事実たる行為評価のあり方として，疑問といわざるをえません。実際，現行の中止犯規定は，中止犯の場合も未遂犯の犯罪成立を前提にしているとするのが圧倒的多数の見解ですし，立法者意思もそうです。よって，中止犯は一身的刑罰減少消滅事由と考えるべきです。

4　中止犯の要件①──任意性（「自己の意思により」）

任意性要件　中止犯は「自己の意思により」行われることが必要です。すなわち，行為者にとって外在的な事情により結果が不発生に止まったにすぎない場合においては，中止犯とは認められないことになります。この**任意性**の判断の際に，どのような基準で任意性の有無を判断するのかについて，争いがあります。

従来型の議論　**主観説**は，行為者が「やろうと思えばやれた」場合が中止未遂であり，「やろうと思ってもできなかった」場合が障害未遂である，とするいわゆる「フランクの公式」を基準にして判断します。**限定主観説**は，後悔，悔悟などの規範的回復がみられる動機（「広義の悔悟」）に基づいて中止がなされた場合に任意性を認めるものです。**客観説**は，社会一般の通念に照らして，通常障害となるものか否かを判断基準とします。

しかし限定主観説は，あまりにも主観的な動機・感情を前提にして，限定的にしか任意性を認めず，「自己の意思」によるものでありさえすればよい条文の文言とも整合的ではありません。また客観説は，基準とする社会通念の概念がそもそもあいまいなので，基準としての有効性をほとんどもちません。このため，社会通念からすれば好ましくない，規範的に是認しがたい動機から中止した場合には任意性を否定し，規範的に是認できる動機から中止した場合には任意性を肯定するということに傾きがちです。そうであれば，初めから任意性の判断基準としては，動機の部分を規範的に考察すべきか否かの判断に一元化すべきです。

心理学的考察説と規範的考察説　**心理学的考察説**は，規範的な観点を考慮することなく，自発的に中止したといえるような場合は，広く任意性を

図表 6-6　中止犯における任意性に関する従来の学説

主　観　説	：行為者がやろうと思えばやれたか否か（フランクの公式）
限定主観説	：「広義の後悔」など
客　観　説	：社会一般の通念に照らして通常障害となるものか否か

図表 6-7　中止犯の任意性の評価方法

心理学的考察説	：「強制」によるものと評価される場合以外は，すべて任意性あり
規範的考察説	：規範的な観点から判断して，「理性的に」「合理的な判断に基づいて」中止した場合には，その中止は任意ではない

認める見解です。すなわち，外部的・物理的な「強制」的状況が発生したと評価されるような場合以外は，すべて任意性があったと評価します。これに対して，**規範的考察説**は，規範的な観点に依拠し，その理性的な判断ないしは合理的判断・計算に基づいて中止したと評価できるような場合には，これは任意的なものではなかったと評価します。たとえば，前述の **Case 6-9** のような貧乏な人への強盗を中止して金持ちへの強盗を開始したような事例に対しては，貧乏な人への強盗罪の中止は，心理学的考察説からは任意性が認められますが，規範的考察説からは規範的観点からは是認できない合理的計算に基づいて中止したとされるので，任意性が否定されます。具体的には，「犯罪の発覚の危険があった」，「血を見て驚愕した」，「（窃盗などの事例で）目的物ではなかった」，「（強盗の暴行の際に）金をくれると言ったので」，「（強姦の事例で）別の場所でと言ったので」，「貧しそうだから」などの場合に，任意性の存否が問題となり，両者で見解が異なりうることになります。

判　例　判例においては，中止犯肯定事例のほとんどで前述の限定主観説的表現がみられますが，あわせて客観説的な要件検討が同じ判決文内に見られることもあります（福岡高判昭和61・3・6高刑集39巻1号1頁／百選Ⅰ69など）。これに対して中止犯否定事例では客観説的表現がみられる一方で，限定主観説的な要件定立はほとんどみられないなど，基準定立が一貫していない側面がみられます。結論としてはおおむね「非難に値するかどうか」で決めているように思われ，規範的考察説に親和的な立場をとっているものと

もいえますが，中止犯否定事例で限定主観説的な要件定立がほぼみられないことから，判例における限定主観説的な表現は「中止犯を肯定した」という結論を正当化するためだけのものでしかない，ともいわれています。

中止犯の根拠論 と の 対 応 関 係　任意性を規範的観点から限定的に捉える規範的考察説は，前述の中止犯の優遇根拠において褒賞説や刑罰目的説をとる見解と結びつきやすいものです。褒賞説や刑罰目的説は，まさにそのような規範的観点から望ましい行為に対してのみ中止犯を認めようとする見解だからです。逆に心理学的考察説は，強制状況がない限り広く任意性を認めますので，刑事政策説（奨励説）をとる見解と結びつきやすいといえます。

　このような対応関係に基づけば，中止犯の優遇根拠に関して刑事政策説（奨励説）をとる以上，心理学的考察説に基づいて任意性を判断すべきといえます。そもそも刑法43条ただし書きは「自己の意思により」とするのみであり，規範的観点からの動機の限定が条文上予定されていません。なおかつ規範的考察説では，被告人に有利な規定である中止犯の規定の成立範囲を，「自己の意思により」という文言以上の規範的要件を要求することにより，条文の文言をこえて不当に限定することになりかねないものといえます。心理学的考察説からは任意性が広く認められ，中止犯の成立範囲も広がりますが，規範的観点からは是認できないような事例については，中止犯の成立を認めた上で刑の減軽にとどめれば足りるといえます。

5　中止犯の要件②──中止行為（「中止した」）

図表 6 - 8　着手未遂と実行未遂の違い

着手未遂（未終了未遂）	：既遂にするには，さらに行為を続けなければならない場合 →以後の行為を放棄（＝何もしない）するだけでよい
実行未遂（終 了 未 遂）	：さらに何も行為を続けずとも，既遂結果が発生する場合 →結果発生を積極的に防止せねばならない

中止行為の要件　当然のことながら，中止犯が成立するためには**中止行為**，すなわち「中止した」ことが必要です。しかし，この中止行為の内容として，どの程度の行為が要求されるべきかについては，状

況に応じて差異があります。

着手未遂と実行未遂　犯罪の結果発生のために，さらなる行為を行為者が行わなければならないような未遂段階のことを**着手未遂（未終了未遂）**といいます。たとえば，ナイフで殺意をもって相手に切り

✐ Topic 6-3

中止犯の真摯性

　中止行為要件（➡**本節-5**「中止犯の要件②――中止行為」）の検討の際に，「真摯性」を要求する見解があります。すなわち，中止行為として評価されるためには，結果発生防止のために真剣な努力を払って行われたこと，すなわち真摯性が必要であるとするものです。これはもともと，判例において「少なくとも犯人自身が結果発生の防止に当たったと同視するに足りるべき程度の努力を払うこと」として定式化されたり（大判昭和12・6・25刑集16巻998頁），ないしは「真に結果の発生を防止する場合には（犯罪事実などを）告白するような真摯な態度に出るべきであった」などとして定式化されたり（大判昭和13・4・19刑集17巻336頁，さらに大阪高判昭和44・10・17判タ244号290頁も参照）したものです。しかし前者の内容であれば，これは中止行為が正犯的に（＝犯人自身が中止行為を行ったと評価できるように）行われたことを中止行為の要件の中で要求すれば足りるのであり，そのような要件を「真剣な努力を払って」というような，あたかも評価的な表現を伴って要求することは，被告人に有利な規定である中止犯規定の成立範囲を条文上にない要件で限定するものであり，罪刑法定主義違反のそしりも受けうるものです。後者の内容であれば，これは犯行事実について自白しない限り中止犯を認めないことになり，もはや中止行為要件とは関係のない事後的行為を要求するものといえ，また中止犯制度と自首制度を混同するものともいえます。実際，学説においてこのような「真摯性」要件を必要とする見解には，「法的義務にふたたび合致しようとする態度があるといえるためには……真摯な中止行為がなされたことによって，中止行為者の『法敵対性』が弱まると見られるのである」などとして，中止犯の成立を，規範的観点から肯定できるものに限定しようという発想が見受けられます。これが日本の中止犯規定の解釈としては無理のある解釈であることは前述しました（➡**本節-2**「刑の減免の根拠論」）し，また事実上，任意性要件に関しては限定主観説をとらないでおきながら，限定主観説をとった場合と同様の帰結を中止行為要件において「真摯性」を要求することで導こうとするものであり，議論の混乱を招きかねないものです。「真摯性」要件は，通常の中止犯の事例においては，特に要件として要求されるものではないと考えるべきです。

つけたが，かすり傷しか負わせていないような段階を指します。この場合には，以後の行為を何もしないだけで中止犯が認められます（東京高判昭和62・7・16判時1247号140頁／百選Ⅰ70）。これに対して，犯罪の結果発生のためには，放置しておけばそのおそれが十分に高い状況であるような未遂段階のことを**実行未遂（終了未遂）**といいます。たとえば，ナイフで殺意をもって相手を刺し，腹部に大きな裂傷を負わせたような段階を指します。この場合には，行為者が結果発生を防止するための積極的な行動をとることが求められます。

犯行計画の考慮？ この着手未遂と実行未遂の区別に際して，行為者の犯行計画を考慮すべきであるとする見解があります。すなわち，たとえば6連発の拳銃を発射する際に「何発撃つつもりであったか」を考慮し，6発全部撃つ計画で1発目の発砲後に止めた場合には着手未遂であり，止めるだけで中止となりうるが，1発だけ撃つ計画で1発目の発砲後に止めた場合には，これは計画が終了していて実行未遂なので，止めただけでは中止とはならない，とするものです。

　しかし前述のとおり，着手未遂か実行未遂かの区別は，その時点において放置しておけばすでに客観的に結果発生が達成される段階かどうかという，客観的な状況で決まるものといえます。これは，もともと中止行為の要件が中止の客観的要件として要求されていることにも対応しています。よって，行為計画を着手未遂と実行未遂の区別の際に考慮する必要はなく，客観的にさらなる行為の継続可能性がある限り，着手未遂における中止未遂とされる可能性があると評価してよいと考えます。

6　中止犯の特殊事例① ──共犯の中止

正犯者の中止の共犯者への影響 中止犯に関連して，共犯に関する2つの問題があるといわれています。まず，「正犯者のみが中止した場合に，中止行為などを何もしていない共犯者にその中止の効果が及ぶか」という問題があります。

　この共犯者が狭義の共犯（教唆犯，幇助犯）である場合には，この正犯者の中止の効果は，当然に狭義の共犯者には及ばないことになります。これは前述の

とおり，中止犯が一身的刑罰減少消滅事由と考えられることの必然的な結論です（法律説，特に違法減少消滅説からは，要素従属性に関して制限従属形式を採用した場合に，このような結論を導くことは困難です）。

　この共犯者が共同正犯である場合にも，一部の共同正犯者が行った中止の効果が他の共同正犯者に及ぶことはありません。ただし共同正犯の場合，そもそも中止犯として認められるためには，自らの行為を止めるだけにとどまらず，他の共同正犯者の犯行も止めなければならないと解されています。他の共同正犯者の犯行も止めて，自分たちの犯行の既遂結果を自己の意思により止めた，という状況が認められなければならないのです（➡**本章・10-3**「共犯からの離脱」も参照）。

犯罪の実行をしない共犯者の中止の可能性　43条ただし書きは「犯罪の実行に着手して」「中止した」ことを前提としています。よって，「犯罪の実行に着手」する行為そのものを行ったとはいえないような場合，とりわけ教唆犯，幇助犯の狭義の共犯者が，自ら中止行為を行って，43条ただし書きの適用を受ける可能性があるか，という点が問題となります。「実行行為」といった場合は特に「犯罪の正犯行為」を指し示し，43条もこのような行為を「着手」した場合を対象として規定しているので，そのような行為を何ら行わず，「未遂犯」の状態そのものでもないという教唆犯や幇助犯には，43条ただし書きの適用の可能性は閉ざされているのではないのかという問題があるのです。

　この点に関しては，たしかに本来的には43条ただし書きは教唆犯や幇助犯を規定の対象とはしていませんが，「どのような動機からでも，どのような者であっても，とにかく既遂結果を阻止することが奨励される」という刑事政策説（奨励説）の趣旨から，実行しない共犯者による阻止行為についても，43条ただし書きの規定の類推適用が認められるべきと考えられます。将来的には，具体的な要件を整備して，共犯者における中止が認められるための規定が追加されることが望ましいと思われます。

7　中止犯の特殊事例②──予備罪の中止

予備段階での中止の可否　未遂犯のさらに前の準備行為である予備罪の段階において犯罪を中止したような場合に，当該予備罪に対して43条ただし書きの規定を適用ないし類推適用することができるか否かが問題となります。

判例と学説　判例は，予備罪には43条ただし書きの適用はないものとします。一部の予備罪には自首の場合に，または「情状により」等として免除規定をもつものがありますが，そのような規定のない強盗予備罪にも中止犯規定の適用はないとされています（最大判昭和29・1・20刑集8巻1号41頁／**百選Ⅰ72**）。

　学説においては，43条ただし書きの類推適用を肯定する見解が多数説となっています。また，類推適用を認める際の減軽の基準刑などをめぐって，肯定説内部でも見解が分かれています。

予備罪の中止と既遂罪の中止　予備罪は，いうなれば，「ある犯罪の前段階行為を，『目的犯』の形式にすることで犯罪類型化した既遂犯」というふうに捉えることもできます。その証拠に，予備罪の客観的構成要件と故意は，通常の既遂犯と同様に，対応した関係にあります（これに対して未遂犯の場合は，主観的要素である「故意」が超過した状態にあります）。実際に，ある犯罪の

Further Lesson 6-2
▶▶▶▶▶ **「予備罪の中止」における優遇措置の立法化**

　「未遂犯に至った場合には中止犯として免除の可能性もあるのに，予備罪の段階では場合によっては確実に処罰されてしまう」という結論上の不都合は，徹頭徹尾，立法の不備によるものであり，立法の過誤といわざるをえません。処罰段階の早期化が行われる場合には，もちろん前提としてそのような処罰段階の早期化の当否自体が問題とされるべきですが，それだけでなく，早い段階からの犯罪行動からの離脱を促す法制度が，個別的にでも設けられる必要があるのです。ドイツでは，このような予備罪規定や一部の既遂犯規定に対して，「行為による悔悟」という規定が設けられて，既遂結果（予備結果）発生後も，さらなる法益侵害結果の発生を回避しようとした者に対して刑の優遇を認める制度を個別においており，参考にすべきです。

準備段階の行為態様（予備罪）が，独立して，普通の既遂犯類型として犯罪類型化されることはありうることなのです（詐欺罪に対する文書偽造罪など）。よって，中止犯制度の由来に鑑みると，もし予備罪に中止犯規定の類推適用を認めるのであれば，それはすべての既遂犯に対して中止犯規定の類推適用の可能性を認めることになります。この結論はとても是認できるものではありません。

6　共犯の基礎

1　総　　説

共犯の意義
犯罪は，単独で行われるとは限りません。複数人によって行われることもあります。しかし，刑法各則に規定されている犯罪のほとんどは，単独で行われることを念頭に規定されています。そこで，犯罪に複数人が関与した場合を想定して，各関与者の処罰のルールを定めておく必要があります。それが，刑法総則第11章の「共犯」に関する諸規定です。

ここにいう「共犯」とは，犯罪が複数人により行われた場合，あるいは，複数人により行われた犯罪に関与した個々の関与者を意味します（後者は，「共犯者」とも呼ばれます）。共犯処罰のあり方としては，イタリアやオーストリアの刑法のように，関与者全員を一律に同じように処罰するという方法（統一的正犯体系）もありますが，日本の刑法は，ドイツの刑法と同じく，「共犯」を，関与形態の違いに応じて，**共同正犯**（▶60条），**教唆犯**（▶61条），**従犯**（**幇助犯**）（▶62条）の３類型に分けて，刑に軽重を設けるとともに（これを，統一的正犯体系に対して，共犯体系といいます），複数人が身分犯に関与した場合のために特別の規定（身分犯の共犯）を置いています（▶65条）。

共犯の３類型
共同正犯とは，「２人以上共同して犯罪を実行した」場合であり，「すべて正犯」として扱われます（▶60条）。たとえば，ＸとＹが銀行強盗を計画し，Ｘがけん銃で銀行員を脅迫し，Ｙが現金を奪ったという場合，ＸとＹは，それぞれ脅迫罪（▶222条，暴力処罰１条）と窃盗罪（▶235条）の単独犯として処罰されるのではなく，両者とも強盗罪（▶236条１項）の共同正犯として，強盗罪の刑で処罰されます。ＸとＹは，共同し

て，人を脅迫して財物を奪取するという強盗罪を実現しているからです。

教唆犯は，「人を教唆して犯罪を実行させた」場合であり，「正犯の刑」が科されます（▶61条1項）。たとえば，Ｘが，空腹で倒れそうになっている友人のＹに対して，コンビニエンスストアＡ店は万引きしやすいから，そこでパンでも万引きしたらどうかとアドバイスをしたところ，ＹがＡ店での万引きを決意し，実際にそこで万引きをしたという場合，万引きを実行したＹは窃盗罪の正犯，Ｙに万引きをそそのかしたＸは窃盗罪の教唆犯として処罰されます。

従犯（**幇助犯**）は，「正犯を幇助した」場合であり（▶62条1項），「正犯の刑を減軽」した刑が科されます（▶63条）。たとえば，銀行強盗に入るから覆面用のマスクを貸してくれと頼まれてマスクを貸した者は，実際に銀行強盗が実行された場合には，自らは強盗に入らなくても，強盗を幇助したということで，強盗罪の従犯として処罰されます。

このうち，教唆犯と従犯は，正犯でないという意味で，**狭義の共犯**と呼ばれます。これに対し，共同正犯を含めた広い意味での共犯を，**広義の共犯**といい

✐ Topic 6-4

実務の現状

わが国の共犯事件の裁判で，教唆犯や従犯として処罰される例はきわめて少なく，関与者の**圧倒的多数は共同正犯**として処罰されています。では，実際に，関与者のほとんどが共同して自ら実際に犯罪を実行したのかというと，そうではないようです。わが国の実務では，自らは犯罪を実行しないが，犯罪の共謀に加わったことを理由に共同正犯として処罰される，いわゆる**共謀共同正犯**が認められており（共謀共同正犯について，詳しくは，後で述べます），これに当たるとされることが少なくないからです。たとえば，先に述べた銀行強盗の例で，覆面マスクを貸した者が，実は計画段階から関与しており，しかも銀行強盗によって獲得された利益の一部を報酬として受け取っていたような場合には，たとえ自らは実際に強盗を実行していなくても，強盗罪の共謀共同正犯として処罰される可能性があります。このように，実務においては，自ら実際に実行行為を行わないタイプの共同正犯，つまり共謀共同正犯が認められているために，共同正犯の占める割合が極端に高くなっていると考えられます。その意味で，共謀共同正犯を含む共同正犯が，実務上特に重要な位置を占めているといってよいでしょう。

ます。刑法総則第11章のタイトルである「共犯」や，先に述べた「共犯」の定義は，これに当たります。

　以下では，まず，広義の共犯全体に関わる基本事項と間接正犯について説明し，次いで共同正犯，教唆犯，従犯（幇助犯）のそれぞれについて，その成立要件と成立の限界等を説明した後，共犯の諸問題として，共犯に関するいくつかの重要問題を取り上げることとします。

2　正犯と共犯

正犯の意義　では，狭義の共犯と区別される「正犯」とは，どのような概念でしょうか。共同正犯は正犯の一種であり，先述したように，狭義の共犯は正犯の対概念ですから，広義の共犯を理解するためには，まず，正犯の意義を明らかにしておく必要があります。

　関与者の数に着目すると，正犯は，犯罪を単独で実行する**単独正犯**と，2人以上で共同して実行する**共同正犯**とに分けられます。単独正犯には，他人を道具のように利用して犯罪を実現する**間接正犯**（たとえば，医師が，情を知らない看護師に毒入り注射を手渡し，毒入り注射を打たせて患者を死亡させた場合）が含まれます（判例・通説。もっとも，共同正犯形態での間接正犯もあります）。間接正犯に対して，通常の単独正犯を**直接正犯**といいます。間接正犯について，詳しくは，項を改めて説明します。

正犯と狭義の共犯の区別　間接正犯，共同正犯を含めた正犯の定義，換言すれば，正犯と狭義の共犯との区別については，争いがあります。古くは，行為者の意思に着目して，正犯意思を有する者を正犯，共犯意思をもつ者を共犯とする**主観的共犯論**が唱えられましたが（その背景には，当時，因果関係論において，結果に対して条件関係のある行為はすべて客観的に等価であるという条件説が通説であったため，正犯と共犯を客観的に区別することはできないとする見解が支配的であったという事情がありました），20世紀に入り構成要件の理論が普及すると，構成要件に該当する行為，すなわち**実行行為**を自ら行った者（共同正犯の場合には実行行為の少なくとも一部を自ら行った者）を正犯，それ以外の方法で犯罪に関与した者を狭義の共犯とする**形式的客観説**が通

説化しました。この見解は，2人以上共同して犯罪を「実行した」者を共同正
犯，人を教唆して犯罪を「実行させた」者を教唆犯とする現行刑法の共犯規定
の表現によく馴染むものといえます。

　しかし，現在は，実行行為という形式的な区別基準によらずに，他人の行為
ないし犯罪事実を支配した者を正犯とする見解（行為支配説）や，犯行におい
て重要な役割を果たした者を正犯とする見解（**重要な役割説**）など，実質的な
観点から正犯を定義する**実質的客観説**が有力化しており，形式的客観説は通説
としての地位を失いつつあります。その背景には，特に，実行行為を行わない
共同正犯，すなわち**共謀共同正犯**が，判例および近時の多数説によって認めら
れているという事情があります。

　このように，正犯の定義については争いがありますが，どの説に立ったとし
ても，その説によって定義された正犯以外の関与者が狭義の共犯（教唆犯，従
犯）で，これに共同正犯を加えたものが広義の共犯であるということに変わり
ありません。

　共同正犯と従犯の区別　　正犯と狭義の共犯の区別が問題となるのは，具体
　　　　　　　　　　　　　的には，間接正犯と教唆犯，共同正犯と教唆犯，
共同正犯と従犯（幇助犯）との区別においてですが，実務においては，共同正
犯と従犯の区別が問題となることが多いようです。判例は，共謀共同正犯を認

Further Lesson 6-3
▶▶▶▶▶　**正犯と狭義の共犯の相互関係**

　正犯と狭義の共犯との関係をめぐって，**限縮的正犯概念**と**拡張的正犯概念**の対立
があります。前者は，狭義の共犯は正犯に当たらない者に処罰を拡張するもの（刑
罰拡張事由）とみるのに対し，後者は，狭義の共犯も本来は正犯であるが，特別に
その処罰範囲や刑を縮小するもの（刑罰縮小事由）と考えます。通説は，拡張的正
犯概念は主観主義と条件説の産物であり，構成要件の保障機能を害するとして，こ
れを拒否し，限縮的正犯概念を支持しているとされます（もっとも，間接正犯や共
謀共同正犯を広く認めれば，実際には拡張的正犯概念を採用したに等しくなるとの指摘
があります）。なお，この対立は，正犯と狭義の共犯との概念的な相互関係に関す
るものですから，正犯の定義や正犯と狭義の共犯の区別基準をめぐる争いとは区別
しなければなりません。

めていますから，形式的客観説には立っていないといえますが，では，どのような基準によって両者を区別しているかというと，この点は必ずしも明らかではありません。あえていえば，現在の判例は，実質的客観説の陣営に属すると考えられ，そこでは，犯行の動機，目的，犯罪実現意欲の積極性（正犯意思の有無），他者との人的関係，犯行において果たした役割，利益の帰属の有無など，行為の主観・客観両面にわたる諸般の事情を総合的に考慮して判断するという方法がとられているようです（最決昭和57・7・16刑集36巻6号695頁／**百選Ⅰ77**，福岡地判昭和59・8・30判時1152号182頁／**百選Ⅰ78**）。これは，**重要な役割説**

Further Lesson 6-4
▶▶▶▶▶ 立法者意思説と実質説

　片面的対向犯の不処罰の根拠をめぐって，**立法者意思説**と**実質説**とが対立しているとされます。立法者意思説は，立法者が対向関係にある関与者の一方のみに罰則を置いたことに着目し，その反対解釈によって，罰則のないほうの関与者には共犯も成立しないと解する見解です。これに対し，実質説は，この場合の関与者には，被害者であるから違法性がないとか，犯人が他人に自己の蔵匿を頼む場合にも犯人には期待可能性（責任）がないので，犯人による自己蔵匿の教唆は不可罰であるといったように，実質的な理由に着目して個別的に共犯の成否を考える見解です。

　たとえば，わいせつ物販売罪の場合，立法者意思説によれば，わいせつ物を購入する行為には罰則が置かれていない以上，わいせつ物の購入者はわいせつ物販売罪の共犯としても処罰されないと説明されます。もっとも，立法者意思説の中には，立法者が不問に付したのは通常予想される範囲内の関与行為であるから，相手方に執拗に働きかけるなど，関与行為が通常の程度を超えた場合には，共犯の成立が肯定されるとするものがあります。これによれば，積極的に働きかけてわいせつ物を販売するよう仕向けた場合には，わいせつ物販売罪の教唆犯が成立することになります。これに対して，実質説から，通常予想される程度という限界は不明確であるとの批判がなされています。実質説は，わいせつ物の購入者は，わいせつ物販売罪の被害者であるから，違法性が欠けて共犯としても処罰されないと説明します。しかし，わいせつ物の購入者を被害者といい切れるか疑問があります。また，そのことはおくとしても，特別刑法を視野に入れると，関与者が被害者でもなく，責任が欠けるわけでもないと思われる片面的対向犯が少なからずあり（著作権法に違反する複製物の購入など），従来の実質説ですべての片面的対向犯の不処罰を説明できるわけではないように思われます。そこで，立法者意思説と実質説を併用する見解も主張されています。

の一種といってよいかもしれませんが，区別基準として不明確な部分が残されていることは否定できないでしょう。なお，共謀概念の詳細については，「共同正犯」のところで説明します。

必要的共犯　ところで，犯罪の中には，収賄罪（▶197条）のように，構成要件の実現に複数の者の関与を必要とするものがあります。そのような犯罪，あるいはそこで必要とされる関与者を**必要的共犯**といいます（これに対し，単独でも実現可能な犯罪に関与する場合を**任意的共犯**といいます）。このうち，内乱罪（▶77条）のように，同一方向に向けられた行為を集団で行う必要があるものを集団犯（または多衆犯），収賄罪と贈賄罪（▶198条）のように，対向する相手方を必要とするものを対向犯といいます。必要的共犯においては，各則に罰則が定められている限り，重ねて総則の共犯規定が適用されることはないとされています（ただし，集団外の者や対向関係にない関与者に対しては，共犯規定の適用もありえます）。

これに対し，わいせつ物販売罪（▶175条）のように，対向関係にある関与者のうち一方にしか罰則がない対向犯（**片面的対向犯**）においては，その他方を一方の共犯として処罰できるかという問題が生じます。判例・通説は，**罰則のない方は（原則として）共犯としても処罰されない**と考えています（最判昭和43・12・24刑集22巻13号1625頁／**百選Ⅰ98**）。もっとも，その根拠と不処罰の範囲については争いがあります（**争点56**）。

なお，対向犯または対向犯類似の問題として，犯人が自己の蔵匿や，自己の刑事事件に関する証拠の隠滅を他人に教唆した場合に，犯人に犯人蔵匿罪（▶103条），証拠隠滅罪（▶104条）の教唆犯が成立するかという問題があります（**争点125**）。学説においては，肯定説と否定説とが対立していますが，判例は一貫して教唆犯の成立を肯定しています。

3　共犯の従属性

総　説　狭義の共犯は，「犯罪を実行させた」（▶61条），「正犯を幇助した」（▶62条）という規定の仕方から明らかなように，犯罪の実行者である正犯の存在を不可欠の前提としています。これを**共犯の従属性**とい

い，狭義の共犯の基本原理とされています（**争点46**）。

　共犯の従属性は，具体的にどのような意味で正犯に従属するかをめぐって，3つに分けて論じられています。1つは，正犯の犯罪実行がなければ共犯も成立しないのか，それとも正犯が実行に着手しなくても共犯は成立するのかという問題で，これは**実行従属性**の問題と呼ばれます。もう1つは，共犯の成立に必要な，正犯に備わるべき犯罪成立要件（構成要件該当性，違法性，有責性）は何かという問題で，これは**要素従属性**と呼ばれます。3つ目は，共犯は正犯と同じ罪名でなければならないか，それとも異なる罪名でよいかという問題で，これは**罪名従属性**の問題と呼ばれます。以下，順にみてみましょう。

実行従属性　判例・通説は，狭義の共犯が成立するためには，教唆行為や幇助行為がなされただけ（教唆の未遂，幇助の未遂）では足りず，**正犯が犯罪の実行に出ることが必要**であると解しています。このような意味での共犯の従属性を実行従属性といい，実行従属性を要求する見解を**共犯従属性説**といいます（これに対し，実行従属性を不要とする見解を**共犯独立性説**といいます）。これによれば，未遂が処罰されない犯罪では，正犯が犯罪を実行して既遂に達しない限り，共犯は成立しませんし，未遂が処罰される犯罪でも，正犯が実際に実行に着手して未遂の段階に達しなければ，共犯は成立しません。たとえば，XがYに万引き，つまり窃盗（▶235条）をそそのかし，その実行を決意させたが，その後Yは気が変わり結局万引きをしなかったという場合，Yが万引きを実行しなかった以上，Xに窃盗の教唆犯は成立しません（窃盗教唆

Further Lesson 6-5
▶▶▶▶▶　予備罪の共犯

　実行従属性の問題と関連して，予備罪の共犯が認められるかが争われています（**争点55**）。否定説は，刑法43条が未遂を実行に着手した段階と定義していることから，未遂以前の予備行為は実行に当たらないと解し，実行従属性により，その共犯は認められないとします。これに対し，肯定説は，予備行為も予備罪という犯罪の実行と解することができるとして，その共犯を認めます。判例は，予備罪の共犯（共同正犯，幇助犯）の成立を肯定しています（殺人予備罪の共同正犯について，最決昭和37・11・8刑集16巻11号1522頁／**百選Ⅰ81**）。

の未遂犯も成立しません。なお，Ｙが窃盗の実行に着手すれば，その時点でＸには窃盗未遂の教唆犯が成立し，Ｙの窃盗が既遂に達すれば，Ｘには窃盗既遂の教唆犯が成立します）。

　ただし，特別法には，正犯の実行がなくても教唆行為（そそのかし行為）を独立に処罰できるとする特別の規定（独立教唆の規定）が存在することに注意が必要です（たとえば，▶破防38条１項，国公111条）。

要素従属性　　要素従属性とは，共犯の成立に必要な，正犯に備わるべき犯罪成立要件（構成要件該当性，違法性，有責性）は何かという問題です。これについては，正犯の構成要件該当性のみが必要であるとする最小従属形式（最小従属性説），**正犯の構成要件該当性と違法性が必要**であるとする**制限従属形式（制限従属性説）**，正犯の構成要件該当性，違法性，責任がすべて必要であるとする極端従属形式（極端従属性説）がありますが，現在は制限従属形式が通説とされています。たとえば，ＸがＹに万引きを教唆し，Ｙが万引きを実行したが，そのときＹは責任無能力であったという場合，極端従属形式によれば，Ｘに窃盗の教唆犯は成立しませんが（Ｙが責任無能力者であることをＸが知っていて，Ｙを道具として利用する意思があれば，間接正犯が成立する余地はあ

Further Lesson 6-6
▶ ▶ ▶ ▶ ▶　制限従属形式が支持される理由

　かつての通説は，極端従属形式でした。共犯が従属する正犯とは「犯罪」を実行する者であり，「犯罪」とは構成要件に該当する違法で有責な行為ですから，極端従属形式が最も妥当なようにみえます。しかし，これによると，処罰の間隙が生じることがあります。たとえば，刑事未成年者（▶41条）である12歳の少年（責任能力なし）を16歳の少年（責任能力あり）と勘違いして，この少年に強盗（▶236条）を教唆し，強盗が実行された場合，正犯である少年は責任能力を欠くので，教唆した者を強盗罪の教唆犯とすることはできません。かといって，これを強盗罪の間接正犯（詳しくは後で説明します）にできるとは限りません。責任無能力者を犯行の道具として利用する意思が認められない場合もあるからです。そこで，正犯の責任は不要であるとする制限従属形式がドイツで通説化し，立法化されました。他方，正犯の違法性も不要であるとする最小従属形式が少数説にとどまっているのは，正犯の行為が構成要件に該当し違法なものであって初めて，刑法が介入すべき事態が生じたと考えられているからだと思われます。

ります），制限従属形式によれば，Xに窃盗の教唆犯が成立します。

　判例は，その一般的な立場を明らかにしていませんが，制限従属形式に立っていると考えられます（共同正犯に関するものですが，最決平成13・10・25刑集55巻6号519頁。責任無能力の正犯に対する窃盗の教唆犯の成立を認めたものとして，仙台高判昭和27・2・29判特22号106頁）。

　なお，要素従属性に関しては，次の2点に注意が必要です。1つは，要素従属性の問題は**共犯成立の必要条件を論ずるもの**であるということです。したがって，制限従属形式によれば，正犯に構成要件該当性と違法性がなければ共犯は成立しないといえますが，反対に，正犯に構成要件該当性と違法性があれば共犯は成立するということはできません（学説には，制限従属形式と結びつけて，正犯と共犯との間の違法の連帯性，責任の個別性を主張するものがありますが，それが正犯が違法であれば共犯も違法であるとする意味だとすれば，疑問があります）。

　もう1つは，要素従属性に関する学説として誇張従属形式（誇張従属性説）が挙げられることがありますが，これは他の3つの見解とは視点が異なるということです。誇張従属形式は，特に身分犯の共犯において，正犯の刑を加重または減軽する事由も共犯の処罰に影響を与えるとする見解であり，共犯成立の必要条件を論ずるものではありません。

罪名従属性　共犯の罪名は正犯のそれと一致していなければならないかどうかが，罪名従属性の問題です。判例・通説によれば，原則として**罪名従属性は不要**と解されています。たとえば，窃盗（▶235条）を教唆したところ被教唆者が強盗（▶236条）を実行したという場合，教唆者には窃盗罪の教唆犯が成立するとされます（最判昭和25・7・11刑集4巻7号1261頁／**百選Ⅰ89**）。もっとも，逆に強盗を教唆したところ被教唆者が窃盗を実行するにとどまったような場合には，窃盗罪の教唆犯が成立するとされており，この限度では，共犯の罪名は正犯の罪名に従属することになります。以上の問題は，**共犯と錯誤**の問題のうち，異なる構成要件間の錯誤に関するものであり，詳しくは，後の「共犯の諸問題」（➡**本章・10**）で述べます。また，罪名従属性は**身分犯の共犯**においても問題となりますが，これについても，「共犯の諸問題」で説明することにします。

共同正犯における従属性 共同正犯は正犯の一種ですから，狭義の共犯と
まったく同様の意味で，共同正犯にも共犯の従
属性の議論が妥当するわけではありません。たとえば，ＸとＹとの間に強盗罪
（▶236条）の共謀が成立し，Ｘが共謀に基づいて強盗を実行した場合，共謀の
相手方のＹが強盗の実行に着手したか否かにかかわらず，Ｘには強盗罪が成立
します。

しかし，共謀共同正犯を肯定する判例・学説によれば，共謀共同正犯におい
て，**共謀者のうち少なくとも１人が犯罪を実行しない限り，共同正犯は成立し
ない**とされています。その限りでは，共同正犯においても実行従属性が要求さ
れているといえます。また，判例・通説は，責任無能力者との間の共同正犯を
認めており（判例として，前掲 最決平成13・10・25），共同正犯者のうちの一方の
責任は不要であるという意味で，**制限従属形式は共同正犯にも及んでいる**と考
えられます。他方，共同正犯の罪名従属性については，共同の対象となる行為
は何か，すなわち，共同正犯とは特定の犯罪を共同するものなのか，それとも
一定の行為を共同するものなのかという議論（犯罪共同説と行為共同説の対立）
が関係しています（これについては，次節「共同正犯」で説明します）。

4　共犯の処罰根拠

総　説 最近，共犯の処罰根拠に関する議論が注目を集めています。共
犯の処罰根拠論とは，文字どおり，共犯が処罰される根拠は何
かを問うものですが，その射程（狭義の共犯にとどまるのか，共同正犯にも及ぶの
か），学説の整理の仕方については争いがあり，見解は一致していません（**争点
46**）。

共犯の因果性 もっとも，現在の学説は，共犯が処罰される根拠を結果に
対する因果性（物理的・心理的因果性）に求める限りでは，
ほぼ一致しています（**争点47**）。このような見解を**因果的共犯論**（因果共犯論，
惹起説）といいます。因果的共犯論は，狭義の共犯のみならず，共同正犯にも
妥当するとされており，特に**承継的共同正犯**の問題や**共犯からの離脱**の問題の
解決に役割を果たしています。前者の問題については，犯行の途中から関与し

た者は，関与以前の他人の犯行に対しては因果性が認められない以上，関与以前の他人の犯行についての罪責を負わせることはできないとする見解が有力に主張されています。後者に関しては，共犯の因果性を解消したか否かという観点からの解決が有力化しており，判例もこれに親和的な立場にあるといえます。これらについては，後の「共犯の諸問題」（➡本章・**10**）で詳しく説明します。

5　間接正犯

総　　説　間接正犯とは，**他人を道具のように利用して犯罪を実現する場合**をいい，直接自ら構成要件該当行為を行う直接正犯と区別されます。たとえば，子供の親（利用者）が 5 歳の子供（被利用者）に店の商品を万引きさせ，それを自分のものにする場合，子供は親の犯行の道具として利用されたにすぎないので，子供に万引きをさせた親が窃盗罪（▶235条）の正犯として処罰されます。これが間接正犯です。刑法に間接正犯の規定はなく，これを否定する見解も有力ですが，判例・通説は間接正犯を認めています（**争点 50**）。

間接正犯の成立要件と諸類型　間接正犯が成立するためには，**他人を道具のように利用して構成要件を実現したこと**，およびそれについての認識（**間接正犯の故意**）が必要とされます。

　具体的には，上の例のように，被利用者が責任能力または是非弁別能力を欠く場合のほか，被利用者が利用者に意思を抑圧されている場合（最決昭和58・9・21刑集37巻 7 号1070頁／**百選 I 74**。被利用者が被害者自身の場合として，最決平成16・1・20刑集58巻 1 号 1 頁／**百選 I 73**），被利用者に犯罪の故意がない場合（たとえば，医師が患者を毒殺しようとして，情を知らない看護師に毒入りの注射器を渡して患者に毒を投与させた場合），被利用者に目的犯に必要な目的がない場合（通貨偽造罪の間接正犯の例として，たとえば，使用するつもりはないと嘘をついて，印刷業者に精巧な偽札を印刷してもらう場合），被利用者に身分犯に必要な身分がない場合（たとえば，公務員が，公務員の身分のない私設秘書に賄賂を受け取らせる場合）に，間接正犯の成立が認められています。学説には，さらに，被利用者が幇助

的役割にとどまる場合や，利用者が正当防衛等の適法行為を利用する場合に
も，間接正犯を認めるものがあります。

　間接正犯の成立には，被利用者を道具と同視しうることが必要です。した
がって，刑事未成年者（▶41条）の利用がすべて間接正犯になるわけではあり
ません。たとえば，刑事未成年者であっても，是非弁別能力のある12歳の少年
はもはや道具とはいえませんから，欺罔や強制を用いた場合などを除き（強制
による意思抑圧の例として，前掲 最決昭和58・9・21／**百選Ⅰ74**），その者の利用を
間接正犯とすることはできません。そこで，このような場合には，共犯規定の
適用が検討されることになります（12歳の息子に強盗を実行させた母親に強盗罪の
共謀共同正犯の成立を認めたものとして，前掲 最決平成13・10・25）。間接正犯の他
の類型においても，間接正犯の成立が困難な場合には，共犯の成否が問題とな

Further Lesson 6-7
▶▶▶▶▶ 狭義の共犯の処罰根拠

　狭義の共犯の処罰根拠をめぐって，正犯を罪責（責任と刑罰）に陥れたことに共
犯の処罰根拠を求める責任共犯説，正犯を不法（構成要件に該当する違法な行為）に
陥れたことに処罰根拠を求める不法共犯説，正犯を通じて間接的に構成要件該当結
果（法益侵害）を惹起した点に処罰根拠があるとする惹起説が対立しています。現
在は，因果的共犯論の台頭とともに，惹起説が通説になりつつあります。

　惹起説は，正犯不法（正犯の構成要件該当性，違法性）との関係をめぐって，さら
に，構成要件該当結果は共犯にとって構成要件に該当するものでなければならない
が，正犯にとって構成要件に該当するものでなくてよいとする純粋惹起説，構成要
件該当結果は正犯にとって構成要件に該当するものであれば足り，共犯にとって構
成要件に該当するものでなくてよいとする従属性志向惹起説（修正惹起説），構成
要件該当結果は共犯にとって構成要件に該当するものでなければならず，かつ，正
犯不法も必要であるとする混合惹起説とに分かれます。

　責任共犯説，不法共犯説，従属性志向惹起説によれば，必要的共犯の対向犯にお
いて，罰則を欠く方の関与者，たとえば嘱託殺人罪（▶202条後段）における嘱託
者が共犯としても不可罰とされていることを説明できません。というのも，そのよ
うな関与者も，正犯を罪責や不法に陥れ，あるいは正犯にとって構成要件に該当す
る結果（「他人」の死）を惹起したことに変わりないからです。他方，純粋惹起説
によると，正犯なき共犯が肯定され，共犯の従属性に反してしまいます。そのた
め，最近では，混合惹起説が比較的多くの支持を集めています。

りえます。

　なお，無免許運転罪（▶道交117条の4第2号）のように，他人を介してでは
犯すことのできない犯罪を**自手犯**といい，そこでは，間接正犯は成立しないと
考えられています。

7　共 同 正 犯

1　総　　説

共同正犯とは，「**2人以上共同して犯罪を実行し**

共同正犯の意義と効果

た」場合をいい，「**すべて正犯**」とされます（▶60
条）。単独正犯との違いは，犯罪の実行行為の一部しか分担していなくても，
他者と共同した犯罪の全体について罪責を問われる点にあります。

> **Case 6-10** 　XとYが銀行強盗を共謀して銀行に押し入り，Xがけん銃で脅迫し
> ている間に，Yが現金を奪取した。

　この事例の場合，Xに脅迫罪，Yに窃盗罪が成立するのではなく，XY両名
とも強盗罪の正犯として処罰されます。共同正犯に認められるこのような効果
を，**一部実行の全部責任**といいます。

　一部実行の全部責任の効果は，関与者個々の行為の因果関係が個別には証明
できない場合にも意味をもちます。

> **Case 6-11** 　XとYが殺意をもってAに向けてけん銃を一発ずつ発射し，そのう
> ちの一発がAに命中してAが死亡したが，命中したのがXYどちらの発射した弾丸
> かが証明できなかった。

　この事例の場合，XY間にA殺害の共同正犯が成立していなかったのであれ
ば，XYはそれぞれ単独犯となりますから，A死亡の罪責を問うには，XYそ
れぞれの行為とA死亡との間の因果関係が必要となり，それが立証できなかっ
た以上，XYはそれぞれ殺人未遂の罪責を負うにとどまります。しかし，XY
間に共同正犯が成立していたのであれば，個々の行為の因果関係の証明は不要

となり，両名に殺人既遂罪が成立するということになります。このように，共同正犯が成立するときには，個々の行為と結果との間の因果関係を個別に証明できなくても，共同正犯全体と結果との間の因果関係を証明できれば既遂の罪責を共同正犯全員に問えるとされており，これも一部実行の全部責任の効果といえます。

共同正犯の本質（共同の対象）　共同正犯の本質，つまり共同正犯は何を共同するものなのかをめぐって，**犯罪共同説**と**行為共同説**とが対立しています（**争点48**）。犯罪共同説は，共同正犯とは「特定の犯罪」を共同して実行するものと解するのに対し，行為共同説は，共同正犯とは「行為」を共同して各自の犯罪を実行するものと考えます。

　両説の違いは，まず，犯罪を共同して実行する意思（犯罪の共謀，故意）の要否に表れます。犯罪共同説は，特定の犯罪の共同を共同正犯の本質とみる見解ですから，それによれば，特定の犯罪を共同して実行する意思が必要になります。したがって，そこでは，故意のない行為による共同正犯，たとえば**過失犯の共同正犯**は認められないことになります。ただし，犯罪共同説の中にも，「共同義務の共同違反」を理由に過失犯の共同正犯を認める見解もあり，有力です。これに対し，行為の共同で足りるとする行為共同説では，そのような意思は不要であるばかりか，必ずしも相互に意思を通じる必要もありませんから，過失犯の共同正犯のほか，一方的に相手方の行為を利用して犯罪を実現する**片面的共同正犯**も肯定できることになります（過失犯の共同正犯，片面的共同正犯については，後の「共犯の諸問題」で詳しく述べます）。

　次に，犯罪共同説からは，同一の犯罪（同一の罪名）についてのみ共同正犯が成立することになりますが，行為共同説によれば，異なる犯罪間においても共同正犯が成立しうることになります。

Case 6-12　ＸとＹが共同してＡに暴行を加えてＡを死亡させたが，Ｘは殺人の意思で，Ｙは傷害の意思で暴行した。

　この事例では，Ｘが実現しようとした犯罪は殺人罪，Ｙのそれは傷害罪というように，犯罪が異なっている以上，犯罪共同説からは，ＸＹ間に共同正犯は

成立しません。これに対し，行為共同説によれば，Xには殺人罪の共同正犯，Yには傷害致死罪の共同正犯が成立することになります。これは，犯罪共同説からは共同正犯の罪名従属性が肯定され，行為共同説からはそれが否定される，と表現することができるでしょう。

　もっとも，近時の犯罪共同説は，異なる犯罪の共同であっても，両者の構成要件が重なり合う限度で共同正犯を認めます（**部分的犯罪共同説**）。**Case 6-12** でいいますと，殺人罪の構成要件と傷害致死罪の構成要件とが重なり合う傷害致死罪の限度で共同正犯が成立するとしています（なお，殺人の故意があるXには，さらに殺人罪の単独正犯も成立すると考えられていますが，それと傷害致死罪の共同正犯との関係は，必ずしも明らかにされていません）。現在の学説は，部分的犯罪共同説と行為共同説とが対立する状況にあるといってよいでしょう。

判例の立場　以上の争点に対する判例の立場は，明確ではありません。現在の判例は，過失犯の共同正犯を肯定しており（最判昭和28・1・23刑集7巻1号30頁，東京地判平成4・1・23判時1419号133頁／**百選Ⅰ80**），その点では行為共同説に立つようにみえます。しかし，先述のように，最近では，犯罪共同説からも過失犯の共同正犯が認められていますし，判例は，行為共同説からは認められるはずの片面的共同正犯を否定しています（大判大正11・2・25刑集1巻79頁）。したがって，判例が行為共同説に立っているとは必ずしもいえないでしょう。

　他方，判例は，先に挙げた，殺意のある者とない者とが共同して暴行を加え被害者を死亡させたという **Case 6-12** の事案で，殺意のないほうの関与者には傷害致死罪の共同正犯が成立するとしています（最決昭和54・4・13刑集33巻3号179頁／**百選Ⅰ90**）。これは，殺意がなかったほうの罪責について述べたものであり，部分的犯罪共同説，行為共同説いずれの立場からも説明可能です。これに対し，近時，最高裁は，殺意のある者とない者とが共同して病者を遺棄して死亡させた事例で，殺意のある者には殺人罪が成立し，殺意のない者との間では保護責任者遺棄致死罪の限度で共同正犯が成立するとしました（最決平成17・7・4刑集59巻6号403頁／**百選Ⅰ6**）。この結論は，部分的犯罪共同説からは難なく説明できますが，行為共同説とは調和しにくいように思われます。とい

うのも，行為共同説によれば，殺意のある者には殺人罪の共同正犯が成立する
はずだからです。そこで，判例は部分的犯罪共同説を採用したとの理解が広ま
りつつあります。もっとも，判例は必ずしも行為共同説を排斥していないとの
見方もあり，今後の判例の動向が注目されます。

一部実行の全部責任の根拠　犯罪共同説と行為共同説の違いは，一部実行の全部責任
の根拠にも表れます。犯罪共同説は，**関与者相互の意思
連絡に基づく相互利用・補充関係**をその根拠とします。これに対して，行為共
同説は，**他人の行為を通じて結果に対して因果性を及ぼしたこと**にその根拠を
求めます。後者の見解は，因果的共犯論と結びついて，近時有力に主張されて
います。

2　共同正犯の成立要件

共同実行の意思と事実　共同正犯が成立するためには，2人以上の者の間
に**共同実行の意思**と**共同実行の事実**が存在するこ
とが必要です。たとえば，XとYがAを殴り殺すという内容の意思連絡をして
Aに共同で暴行を加え，同人を死亡させた場合，XとYには，Aに暴行を加え
て同人を死亡させるという共同実行の意思と，共同してAに暴行を加えて同人
を死亡させたという共同実行の事実が認められますので，XY両名に殺人罪の
共同正犯が成立します。これに対し，XとYに共同してAに暴行を加えるとい
う意思がなかった場合には，共同実行の意思が認められないので，XとYが同
時にまたは相前後してそれぞれAに暴行を加え同人を死亡させたとしても，X
Y両名に殺人罪の共同正犯は成立しません（この場合のように，2人以上の者が意
思の連絡なしに同時にまたは相前後して犯罪を実行する場合を**同時犯**といいます。これ
は，共同実行の意思を欠くので共同正犯ではなく，単独正犯の一種です。同時傷害の特
例として，▶207条）。

　もっとも，「共同実行」とは何を共同して実行することを意味するのかにつ
いては見解が一致していません。先に紹介した犯罪共同説と行為共同説との対
立は，共同実行の意思と事実の要件に即していえば，共同実行の意味をめぐる
見解の対立として理解することもできるでしょう。

　ところで，共同実行の意思と共同実行の事実の要件は，共同正犯の具体的問題との関係では，次のように整理できるでしょう。共同実行の意思に関しては，片面的共同正犯，過失犯の共同正犯が問題となります。共同実行の事実については，承継的共同正犯，共謀共同正犯が問題となります。これらの問題のうち，片面的共同正犯，過失犯の共同正犯，承継的共同正犯は，広義の共犯全体に関わる問題として「共犯の諸問題」で取り上げることとし，ここでは，共謀共同正犯について考察することにします。

共謀共同正犯の意義と根拠　共謀共同正犯とは，行為者間で犯罪の共謀が成立し，そのうちの少なくとも1人が共謀にかかる犯罪を実行したときには，**実行を分担しなかった共謀者もその犯罪の共同正犯として処罰される**というものです（**争点49**）。

> **Case 6-13**　XとYはAを殺害することを共謀し，YがAの殺害を実行した。

　この事例では，Xに殺人罪の共謀共同正犯が成立します。これに対し，自ら実行する共同正犯を**実行共同正犯**と呼ぶことがあり，これによると，Yは殺人罪の実行共同正犯ということになります。

　刑法60条の文言は「共同して実行した」となっていますので，共謀共同正犯は現行法の解釈としては認められないようにみえます（実際，立法者の意思もそうだったようです）。しかし，判例は，古くから共謀共同正犯を認めています（大連判昭和11・5・28刑集15巻715頁，最大判昭和33・5・28刑集12巻8号1718頁／**百選Ⅰ75**など）。判例上，共謀共同正犯は完全に定着しているといってよいでしょう。その背景には，実行を分担しない黒幕的人物こそ正犯として評価されるべきである（支配型の共謀共同正犯の場合），あるいは，実際の事件では，相互に影響しあって次第に犯意が形成されていくという相互教唆・相互精神的幇助の複合した形態が少なくなく，これは「教唆」や「幇助」概念によってではなく，「共謀」概念によって捉えるのが実態に即しており，適切である（対等型の共謀共同正犯の場合），といった実務感覚があると考えられます。

　他方，学説はどうかといいますと，かつての通説は，共謀共同正犯は共同実行の事実の要件を充たさず，「共同して犯罪を実行した者」を共同正犯とする

刑法60条の文理にも反するとして，これを否定していました。しかし，戦後になると，共謀共同正犯を認める見解が増えはじめ，現在は肯定説が多数を占めています。その理論的根拠については，**共同意思主体説**（共謀により共同意思主体が形成され，そのうちの1人が犯罪を実行した場合，それは共同意思主体の活動であって全員が共同正犯になるとする見解），**間接正犯類似説**（共同意思による心理的拘束を実行者に及ぼした者は，実行者を利用して自己の犯罪を実現したといえるので，自ら実行しなくても共同正犯になるとする見解），**重要な役割説**（実行を分担しない者も，犯行において重要な役割を果たした場合には，共同正犯として処罰されるべきであるとする見解）などが主張されています。共同意思主体説は一種の団体責任を認めるもので，個人責任主義に反し妥当でないとされ，また，間接正犯類似説は対等型の共謀共同正犯を説明できない点に問題があるとされており，現在は，重要な役割説が有力化しています。

共謀共同正犯の成立要件

共謀共同正犯も共同正犯の一種ですから，先に述べた共同実行の意思（共謀）と共同実行の事実がその成立要件です。ただし，共謀共同正犯肯定説によれば，共同実行の事実があるというためには，**共謀に加わった者のうちの少なくとも1人の実行**があれば足り，すべての共謀者が実行に出る必要はないことになります。

　共謀共同正犯において特に重要と思われる要件は，**共謀**です。実行を分担しなかった者に共同正犯が成立するかどうかは，その者に共謀が認められるか否かにかかっているからです。判例によれば，共謀は，事前になされる**事前共謀**のほか，現場で即時に成立する**現場共謀**であってもよいとされています。また，**黙示的な共謀**（最決平成15・5・1刑集57巻5号507頁／**百選Ⅰ76**），意思連絡が順次になされる**順次共謀**（前掲 最大判昭和33・5・28／**百選Ⅰ75**）も認められています。

　ただし，共謀とは具体的にどのような内容の概念かという最も肝心な点については，いまだ見解が一致していないようです。すなわち，大きく分けると，1つは客観説（客観的謀議説）で，それは，共謀とは謀議行為であって，共同遂行の認識や単なる意思連絡では足りないとする見解です。他の1つは，共謀とは共同遂行の合意（共同遂行の認識と意思連絡）であるとする主観説（主観的謀

議説）です。もっとも，共謀の内容として，犯罪遂行についての意思連絡と正犯意思（自己の犯罪として行う意思）が要求されているという点は共通理解になりつつあります。

> **Case 6-14** 暴力団組長Xを警護していた組員Yは，Xを警護するためにけん銃を所持していた。Xは，そのことを認識していたが，Yにけん銃所持を指示しておらず，自らけん銃を所持していたわけでもなかった。

　近時，最高裁は，**Case 6-14** と類似の事案（スワット事件）で，自らはけん銃を所持しておらず，けん銃の所持をボディーガードに指示してもいない暴力団組長である被告人に対し，けん銃所持罪の共同正犯の成立を認めました（前掲最決平成15・5・1／**百選 I 76**）。そこでは，けん銃の所持につき具体的な謀議行為がなくても，黙示の意思連絡があれば共謀が認められるとされており，その限りでは，最高裁の立場は主観説により馴染むものと思われます。しかし，判例が，およそすべての場合に黙示の意思連絡で足りるとしているわけではありません。スワット事件では，被告人が暴力団組長であり，実際に組長として行動を共にし警護の利益を受けていたという事実が重要です。暴力団と何の関係もない通行人との間にけん銃所持についての黙示の意思連絡が生じたとしても，それだけで通行人にけん銃所持の共謀が認められることにはならないと思われます。つまり，共謀共同正犯の成否にとって決定的なのは，犯行において**正犯と評価すべき役割を果たしたかどうか**であると考えられます。

　なお，関連して，共謀共同正犯と従犯の区別が問題となりますが，これについては，すでに述べたので割愛します。

8　教　唆　犯

1　教唆犯の意義と成立要件

教唆犯の意義　教唆犯は，「**人を教唆して犯罪を実行させた**」場合に成立し，「**正犯の刑**」が科されます（▶61条1項）。「**教唆犯を教唆した**」場合（間接教唆）も，教唆と同様に扱われます（▶61条2項）。

教唆犯の成立要件 教唆犯が成立するためには，**教唆行為**と，**被教唆者（正犯）が犯罪を実行したこと**が必要です。なお，通説によれば，ここにいう「犯罪」とは正犯の行為が構成要件に該当し違法であることを意味し，未遂犯も含みます（制限従属形式）。

通説によると，「教唆」とは，**人をそそのかして犯罪実行の決意を生じさせること**をいいます。「犯罪実行の決意」には故意が含まれますので，教唆とは，人に**故意を生じさせること**を意味します。そうすると，過失犯に対する教唆は認められないことになりますが，この点については，後の「過失と共犯」（➡**本章・10-7**）で触れます。

すでに犯罪実行の決意が生じている者に犯罪実行をそそのかす行為は，教唆ではなく，幇助（**精神的幇助**）に当たります。教唆の方法に制限はなく，また，黙示的・暗示的なものでもよいとされています。ただし，一定の具体的な犯罪をそそのかすことが必要であり，単に「犯罪をせよ」とか「窃盗をせよ」と命じるだけでは足りません。もっとも，日時・場所・方法等の詳細を特定することまでは要求されません。

通説は，教唆犯の成立には教唆者に犯罪の故意があることが必要であると解しています（したがって，過失による教唆犯を認めません）。もっとも，それが正犯の実行についての認識で足りるのか，それとも結果の発生にまで認識が及んでいなければならないのかについては争いがあります。この争いは，最初から犯罪を失敗に終わらせる，つまり未遂に終わらせるつもりで犯罪の実行をそそのかした場合，すなわち**未遂の教唆**（おとり捜査など）の場合に，その犯罪の教唆犯が成立するかという問題と関係します。

> **Case 6-15** Ｘは，殺し屋Ｙを現行犯逮捕するために，わざとＹに殺人を依頼し，警察に連絡して警察官を現場で待機させ，殺人を実行しようとしたＹを警察官に逮捕させた。

この事例の場合，殺人の依頼者であるＸ（Ｘのように捜査のおとりになる者を，フランス語で「アジャン・プロヴォカトゥール」といいます）に殺人未遂の教唆犯が成立するかが問題になります。共犯の処罰根拠を結果の惹起に求める因果的共

犯論（惹起説）によれば，共犯の成立には，正犯の場合と同様，結果に対する故意が必要となりますので，これを欠く未遂の教唆については，教唆犯の成立は否定されます。これによると，**Case 6-15** のＸに殺人の教唆犯は成立しません。

2　教唆・幇助の教唆

間 接 教 唆　教唆者を教唆した者（間接教唆）も，教唆と同様に扱われます（▶61条2項）。従犯（幇助者）を教唆した者は，従犯の刑が科されます（▶62条2項）。

再間接教唆　これに対し，間接教唆者をさらに教唆した場合（再間接教唆）の扱いについては，明文の規定がなく，争いがあります。判例・多数説は，教唆者を教唆した者も教唆者であるとの理由から，刑法61条2項を適用して，これを肯定しています。

9　従犯（幇助犯）

1　従犯（幇助犯）の意義と成立要件

従犯の意義　従犯（幇助犯）は，「（共同正犯を含む）正犯を幇助した」場合に成立し（▶62条1項），「**正犯の刑を減軽**」した刑が科されます（▶63条）。なお，先に述べたように，「従犯を教唆した者」には「従犯の刑」が科されます（▶62条2項）。

従犯の成立要件　従犯が成立するためには，**幇助行為**と，**被幇助者（正犯）が犯罪を実行したこと**が必要です。なお，通説によれば，教唆犯の場合と同様，ここにいう「犯罪」とは正犯の行為が構成要件に該当し違法であることを意味し，未遂犯も含みます（制限従属形式）。

「幇助」とは，**正犯に援助を与えることにより，その犯罪実行を容易にする（促進する）**ことをいいます。従犯は，すでに犯罪実行の決意を固めた者の実行を容易にする点で，犯罪実行の決意を生じさせる教唆犯と区別されます。幇助の方法は，凶器の貸与等の物理的方法でも，助言・激励等の精神的方法でもよ

いとされています。従犯は，正犯の実行以前でも実行中でも成立しますが，実行終了後の援助は従犯には当たらず，犯人蔵匿罪（▶103条）や盗品等に関する罪（▶256条）などの別罪を構成しうるにとどまります。

　帮助行為は，正犯の犯罪実行を容易にするものでなければなりませんので，正犯の実行にまったく役に立たなかった場合には，従犯は成立しません。

> **❖ Case 6-16**　Xは，Yが地下室でAを射殺する計画を立てたのを知り，銃声の音漏れを防ぐために地下室に目張りをしたが，Aの射殺はその地下室とは別の場所で行われ，YもXの目張り行為を認識していなかった。

　Case 6-16 と同様の事案で，裁判所は，目張り行為は殺人を維持ないし強化することに役立っていなかったとして，殺人の従犯の成立を否定しています（東京高判平成2・2・21東高時報41巻1～4号7頁／百選Ⅰ86）。もっとも，判例・通説は，正犯の犯罪実行ないし結果発生を容易にすれば足り，結果に対する**条件関係は必要でない**としています。

　通説は，教唆犯の場合と同様，過失犯に対する従犯を認めていません。正犯

Further Lesson 6-8
▶▶▶▶▶　日常取引と共犯（中立的行為による帮助）

　日常的な取引行為は，正犯の実行を容易にするものであったとしても，従犯として処罰されないことがあります。日常取引と共犯，中立的行為による帮助と呼ばれている問題で，因果的共犯論の限界の問題として，近時わが国で注目を集めています。従犯の成立が肯定された例として，ピンクチラシを印刷した業者に売春周旋罪の帮助犯が成立するとされた事例（東京高判平成2・12・10判タ752号246頁）があり，否定例として，ファイル共有ソフト Winny の開発者がこれを自己のウェブサイト上に公開して不特定多数者に提供した行為について著作権法違反の罪の帮助犯の成立が否定された事例（最決平成23・12・19刑集65巻9号1380頁／**百選Ⅰ87**），軽油引取税不納入の手助けになることを知りながら軽油を安く購入した行為が軽油引取税不納入罪の共同正犯はおろか帮助犯にもならないとされた事例（熊本地判平成6・3・15判時1514号169頁），内縁関係が不法残留罪の帮助にならないとされた事例（東京高判令和1・7・12LEX/DB25563568）があります（なお，背任罪の共謀共同正犯の事例ですが，否定例として，名古屋高判平成17・10・28高刑速〔平17〕285頁もあります）。

と従犯との間に相互の意思連絡が必要かどうかについては争いがあります。判例・通説は，片面的共同正犯は認めませんが，片面的従犯は認めています（大判大正14・1・22刑集3巻921頁，東京地判昭和63・7・27判時1300号153頁／**百選Ⅰ85**）。片面的共犯については，次節で詳しく説明します。

2　教唆・幇助の幇助

教唆の幇助　教唆者を幇助した場合については，明文規定がなく，判例の立場は明らかでありません。通説は，従犯の成立を否定しているようです。

間接幇助　幇助者を幇助した場合（間接幇助）についても，刑法に明文の規定はありませんが，判例は，正犯を間接的に幇助したことを理由に，間接幇助も従犯として可罰的であるとしています（最決昭和44・7・17刑集23巻8号1061頁／**百選Ⅰ84**）。多数説も，肯定説に立っています。

10　共犯の諸問題

1　共犯と身分

総説　犯罪の中には，行為者に一定の身分のあることがその成立要件とされているものがあります。これを**身分犯**といいます。たとえば，職務に関して業者から不正な現金を受け取っても，受け取った者が公務員でなければ，収賄罪（▶197条）は成立しません。では，公務員でない者が公務員の収賄行為に関与した場合，公務員でない者は，刑法上どのように扱われるのでしょうか。これが**共犯と身分**（**身分犯の共犯**）の問題です（**争点51**）。

　この問題を解決するために，刑法は特別の規定を設けました。**刑法65条**です。その1項は，「犯人の身分によって構成すべき犯罪行為に加功したときは，身分のない者であっても，共犯とする」と定め，同条2項は，「身分によって特に刑の軽重があるときは，身分のない者には通常の刑を科する」と規定しています。

2種類の身分犯　判例・通説によると，身分犯は，**真正身分犯**（**構成的身分犯**）と**不真正身分犯**（**加減的身分犯**）とに区別されます。前者は，その実行行為が一定の身分があって初めて犯罪として処罰される身分犯で，収賄罪がその例です。後者は，その実行行為は身分がなくても犯罪として処罰されるが，身分があることによって刑に軽重が生じるタイプの身分犯をいい，常習賭博罪（▶186条1項）がこれに当たります。そして，通説は，**65条1項は真正身分犯に関する規定，同条2項は不真正身分犯に関する規定**と解しており，判例も基本的に同様に解しています。もっとも，このような通説的見解に対しては，反対説も有力です。この争いについては，後で詳しく説明します。

「身分」の意義　身分犯における「身分」の意義について，判例は，「男女の性別，内外国人の別，親族の関係，公務員たるの資格のような関係のみに限らず，総て一定の犯罪行為に関する犯人の人的関係である特殊の地位又は状態を指称する」と述べ，これを広く解しています（最判昭和27・9・19刑集6巻8号1083頁）。そこには，収賄罪における「公務員」，常習賭博罪における「常習性」のほか，営利目的麻薬輸入罪（▶麻薬64条2項）における「営利の目的」も含まれます（最判昭和42・3・7刑集21巻2号417頁／**百選Ⅰ91**）。これによると，たとえば，自らは営利目的をもたないで営利目的の麻薬輸入罪に関与した者には，65条2項により，営利目的麻薬輸入罪の共犯ではなく，麻薬輸入罪（▶麻薬64条1項）の共犯が成立するにとどまります（もっとも，判例は，他人に利益を得させる目的も「営利の目的」に当たると解していますので，そのような目的がある場合には，営利目的麻薬輸入罪が成立することになるでしょう）。

身分のない者の共同正犯　刑法65条1項の「共犯」には共同正犯も含まれるか，つまり身分のない者にも真正身分犯の共同正犯が成立しうるかという問題もあります。**判例・通説は積極**に解していますが，共同正犯も正犯である以上，真正身分を欠く者には共同正犯は成立しないと解すべきであるとする消極説も有力です。

65条 1 項・2 項の関係　すでに述べたように，通説は，法文に忠実に，**65 条 1 項は真正身分犯に関する規定，同条 2 項は不真正身分犯に関する規定**と解しており，判例も基本的に同様の立場に立っています。

> **❖ Case 6-17**　公務員でない X は，公務員の収賄行為に関与した。賭博の常習者でない Y は，賭博常習者の賭博行為に関与した。

通説によると，公務員でない者が真正身分犯である収賄罪（▶197条）に関与した場合，65条 1 項により，公務員でない者にも収賄罪の共犯が成立します。これに対し，不真正身分犯である常習賭博罪（▶186条 1 項）に常習性のない者が関与した場合，65条 2 項により，非常習者には「通常の」賭博罪である単純賭博罪（▶185条）の共犯が成立するにとどまります。**Case 6-17** では，X には収賄罪の共犯，Y には単純賭博罪の共犯が成立します（なお，65条 2 項は「通常の刑を科する」となっていますが，一般に罪名と科刑は一致させるべきであると考えられており，65条 2 項も通常の犯罪の共犯が成立することを当然の前提にした規定であると解されています）。

つまり，この見解によると，**真正身分犯の場合には非身分者にも身分が連帯する**（罪名の従属が肯定される）が，**不真正身分犯においては身分は連帯せず個別的に作用する**（罪名の従属が否定される）ということになります。

罪名科刑区別説　これに対し，**65条 1 項は真正身分犯と不真正身分犯の両者を通じて共犯の成立の問題を規定したもの，同条 2 項は特に不真正身分犯について科刑の問題を規定したもの**と解する見解（団藤，大塚）も有力です。これによると，真正身分犯の共犯の場合，たとえば，公務員でない者が収賄罪に関与した場合，65条 1 項が適用されて，非公務員には収賄罪の共犯が成立し，それで終わりです。この点は，通説と同じです。これに対し，常習賭博罪に非常習者が関与した場合には，65条 1 項により，非常習者にも常習賭博罪の共犯が成立しますが，65条 2 項も適用されて，刑は単純賭博罪の刑にとどまることになります。**Case 6-17** では，Y には常習賭博罪の共犯が成立しますが，単純賭博罪の刑が科されることになります。このように，不

真正身分犯の場合には，通説と異なり，**罪名と科刑が分離**する結果となります。この点については，刑罰は犯罪の種類ごとに定められている以上，罪名と科刑が分離することは妥当でないと批判されています。

違法身分・責任身分区別説　以上の２つの見解は，いずれも，真正身分犯か不真正身分犯かという形式的な区別に基づいて，身分や科刑の連帯作用を認めたり認めなかったりするものでしたが，このような形式的区別に依拠する解釈に対しては，その理論的根拠が十分でないとか，真正身分犯と不真正身分犯の区別は形式論理としては成り立たないのではないか，といった批判が向けられました。

　そこで，最近，「違法は連帯し，責任は個別化する」（違法性の実質である法益侵害は客観的なものであり，関与者によって異なることはないが，責任非難は主観的なものであり，関与者ごとに異なる）という命題を前提に，**身分の連帯作用を認める65条１項は違法身分（違法性に関わる身分）に関する規定，身分の個別作用を認める同条２項は責任身分（責任に関わる身分）に関する規定**と解する見解（西田，山口）が有力化しています。この見解は，65条の適用の問題を，真正身分か不真正身分かという形式的な区別によらずに，違法身分か責任身分かという実質的な区別に基づいて解決しようとするところに特徴があります。

> **Case 6-18**　特別公務員でないＸは，特別公務員Ｙが職権を濫用してＡを逮捕・監禁するのを手伝った。

　この見解によると，たとえば，特別公務員を主体とする，逮捕・監禁罪（▶220条）の加重類型（不真正身分犯）と解されている特別公務員職権濫用罪（▶194条）に，特別公務員でない者が関与した場合，特別公務員という身分は収賄罪における公務員と同じく違法身分なので，65条１項が適用されて，特別公務員でない者にも特別公務員職権濫用罪の共犯が成立します。**Case 6-18**の場合，Ｘには特別公務員職権濫用罪の共同正犯または従犯が成立します。これに対し，通説によれば，特別公務員という身分のない者には，65条２項により，軽い逮捕・監禁罪の共犯が成立するにとどまりますので（**Case 6-18**のＸには，逮捕・監禁罪の共犯しか成立しない），結論においても大きな違いが生じます。し

かし，収賄罪も特別公務員職権濫用罪も同じ公務員犯罪なのに，通説のように，一方には真正身分犯だからという理由で65条 1 項を適用し，他方には不真正身分犯だからという理由で65条 2 項を適用することは理論的な説得力に乏しく，むしろ違法の連帯性を根拠に，いずれの場合にも65条 1 項を適用するほうが理論的に一貫しているのではないか。有力説は，このように考えます。

　しかし，この見解に対しては，65条の文理に反する（罪刑法定主義に反する）のではないか，違法身分と責任身分の区別が困難な場合があるのではないか，との批判が向けられています。さらに，この見解が前提とする「違法は連帯し，責任は個別化する」という命題についても，違法の連帯性は自明のことでなく，違法身分であっても個別的に作用すべきものがあるのではないか，といった疑問も示されています（たとえば，必要的共犯の片面的対向犯を考えてみてください。もっとも，これに対しては，必要的共犯は特別で，違法性が連帯しない例外的な場合とみることができるかもしれません。しかし，そのような論理が通用するならば，身分犯も同じように，あるいはそれ以上に特別で，違法性が連帯しない例外的な場合として位置づけることも可能でしょうし，またそれが身分犯の特殊性を踏まえた解釈であるように思われます）。なお，有力説の中には，違法の連帯性を制限従属形式によって根拠づけようとするものがありますが，すでに述べたように，制限従属形式は共犯処罰の必要条件を述べたものですから，それによって違法の連帯性を根拠づけることはできないように思われます。

非身分者に対する身分者の関与　身分のない者の行為に身分者が関与した場合の身分者の罪責について，刑法には明文の規定がありません。

▓ Case 6-19　賭博の常習者Ｘは，非常習者Ｙの賭博の実行を幇助した。

　この事例の場合，Ｙに単純賭博罪の正犯が成立することは明らかですが，では，常習者であるＸにも単純賭博罪の従犯が成立するでしょうか，それとも常習賭博罪の従犯が成立するのでしょうか。この問題について，判例・多数説は，不真正身分犯の場合には，身分の個別作用を認める刑法65条 2 項の趣旨から，身分者には身分犯の共犯が成立すると解しています。**Case 6-19** では，常習者であるＸには常習賭博罪の従犯が成立します（大連判大正 3 ・ 5 ・18刑録20

輯932頁）。真正身分犯の場合については，判例は見当たりませんが，多数説
は，身分者は身分犯の間接正犯ないし直接正犯，非身分者は身分犯の従犯にな
ると解しています。

2　承継的共犯

問題の所在　　**他人の犯行にその途中から関与した場合**，関与以前の他人の
行為についても共犯としての責任が問われるでしょうか。こ
れが**承継的共犯**の問題です（**争点54**）。

> **Case 6-20**　Xが強盗の意思でAに暴行を加えて反抗を抑圧した後，偶然傍を通
> りかかったXの友人YがXの意図を察知し，Xと共同してAから財物を奪取した。

たとえば，この事例で，Yにも強盗罪（▶236条）の共同正犯が成立するか，
それとも窃盗罪（▶235条）の共同正犯が成立するにとどまるか，という問題で
す。

学　　説　　学説は，関与以前の他人の行為を含めた犯行全体について共犯
の責任を問えるとする**全面肯定説**，因果的共犯論を徹底させて
関与後の行為についてのみ共犯の責任を問えるとする**否定説**，すでに発生した
結果については責任を認めないが，他人の行為ないしその効果を承継してそれ

Further Lesson 6-9
▶▶▶▶▶　業務上横領罪の共犯

　　判例・通説によると，業務上横領罪（▶253条）は，他人の物の占有者という身
分と業務者という身分の両方を必要とする二重の身分犯であり，委託物横領罪（▶
252条1項）との関係では不真正身分犯であるとされています。そこで，他人の物
を占有していない非占有者が業務上横領罪に関与した場合，非占有者に刑法65条が
どのように適用され，何罪の共犯が成立するかが問題となります（同様の問題は，
会社法960条の特別背任罪においても生じます）。判例は，この場合には65条1項によ
り業務上横領罪の共犯が成立するが，同条2項により委託物横領罪の刑が科される
べきであるとしています（最判昭和32・11・19刑集11巻12号3073頁／**百選Ⅰ92**）。ここ
では，例外的に，罪名と科刑の分離が認められています（その理由や学説の対応に
ついては，**百選Ⅰ92**の解説を参照）。

を積極的に利用した場合には，その限度で共犯の成立を肯定する**限定肯定説**
（**中間説**）が対立しています。

　全面肯定説は，一個の犯罪は一罪として不可分であることをその根拠として
います。しかし，そのような形式的理由は根拠として不十分ではないかとか，
全面的に承継するとすれば，たとえば，**Case 6-20** において，Y の関与前の X
の暴行により A が死傷した場合，Y に強盗致死傷罪（▶240条）の共同正犯が成
立することになり，結論として不当ではないか（強盗致死傷罪の法定刑では重す
ぎるのではないか），といった問題があります。

　これに対し，否定説は，因果的共犯論の立場からは明快で，一貫していま
す。共犯の処罰根拠が結果に対する因果性にあるとすれば，関与以前の事実に
ついては因果性が及びえない以上，関与以前の事実についてまで共犯の罪責を
問うことはできないはずだからです。しかし，否定説に対しては，たとえば，
Case 6-20 で，Y は X の意図や現場の客観的状況を認識した上で，X が生じさ
せた反抗抑圧状態を利用して財物を奪取しているのに，強盗罪ではなく窃盗罪
が成立するにとどまるとするのは，結論の妥当性を欠くのではないか，という
疑問が生じえます。

　近時の多数説は，限定肯定説に立っています。これによると，**Case 6-20** の

Further Lesson 6-10
▶▶▶▶▶　事後強盗罪の共犯

　事後強盗罪（▶238条）において，窃盗犯人でない者が暴行・脅迫のみに関与し
た場合に，その者に事後強盗罪の共犯が成立するかが争われています。この問題の
処理の仕方は，事後強盗罪を身分犯とみるか否かで大きく異なってきます。身分犯
説によれば，65条の適用の問題となり，そのうちの真正身分犯説からは，65条 1 項
により事後強盗罪の共犯が成立し，不真正身分犯説からは，65条 2 項により暴行・
脅迫罪の共犯が成立します。他方，事後強盗罪を身分犯ではないとする見解（結合
犯説）からは，承継的共犯の問題となり，承継的共犯の理論による解決が目指され
ます。最高裁判例は見当たりませんが，下級審の判例は身分犯説に立っています
（もっとも，真正身分犯説を採用するものと不真正身分犯説を採用するものとに分かれ
ています。真正身分犯説に立つものとして，大阪高判昭和62・7・17判時1253号141頁
／**百選 I 93**（ただし傍論））。

場合，Ｙについて強盗罪の共同正犯（承継的共同正犯）の成立が肯定されるで
しょう。問題はその理論的根拠ですが，これについては，関与以前の他人の行
為の効果が関与後も継続していること，他人の行為を関与後に利用することに
よって相互利用・補充関係が認められること，などが挙げられています。もっ
とも，そのような根拠が，今や学説上多数を占めている因果的共犯論と整合す
るものであるかについては，疑問の余地があります。

　なお，学説においては，承継的共同正犯を否定しつつ，承継的従犯は肯定す
るという見解も有力です。

判　例　戦前には，強盗の目的で被害者を殺害した夫から事情を聞かさ
れ，金員の奪取について協力を求められた妻がやむなく了承
し，ロウソクを手にして灯火を送り，夫の金員奪取を容易にした事例につい
て，強盗殺人罪の単純一罪性を主たる根拠として，強盗殺人罪（▶240条）の従
犯の成立を認めた判例があります（大判昭和13・11・18刑集17巻839頁）。戦後の
下級審には，一罪性を強調して承継的共同正犯を全面的に認めた例が少なくあ
りませんが，近時は限定肯定説に立つものが優勢になってきているように思わ
れます（たとえば，限定肯定説の立場から傷害罪の承継的共同正犯の成立を否定したも
のとして，大阪高判昭和62・7・10高刑集40巻3号720頁）。こうした中，最近，傷
害罪の事例で，共謀加担前の暴行から生じた傷害結果の承継を明確に否定した
最高裁判例が現れ（最決平成24・11・6刑集66巻11号1281頁／**百選Ⅰ82**），注目され
ています。さらに，詐欺未遂では，被害者に見破られた後，それを知らずに詐
取金の受取役を引き受け，現金の入っていない箱を受け取った被告人に共同正
犯を認めたものがあります（最決平成29・12・11刑集71巻10号535頁）。

3　共犯からの離脱（共犯関係の解消）

問題の所在　ある者が，犯罪の共謀に加わった後，犯罪が終了するまでの
間に，そこから任意に離脱する場合があります。これが**共犯
からの離脱**または**共犯関係の解消**と呼ばれる事例です。たとえば，次のような
事例です。

◆ Case 6-21 (1) Aに暴行を加えることを共謀したXとYのうち，Yのみが，暴行の実行に着手する前に暴行の実行を思いとどまったが，その後，XはAに暴行を加え，Aが死亡した。
(2) Aに暴行を加えることを共謀したXとYのうち，Yのみが，実行の着手後に暴行を中止して現場を離れたが，その後もXがAに暴行を加え，Aが死亡した。

この事例の場合，Yは，傷害致死罪の共同正犯として，Aに対する暴行やAの死亡について罪責を負うのでしょうか。ここでは，共同正犯の成否ないし成立範囲，あるいは中止犯規定（▶43条ただし書き）の適用の可否が問題となります（**争点58**）。

理論的根拠　近時の多数説である**因果的共犯論**によれば，共犯関係から外れたことにより，その後の他人の行為ないし結果に対する因果性が解消されたといえる場合には，共犯関係の解消が肯定され，その後に行われた他人の行為ないしそこから生じた結果について，共犯としての責任は問えないことになります。判例も，このような見地に立って，共犯関係の解消を認めていると考えられます。

離脱の要件　因果性の解消を理由に共犯関係の解消が認められ，それ以降の他人の行為ないし結果について責任が問われないための要件については，**実行の着手前と着手後に分けて**，次のように考えられています。

まず，共犯者が**実行に着手する前**であれば，① 共犯関係から離脱する旨を表明し（**離脱意思の表明**），② 他の共謀者がこれを了承すれば（**相手方の了承**），原則として，共犯関係の解消が認められます（さらに，下級審の判例には，黙示の離脱意思とそれに対する相手方の認識があった場合に，共犯関係の解消を認めたものがあります）。ただし，共謀の中心人物については，他の共謀者に対する因果的な影響力が大きいので，さらに共謀成立以前の状態に復元させなければ，共犯関係の解消は認められないとされています（松江地判昭和51・11・2刑月8巻11＝12号495頁）。また，着手前の離脱であっても，離脱前の準備行為が後の犯行に寄与した場合には，後述の「犯行防止措置」が要求されることもあります（最決平成21・6・30刑集63巻5号475頁／**百選Ⅰ94**）。**Case 6-21**でいえば，(1)が実行

の着手前の事例ですが，Xが暴行の実行に着手する前に，YがXに対し離脱意思を表明し，これが了承されたのだとすると，Yが暴行の首謀者でない限り，Yには暴行罪はもちろん，傷害致死罪も成立しません。これに対し，離脱意思の表明がなく，あるいはXの了承がなかった場合には，Yにも傷害致死罪の共同正犯が成立することになります（なお，判例は，正当防衛として共同して暴行に及び，相手方からの侵害が終了した後も一部の者が暴行を続けた場合，後の暴行を加えていない者について正当防衛の成否を検討するに当たっては，防衛行為としての暴行の共同意思から離脱したかどうかではなく，新たに共謀が成立したかどうかを検討すべきであるとしています。つまり，共同正犯には違法行為の共同が必要なのです。最判平成 6・12・6刑集48巻8号509頁／**百選Ⅰ96**）。

　次に，共犯者ないし自らが**実行に着手した後**については，① **離脱意思の表明**と② **相手方の了承**があるだけでは足りず，さらに，③ 他の共犯者による犯行のおそれがある場合にこれを防止する措置を取ったこと（**犯行防止措置**）も必要とされています。たとえば，**Case 6-21** の(2)の事例で，XとYが暴行の実行に着手し，Yが「おれ帰る」と言ってそのまま立ち去った後，Xがさらに暴行を加えてAを死亡させた場合，Xが犯行を継続するおそれがあったのにYは何らの犯行防止措置もしていないので，共犯関係の解消は認められません。この場合，仮にAの死の結果がYが帰った後にXが加えた暴行によって生じていたとしても，Yには傷害致死罪の共同正犯が成立します（最決平成1・6・26刑集43巻6号567頁／**百選Ⅰ95**）。

　なお，実行の着手後に共犯関係の解消が認められた場合，離脱者は未遂の限度で共犯の罪責を負うにとどまります。中止犯（▶43条ただし書き）の要件も充たす場合には，中止犯も成立します。

4　共犯と錯誤

問題の所在	共犯者間で錯誤が生じた場合，その錯誤はどのように扱われるべきでしょうか。

⚏ Case 6-22　XがYにAの殺害を教唆したが，Yは誤ってBを殺してしまった。

　たとえば，この事例で，Ｘは，実際に生じた「Ｂ」の死亡という結果について，殺人罪の教唆犯の罪責を負うのでしょうか。これが**共犯と錯誤**と呼ばれる問題です（**争点57**）。このうち，共犯者の一方が，他方の認識・予見していた以上の犯罪を実現した場合を，特に**共犯の過剰**と呼ぶことがあります。たとえば，次のような場合です。

> **Case 6-23**　ＸがＹに窃盗を教唆したところ，Ｙは強盗を実行した。

　共犯における錯誤の問題も，**基本的には単独犯における錯誤論によって解決**されます。しかし，共犯がからむだけに，問題はより複雑なものとなります。

同一構成要件内の錯誤　　**法定的符合説**（➡第 4 章・**5-6**）によれば，共犯者の間で錯誤があっても，それが同一の構成要件の範囲内にある限り，**故意は結果と符合する**ことになります。たとえば，**Case 6-22** の場合ですと，錯誤は殺人罪（▶199条）という同一構成要件内で生じていますので，故意は結果と符合し，Ｘに殺人罪の教唆犯が成立します。法定的符合説を採用する判例も，窃盗の教唆の事例で，窃盗の被害者や目的物が教唆者の認識していたのと異なっていても，窃盗罪（▶235条）の教唆犯が成立するとしています（大判大正 9・3・16刑録26輯185頁）。

　他方，**具体的符合説**（➡第 4 章・**5-6**）においては，同一構成要件間の錯誤であっても，**客体の錯誤か方法の錯誤かで結論が異なる**ので（前者の場合には故意は結果と符合しますが，後者の場合には故意は結果と符合しません），共犯における錯誤が客体の錯誤なのか，それとも方法の錯誤なのかが問題となります。しかし，両者を区別することが必ずしも容易でない場合があります。正犯に方法の錯誤がある場合については，共犯にとっても方法の錯誤とされ，故意は結果と符合しません。問題は，正犯に客体の錯誤がある場合です。たとえば，Ｙが誤ってＢを殺してしまったという **Case 6-22** のケースでは，正犯であるＹの錯誤は客体の錯誤であり，Ｙについては殺人罪の故意は結果と符合しますが，Ｘの錯誤については，同じように客体の錯誤とみる見解と，方法の錯誤であるとする見解とに分かれています。

異なる構成要件間の錯誤　　判例・通説は，異なった構成要件間で錯誤が生じた場合について，原則として故意は結果と符合しないが，**構成要件が実質的に重なり合う限度で故意が符号する**としています（➡第4章・**5−7**）。共犯における錯誤の問題も，この考えによって処理されます。たとえば，**Case 6-23**の場合，窃盗罪の構成要件と強盗罪の構成要件とが実質的に重なり合う窃盗罪の限度で，Ｘに教唆犯が成立するとされます（最判昭和25・7・11刑集4巻7号1261頁／**百選Ⅰ89**）。

　反対に，強盗を教唆したところ窃盗が実行された場合のように，共犯の認識していた犯罪よりも軽い犯罪が実現した場合については，構成要件が重なり合う限度で軽い犯罪の共犯が成立するとされます（もっとも，重いほうの犯罪の既遂ないし未遂の共犯の成立を肯定する見解もあります）。

関与形式間の錯誤　　教唆のつもりで幇助を実現した場合や，間接正犯の意思で教唆に当たる事実を実現した場合のように，関与形式間で錯誤が生じることがあります。特に議論されているのは，**間接正犯と教唆犯との間の錯誤**です。

　▉ Case 6-24　医師Ｘが患者Ａを殺すつもりで，毒入りであることを秘して，看護師Ｙに毒入りの注射器を渡して注射させたが，Ｙは毒入りであることに気づいていた。

　まず，教唆のつもりで間接正犯が実現した場合，たとえば，ＸがＡに窃盗を教唆したところ，じつはＡは責任無能力者であったという場合，判例・通説は，窃盗罪の教唆犯の成立を肯定します。

　次に，反対に間接正犯のつもりで教唆が実現した場合，たとえば，Ａを責任無能力者だと思って窃盗をそそのかしたところ，じつはＡは責任能力者であったという場合ですが，これについては，既遂の間接正犯を認める見解，未遂の間接正犯とする見解，既遂の教唆犯とみる見解とに分かれています。**Case 6-24**も，同様に解決されます（よって，**Case 6-24**の結論は，どの見解をとるかによって変わってきます）。

共同正犯における錯誤 たとえば，Ｘが殺人の故意で，Ｙが傷害の故意で，共同してＡに暴行を加え，Ａを死亡させたというように，共同正犯者間で故意が異なる場合に，ＸＹ間に共同正犯が成立するのか，成立するとしても何罪の共同正犯が成立するかが問題となります。しかし，この問題は，すでに「共同正犯」のところで**犯罪共同説と行為共同説の問題**として扱いましたので（**Case 6-12** 参照），ここでは割愛します。

5　共犯と違法性阻却事由

問題の所在 正犯に違法性阻却事由が存在する場合，通説の制限従属形式によれば，それに対する教唆犯，従犯は成立しません（もっとも，適法行為を利用した間接正犯が成立すると解する余地はあります）。では，共同正犯者のうちの誰かに正当防衛などの違法性阻却事由が存在した場合，他の共同正犯者はどのように扱われるのでしょうか。

判　例 の問題に関連する判例として，次のものが重要です。それは，殺人罪の共同正犯者の１人（実行者）に過剰防衛（▶36条２項）が成立する場合に，その背後にいた他の共同正犯者（共謀者）にも過剰防衛が成立するかが争われた事例で，「**共同正犯が成立する場合における過剰防衛の成否は，共同正犯者の各人につきそれぞれの要件を満たすかどうかを検討して決するべき**であって，共同正犯者の１人について過剰防衛が成立したとしても，その結果当然に他の共同正犯者についても過剰防衛が成立することになるものではない」として，積極的加害意思を有していた背後の共同正犯者については急迫性が欠け，過剰防衛は成立しないとしたものです（最決平成４・６・５刑集46巻４号245頁／**百選Ⅰ88**）。この考えを一貫させれば，共同正犯者の１人に正当防衛が成立する場合においても，正当防衛の成否は共同正犯者の各人につき個別的に判断されることになるでしょう。しかし，最高裁には，正当防衛行為の共同正犯という考え方を否定したものもあります（最判平成６・12・６刑集48巻８号509頁／百選Ⅰ96）。

6 片面的共犯

問題の所在 関与者間で犯罪実行の意思の相互連絡が欠ける場合にも，共同正犯や従犯は成立するのでしょうか。これが**片面的共犯**の問題です（**争点52**）。たとえば，次のような事例があります。

> **Case 6-25** Ｘがけん銃を発射することを知ったＹが，Ｘと共同してＡを殺害する意思で自らもけん銃を発射したが，ＸはＹがけん銃を発射することもＡを殺害しようとしていることも知らないまま，自分1人でＡを殺害する意思をもってけん銃を発射した。

判 例 判例は，従犯には相互の意思連絡は不要であるとして，**片面的従犯は肯定**していますが（大判大正14・1・22刑集3巻921頁，東京地判昭和63・7・27判時1300号153頁／**百選Ⅰ85**），共同正犯については相互の意思連絡が必要であるとして，**片面的共同正犯は否定**しています（大判大正11・2・25刑集1巻79頁）。

しかし，片面的共同正犯を肯定しないと，たとえば，**Case 6-25**において，1発の銃弾がＡに命中しＡが死亡したが，その銃弾がＸＹいずれのけん銃から発射されたものであるかが判明しなかった場合，Ｘだけでなく，Ｙに対しても，殺人既遂の罪責を問うことはできなくなります（これに対し，片面的共同正犯を認めれば，Ｙには殺人罪の共同正犯が成立し，Ｙに既遂の罪責を問うことができます）。そのような結論が不当であるとすれば，片面的共同正犯を認めない判例の立場には問題があるということになります。

学 説 学説は，片面的共犯肯定説，否定説，中間説（判例と同様，片面的従犯は認めるが，片面的共同正犯は認めない見解）に分かれています。共同正犯については，犯罪共同説からは，相互の意思連絡が必要となり，片面的共同正犯は否定される傾向にあります。行為共同説によれば，片面的共同正犯を認めることができますが，行為共同説の中にも，相互の意思連絡が必要であるとして，片面的共同正犯を否定するものがあります。従犯については，片面的従犯を肯定する見解が多数説です。

7　過失と共犯

過失犯の共同正犯

過失犯にも共同正犯はありうるでしょうか（**争点53**）。判例は，かつてはこれを否定していましたが（大判明治44・3・16刑録17輯380頁），**現在は肯定**しています。

▓ **Case 6-26**　飲食店の共同経営者であるXとYが，メタノールが含まれていたウィスキーを，不注意にも必要な検査をすることなく，意思を通じて客に販売したために，それを買って飲んだ客が死亡した。

この事例と同様の事案で，最高裁は，当時の有毒飲食物取締令4条1項後段の過失犯（メタノールを含有する飲食物を過失により販売する罪）の共同正犯の成立を肯定しています（最判昭和28・1・23刑集7巻1号30頁）。また，下級審にも，通信工事会社の作業員2名がケーブルの断線探索作業を行った際に使用したトーチランプの火を完全に消さなかったために火災が発生した事例で，過失犯である業務上失火罪（▶117条の2）の共同正犯が成立するとした例があります（東京地判平成4・1・23判時1419号133頁／**百選I80**）。

学説においては，犯罪共同説からは過失犯の共同正犯が否定され，行為共同説からは肯定される傾向にありましたが，現在では，犯罪共同説の立場からも，「**共同義務の共同違反**」を理由に過失犯の共同正犯を肯定することができると主張されており，**肯定説が多数説**であるように思われます（同旨，最決平成28・7・12刑集70巻6号411頁）。これに対し，過失犯の単独犯に解消できるとして，過失犯の共同正犯を否定する見解も，なお有力に主張されています。たしかに，実務では，過失犯の単独犯が競合する場合として処理されることが多いようです。しかし，たとえば，個々の行為と結果との間の因果関係が不明な場合や，個々の行為について結果回避可能性が認められない場合（**➡ Topic 4-4**），過失犯の単独犯の成立を認めることは不可能ないし困難です。過失犯の共同正犯を肯定するメリットは，このような場合にも過失責任を追及しうる点にあります。

過失犯に対する
教唆・幇助

通説は，**過失犯に対する幇助**を否定します。また，通説のいうように，教唆とは，人をそそのかして犯罪実行の

決意を生じさせることだとしますと，犯罪実行の決意には故意が含まれますから，教唆とは，人に故意を生じさせることを意味します。そうすると，通説による教唆の定義からは，**過失犯に対する教唆も認められない**ことになります。通説は，このような場合を，**間接正犯として処理**してきました。

> **過失による教唆・幇助**

通説は，**過失による教唆・幇助**は，特別の規定（▶38条1項ただし書き）を欠くため，不可罰であるとしています。教唆・幇助は，故意による場合でなければ処罰されないというわけです。しかし，たとえば，医師が薬を渡すつもりで誤って毒を看護師に渡したため看護師が殺意を生じ，これを患者に与えて死亡させたという場合，医師に業務上過失致死罪（▶211条前段）の成立を認める見解もあります。実務上も，放火の疑いのある火災事件で，建物の管理者らに業務上過失致死傷罪が適用された例があります。ここでは，**一般論としては不可罰とされている過失による教唆・幇助が，実際には過失正犯として処罰されている**とみることもできます。

> **結果的加重犯の共犯**

たとえば，XがYにAに対する暴行を教唆または幇助し，YがAに暴行を加えたところ，やりすぎたた

Further Lesson 6-11
▶▶▶▶▶ 自手犯の場合

　しかし，道交法の無免許運転罪や駐車違反罪のような自手犯については，間接正犯の成立を肯定することができません。たとえば，自動車の同乗者が，駐車禁止区域であると知りながら，そうとは知らない運転者に，そこへ駐車するように勧めて駐車させた場合（運転者には過失駐車違反罪が成立します），駐車違反の間接正犯は認められませんので，過失犯に対する教唆犯を認めないかぎり，同乗者は処罰されないことになります。この場合，運転者は過失駐車違反罪で処罰されますが，それにもかかわらず駐車違反を故意にそそのかした同乗者が処罰されないというのは，アンバランスな結論のようにみえます。これに対し，学説では，教唆というためには，犯罪実行の決意を生じさせる必要はなく，何らかの行為に出ることを決意させることで足りるとする見解も主張されています。この見解によれば，過失犯に対する教唆が認められますので，上の例の同乗者には，過失駐車違反罪の教唆犯が成立します。

めにＡが死亡してしまったという場合，Ｙには結果的加重犯である傷害致死罪
（▶205条）が成立しますが，では，その基本犯である暴行を教唆または幇助し
たにすぎないＸにも，傷害致死罪の教唆犯または従犯が成立するのでしょう
か。判例は，**結果的加重犯に対する教唆・幇助**を肯定しています（大判大正
13・4・29刑集3巻387頁）。多数説も，加重結果について過失（予見可能性）が認
められる場合には，結果的加重犯に対する教唆・幇助が成立するとしていま
す。

　結果的加重犯の共同正犯についても，判例・通説はこれを肯定します（最判
昭和26・3・27刑集5巻4号686頁）。通説は，判例と異なり，加重結果に関する
過失を要求していますので，過失犯の共同正犯を認めない立場からは否定説に
至りそうですが，実際には必ずしもそうなっておらず，過失犯の共同正犯を認
めない立場からも，肯定説が主張されています。

8　不作為と共犯

不作為犯の共同正犯　不作為犯（➡第4章・**3**）にも共同正犯が成立するで
しょうか。通説は，**不作為犯の共同正犯**を肯定して
います。

> **Case 6-27**　嬰児Ａの父親Ｘと母親Ｙが，意思を通じて，Ａに食物を与えずに餓
> 死させた。

　この事例の場合，食物を与えないという不作為はＸとＹの各自に成立してお
り，Ａに食物を与えるという作為義務がＸＹそれぞれに認められるとしますと，不作為による殺人罪の単独正犯が競合して成立すると解することもできま
す。しかし，多数説は，ＸとＹには不作為による殺人罪の共同正犯が成立する
と解しています。不作為犯の共同正犯を肯定すると，単独では結果を回避でき
ない場合にも，結果についての罪責を問えることになり，ここに肯定説のメ
リットがあるといえます。もっとも，そのためには，共同の作為義務の違反が
認められることが必要になると思われます（なお，共同正犯者の各自に作為義務が
必要か否かについては争いがあります）。

　下級審の判例にも，妻と暗黙のうちに意思を相通じた上，殺意をもって，妻が不貞をして出産した子が重い熱傷を負ったにもかかわらず，自宅の押入れなどに入れて放置し，子を死亡させたという事案について，不作為による殺人罪の共同正犯が成立するとしたものがあります（広島高岡山支判平成17・8・10LEX/DB28105462。さらに，同棲相手の子の死亡について，不作為による殺人罪の共同正犯が成立するとした例として，さいたま地判平成18・5・10LEX/DB28115252）。

Further Lesson 6-12
▶▶▶▶▶ **故意正犯の背後の過失正犯**

　このように，故意正犯を過失で教唆・幇助した場合を過失正犯と捉えるためには，拡張的正犯概念（本章の **Further Lesson 6-3** で説明済み）を採用する必要があります。拡張的正犯概念によれば，狭義の共犯も本来は正犯であるが，特別に教唆犯・従犯の規定が設けられたことによって正犯にならないということですから，そのような特別規定が過失犯にないとしますと，過失犯の場合には，本来の姿である正犯が成立すると考えることができます。これに対し，限縮的正犯概念（これも本章の **Further Lesson 6-3** で説明済み）によれば，故意犯か過失犯かを問わず狭義の共犯は刑罰拡張事由であり，正犯と狭義の共犯の区別は過失犯においても認められますので，故意であれば教唆・幇助にとどまる行為は，過失による場合も教唆・幇助にとどまります。ですので，限縮的正犯概念から，これを過失正犯として構成することはできません。わが国の学説は，一般論として限縮的正犯概念を支持しながら，個別の問題になると故意正犯の背後の過失正犯を肯定する傾向にあるようですが，ここに矛盾があるとの指摘もあります。

Further Lesson 6-13
▶▶▶▶▶ **通説の問題点**

　結果的加重犯に対する教唆・幇助を肯定することは，加重結果について過失を要求し，かつ過失犯に対する教唆・幇助や過失による教唆・幇助を認めない通説からは，困難ではないかとの指摘があります。というのも，通説によれば，結果的加重犯は故意の基本犯と加重結果に関する過失犯の複合形態（傷害致死罪でいえば，暴行罪ないし傷害罪と過失致死罪の複合形態）であり，加重結果に対する教唆・幇助は，過失犯に対する過失による教唆・幇助にほかならないともいえるからです。

不作為犯に対する共犯　では，**不作為犯に対する教唆・幇助**は可罰的でしょうか。たとえば，母親が殺意をもって嬰児に食物を与えずに嬰児を死亡させた場合，一般に，母親には不作為による殺人罪（▶199条）が成立すると考えられていますが，では，第三者が母親に対して嬰児に食物を与えないようそそのかし，あるいは食物を与えないことを援助した場合，この第三者は不作為の殺人罪の教唆・幇助の罪責を負うのでしょうか（争点59）。判例はないようですが，通説は，不作為犯に対する教唆・幇助を肯定しています。もっとも，その理由づけについては，不作為犯の要件である作為義務を一種の身分と解し，作為義務のない第三者に65条を適用する見解と，その必要はないとする見解とに分かれています。

不作為による共犯　通説は，**不作為による教唆**は認めませんが（教唆は，相手方の意思に働きかけることを要するので，何らかの作為に出ることが必要であると解されているようです），**不作為による幇助**については，他人の犯行を阻止するという作為義務が認められる場合に，これを肯定しています。

　判例も，不作為による幇助を認めており，たとえば，母親が，自分の子が同居人の男に暴行されるかもしれないと思ったが，暴行を阻止しなかったために子が死亡したという事例で，この母親には暴行を阻止する義務があったとして，傷害致死罪の幇助犯の成立を認めています（札幌高判平成12・3・16判時1711号170頁／**百選I 83**）。

第7章　罪　　数

1　罪数論の概要

> **⚑ Case 7-1**　Ｘは夜間Ａの家に押し入り，まずＡを拳銃で脅して現金を奪った後，パジャマを着ていたＡを撃ち殺し，次にその妻Ｂとその子Ｃを１発で撃ち殺した。

　犯罪は，必ずしも１個だけでなく，複数犯される場合が少なくありません。**Case 7-1** のようなケースを考えてみましょう。このような場合，Ｘにどのような罪がいくつ成立するのか，そしてどのような刑によって処断すべきなのかを決めるのが，ここで述べる**罪数論**です。

　罪数論には，同時に，刑事裁判において審判する対象となる事実やその個数を明らかにする役割，すなわち「**罪となるべき事実**」（▶刑訴256条３項・335条１項）や「**訴因**」（▶刑訴256条３項）の数を決める役割や，いったん無罪とされた行為について刑事責任を問われたり，すでに有罪とされたのと同じ犯罪について，重ねて刑事上の責任を問われない「**一事不再理**」という効果（▶憲39条），**公訴時効の起算点**（▶刑訴253条）を決める役割といった刑事訴訟法上の効果があります。

2　成立上の一罪

結　合　犯　設例では，Ｘにまず住居侵入罪（▶130条）が成立し，次いでＡを拳銃で脅して現金を奪ったことで強盗罪（▶236条）が，さらにＡ，Ｂ，Ｃに対する３つの殺人罪（▶199条）が成立するようにみえます。このような場合，１個の住居侵入罪と１個の強盗罪，３個の殺人罪を認め

て，その法定刑を全部足してしまうのが，一番簡単な処理方法です。

　しかし，刑法にはすでに，強盗罪と殺人罪とを結合した強盗殺人罪（▶240条後段）があります。このような犯罪を**結合犯**と呼びます。強盗罪や強盗殺人罪のように，独立しても犯罪となるいくつかの行為を結合した犯罪では，全体が一罪となり，個別の犯罪はこれに吸収されてしまいます。そこで，XによるA，B，Cの殺害は，いずれも「強盗が人を死亡させたとき」（▶240条後段）に当たるので，3つの強盗殺人罪が成立し，強盗罪はこれらに吸収されてしまいます。

法条競合　これに対し，Xがこの犯行のために拳銃を準備した行為は殺人ないし強盗の予備（▶201条・237条）に当たりますが，それは殺人ないし強盗の既遂に吸収され，最終的に強盗殺人罪に吸収されてしまいます。予備罪は，既遂や未遂が成立しないときに補充的に成立するものだからです。このように，罰条の相互関係からみて論理的に一罪しか成立しない場合を**法条競合**といいます。その中でも，特に，予備と既遂のように，一方が他方を吸収する場合を「法条競合」の中の**吸収関係**と呼びます。法条競合には，そのほかに，**特別関係**，**補充関係**，**択一関係**があります。

包括一罪　これと別に，XはA，B，C殺害の際に，被害者らのパジャマを弾丸で損傷していますが，これは殺人罪に吸収されてしまい，別に器物損壊罪（▶261条）は成立しません。このように，論理的には一方の罪が他方の罪に吸収される関係にはないけれども，他方に比べてきわめて軽微なので一括して一罪で処理されることがあります。これを**包括一罪**と呼びます。これはさらに，**吸収一罪**と**狭義の包括一罪**に分かれます。着衣の損傷が殺人罪に吸収されるのは，吸収一罪の一例です（**争点60**）。

3　科刑上一罪

観念的競合　ところで，普通，人を3人殺せば殺人罪が3つ成立し，それらがいずれも「確定裁判を経ていない」場合は，後に述べる**併合罪**として処理されます（▶45条以下）。しかし，設例では，まず，BとCは1発の弾丸で殺されているので，現行刑法では，これを「1個の行為が2個以

上の罪名に触れ」るとして，「その最も重い刑により処断」します。これを**観念的競合**と呼びます（▶54条1項前段）。BとCの殺害は，刑を科す上で，犯情の重いほうの1個の強盗殺人罪で処断されるのです。観念的競合は，観念の上では複数の犯罪が成立しているけれども，科刑の上では一罪で処理されるという意味で，**科刑上一罪**の一種です（**争点61**）。

| 牽 連 犯 |

さらに，Xの住居侵入行為はA，B，C殺害の手段なので，「犯罪の手段もしくは結果である行為が他の罪名に触れる」場合として，これも，「その最も重い刑により処断」されます。このような場合を**牽連犯**と呼びます（▶54条1項後段）。これも，科刑上一罪の一種です。その結果，設例では，住居侵入罪とAに対する強盗殺人罪とが牽連犯に，さらに住居侵入罪とB，Cに対する強盗殺人罪も牽連犯になるので，結局Xは，全体として，最も犯情の重い1個の強盗殺人罪によって処断されることになります。

| かすがい作用 |

ところで，路上強盗が同じようにA，B，Cを射殺した場合には，Aに対する強盗殺人罪とB，Cに対する強盗殺人罪は併合罪になるはずなので，住居侵入罪は，Xの犯行にとって，2個の強盗殺人罪を結びつける「かすがい」の役割を果たしていることになります（最決昭和29・5・27刑集8巻5号741頁／**百選Ⅰ105**）。そこで，このような作用は，一般に，「**かすがい作用**」と呼ばれています。これについては，後に，やや詳しく検討します。

2 成立上の一罪

1 法 条 競 合

| 法条競合の種類 |

先に述べたように，**法条競合による一罪**には，上で述べた吸収関係以外に，**特別関係，補充関係**および**択一関係**があります。

| 特 別 関 係 |

特別関係とは，横領罪（▶252条）と業務上横領罪（▶253条）のように，後者が前者の特殊ケースに当たる場合をいいま

す。この場合には，後者が成立すれば，前者の成立要件が充たされていても，前者は成立しません。たとえば，質屋による質草の横流しがこれに当たります。

補充関係 **補充関係**とは，建造物等放火罪（▶108条・109条）と建造物等以外放火罪（▶110条）のように，後者が前者から落ちこぼれたものを拾う関係をいいます。この場合には，前者が成立すれば後者は成立しません。

択一関係 **択一関係**とは，一般に，横領罪と背任罪（▶247条）のように，どちらか一方が成立する場合は他方は成立しない場合をいいます。特別関係や補充関係との違いは，二罪が競合する場合に，どちらか一方が優先して成立するという関係ではないところにあります。これは，真の意味で罰条が競合している場合ではなく，ただ，二罪の限界が微妙だというにすぎません。

　このように，法条競合の特徴は，一見すると複数の罰条に当たる罪が成立しそうに思えるのですが，実は，これらの罰条相互の論理的関係からみて，一罪しか成立しない点にあります。

2　不可罰的（または共罰的）事前・事後行為

不可罰的事後行為 ところで，吸収関係には，先に述べたように予備が未遂・既遂に吸収されたり，教唆・幇助が共同正犯に吸収される場合のほか，たとえば盗んできた財物を売りさばいたり壊したりしたときでも窃盗罪しか成立しないように，窃盗後の盗品の処分も窃盗罪一罪で処理される場合が含まれます。これは，後の行為が独立して処罰されないので**不可罰的事後行為**と呼ばれています。もっとも，何らかの理由で窃盗罪が成立しないときには，盗品等譲り受け罪（▶256条）の共犯や器物損壊罪（▶261条）が成立するので，その意味で，事後行為はまったく「不可罰」なのではなく，窃盗罪規定によって窃盗行為と「ともに処罰される」とみるべきであるとする見解が，近年では多数です。これを**共罰的事後行為**と呼びます（**争点62**）。

不可罰的事前行為 これに対して，未遂・既遂に吸収される予備行為は，**不可罰的事前行為**とも呼ばれます。しかし，これも，

厳密には，**共罰的事前行為**と呼ぶべきでしょう。

3 包括一罪

包括一罪とは　成立上の一罪の中には，**包括一罪**と呼ばれるものもあります。これは，法条競合のように，論理的に1つの構成要件に複数の犯罪が吸収されるわけではないけれども，科刑上一罪のように，いったん複数の犯罪の成立が認められるわけでもなく，社会的にみて，1個の罰条のみを適用することが妥当な場合をいいます。これはさらに，**吸収一罪**と**狭義の包括一罪**に分かれます。

吸収一罪　**吸収一罪**とは，先に述べたように，殺人の際の着衣の損傷が殺人罪に吸収され，別に器物損壊罪を構成しないような場合をいいます。この場合，論理的には器物損壊罪が殺人罪に吸収される関係はないのですが，殺人事件の被害者は，通常，衣服を着ていてそれを損傷されるものですから，器物損壊罪のような軽微な犯罪はいちいち問題にしないで，殺人罪だけで処理をするのです。

狭義の包括一罪　狭義の包括一罪には，さらに，**集合犯**，**罰条による一罪**，および**接続犯**があります。

集 合 犯　**集合犯**とは，常習賭博罪（▶186条1項）のような**常習犯**やわいせつ物販売罪（▶175条）のような**営業犯**のように，複数の賭博行為，複数の販売行為が1個の罰条で処理可能な犯罪をいいます。監禁罪（▶220条）やわいせつ物所持罪（▶175条）のように，1個の行為が継続する**継続犯**も，集合犯の一種とされることがあります。

罰条による一罪　**罰条による一罪**とは，逮捕・監禁罪（▶220条）や盗品等の運搬・保管等の罪（▶256条2項）のように，1つの罰条の中に複数の行為態様が規定されている場合に，被害者を逮捕して引き続き監禁した者や，盗品を運搬して引き続き保管した者を，それぞれ220条や256条2項という1つの罰条で処理することをいいます。220条の「逮捕し，又は監禁した者」という条文が，実際には，「逮捕し，かつ監禁した者」にも適用されるのです。こう読んでもかまわないのは，逮捕と監禁や盗品等の運搬と保管

が，いずれにせよ同一の法益に対する似たような態様の攻撃だからです。必ずしも，最初から手段・目的の関係にあったことは要しません。

接　続　犯　　**接続犯**とは，2時間ほどの間に同じ倉庫から3回にわたって米俵を盗みだした場合に1個の窃盗罪で処理するように（最判昭和24・7・23刑集3巻8号1373頁／**百選Ⅰ99**），短時間に同じ場所で同じ法益に向けて犯罪を行った場合に，1個の犯罪として処理することをいいます。判例は，1個の犯意であることを強調する傾向にありますが，むしろ，社会的にみて，1つの窃盗事件とみられれば足りるでしょう。

3　科刑上一罪

1　科刑上一罪の種類

　刑法54条1項によれば，犯罪が複数成立する場合でも，1個の行為が2個以上の罪名に触れるときや，犯罪の手段もしくは結果である行為が他の罪名に触れるときは，そのうちの最も重い刑によって処断するものとされています。もっとも，2個以上の没収は，併せて科されます（▶54条2項）。これを「科刑上一罪」と呼びます。このうち，1個の行為が2個以上の罪名に触れるとき（▶54条1項前段）は**観念的競合**，犯罪の手段もしくは結果である行為が他の罪名に触れるとき（▶54条1項後段）は**牽連犯**と呼ばれます。

2　観念的競合

> **✂ Case 7-2**　Xは，酒に酔って自動車を運転しているときに，横断歩道上に歩行者Aを発見したが，発見が遅れたためAを避けきれず，これを轢いて死亡させた。

「1個の行為」　　観念的競合では，「**1個の行為**」が2個以上の罪名に触れることが必要です。そこで，**Case 7-2** のような場合，「1個の行為」によって酒酔い運転の罪（▶道交117条の2）と過失運転致死罪（▶自動車の運転により人を死傷させる行為等の処罰に関する法律5条）を犯したといえるでしょうか。

その判断基準　　このように，「１個の行為」とはどのような行為をいうのかが，観念的競合をめぐる最大の問題です。最高裁は，設例のようなケースについて，「１個の行為とは，法的評価をはなれ構成要件的観点を捨象した自然的観察のもとで，行為者の動態が社会的見解上１個のものとの評価をうける場合をいう」と述べ，酒酔い運転は時間的継続と場所的移動を伴うのに対し，事故を発生させる行為は１時点１場所における事象であるとして，観念的競合を否定しました（最大判昭和49・5・29刑集28巻4号114頁／**百選Ⅰ103**）。反対に，ひき逃げの際の不作為犯である救護義務違反（▶道交72条１項前段）と報告義務違反（▶同項後段）では，複数の作為義務違反があっても，2つの義務違反は「社会生活上，しばしば，ひき逃げというひとつの社会的出来事として認められている」という理由で，観念的競合を認めています（最大判

Further Lesson 7-1

▶▶▶▶▶　「混合的包括一罪」

　　Ｘは，Ａに対する暴行の途中で財物奪取の意思を生じ，暴行を続行してＡから財布を奪いました。その際，Ａは加療１か月の打撲傷を負いましたが，それがどの時点の暴行によって生じたかはわからないという事例を考えてみましょう。このような場合，Ａの打撲傷が「強盗の機会」に生じたのであれば，Ｘは刑法240条前段によって強盗傷害罪になります。けれども，「強盗の機会」というのは，ＸがＡから財物を奪取する意思を生じた時点以降をいいますので，この打撲傷がそれ以前の暴行によって生じたのであれば，Ｘを強盗傷害罪とすることはできません。そこで，その場合には，Ｘには傷害罪と強盗罪とが成立し，両罪は併合罪の関係に立つことになりそうです。

　　しかし，検察官がＸを強盗傷害罪で起訴したけれども，Ａの打撲傷がどの時点で生じたのか結局証明できなかったという場合には，判例は，全体を強盗罪で包括して一罪とします（仙台高判昭和34・2・26高刑集12巻2号77頁等）。最初から強盗の意思で暴行していたのであれば一罪なのに，途中から強盗の意思を生じた場合に二罪で併合罪として重くするのは合理的でなく，しかも，強盗傷害罪とするためには証明が不十分だからです。結局，Ａがけがをしたという事情は量刑で考慮されることになります。このような場合を，**「混合的包括一罪」**と呼びます。この考え方は，「数個の犯罪が成立し，異なる罪名にまたがり数個の法益侵害があっても，具体的妥当性の観点からこれを一罪と扱うことが認められる場合」（最決昭和61・11・18刑集40巻7号523頁／**百選Ⅱ39**）として最高裁も認めています。

昭和51・9・22刑集30巻8号1640頁／**百選I 104**）。作為の場合は，自然的にみた場合の完全な重なり合いが，不作為の場合は，社会的にみた出来事の一個性が重視されているのです。

　もっとも，工場廃水を流し続けて次々と人々を死傷させた水俣病刑事裁判では，観念的競合が認められました（最決昭和63・2・29刑集42巻2号314頁／**百選II 3**）。しかし，これは，酒酔い運転で次々と人をはねた場合と似ていますので，**併合罪**（▶45条以下）としたほうがよかったように思います。

　なお，正犯が併合罪となっても，それに対する共犯の行為が1個の場合は，共犯は観念的競合として一罪で処断されます（最決昭和57・2・17刑集36巻2号206頁／**百選I 106**）。

3　牽　連　犯

「犯罪の手段もしくは結果」 　**牽連犯**では，ある行為がどのような場合に「犯罪の手段もしくは結果」であると認められるのかが，最大の問題です。判例は，「犯人が主観的にその一方を他方の手段又は結果の関係において実行したということだけでは足らず，その数罪間にその罪質上通例手段結果の関係が存在すべきものたることを必要とする」として，刀剣の不法所持と強盗殺人未遂との間の牽連関係を否定し（最大判昭和24・12・21刑集3巻12号2048頁），身の代金目的拐取罪・身の代金要求罪（▶225条の2）と監禁罪，恐喝罪と監禁罪との牽連関係をも否定しています（最決昭和58・9・27刑集37巻7号1078頁，最判平成17・4・14刑集59巻3号283頁／**百選I 102**）。反対に，住居侵入罪と窃盗罪・強盗罪・強姦罪・傷害罪または殺人罪，通貨ないし文書偽造罪とそれらの行使罪，偽造文書行使罪と詐欺罪などでは，牽連犯を認めています（ただし，偽造通貨行使罪は，沿革上，詐欺罪を吸収します）。

罪質上，通例，牽連関係にあること 　判例にいう，**罪質上，通例，手段・結果の関係にある場合**というのは，要するに，社会的に，住居侵入窃盗や住居侵入強盗が，通常の路上窃盗・強盗の場合と異なる別類型の犯罪とみられているように，手段たる行為と結果たる行為とを結合して犯罪類型（構成要件）を作ってもおかしくないような場合を意味します。実際，住居侵入強

盗・窃盗には，常習犯の場合に，盗犯防止法2条3号に特別規定があります。また，文書偽造とその行使は，旧刑法時代は「偽造して行使した者」という形で，1個の罰条に規定されていました。このように，牽連犯規定は，自然的にみて行為が複数認められる場合にも，事件を1回で処理することに役立つものなのです。

4 併 合 罪

併合罪の意味　確定裁判を経ていない2個以上の罪が成立する場合は，原則として**併合罪**となります（▶45条以下）。ある罪について

Further Lesson 7-2
▶▶▶▶▶ 刑法47条による刑加重の意味

　いわゆる「新潟監禁事件」において，最判平成15・7・10刑集57巻7号903頁は，刑法47条につき，「同条が定めるところに従って併合罪を構成する各罪全体に対する統一刑を処断刑として形成し，修正された法定刑ともいうべきこの処断刑の範囲内で，併合罪を構成する各罪全体に対する具体的な刑を決することとした規定であり，処断刑の範囲内で具体的な刑を決するに当たり，併合罪の構成単位である各罪についてあらかじめ個別的な量刑判断を行った上これを合算するようなことは，法律上予定されていないものと解するのが相当である。」と判示しました。しかし，「その最も重い罪について定めた刑の長期にその2分の1を加えたものを長期とする。」という刑法47条の提案理由は，もともと，「有期の懲役に付き各罪毎に一の刑を科すとすれば遂には其刑期数10年の長きに至る虞あるを以て此場合にも例外として制限併科の主義を採りたり」（倉富勇三郎ほか監修，松尾浩也増補解題『増補刑法沿革綜覧』2149頁）というものでした。さらに，「それぞれの罪について定めた刑の長期の合計を超えることはできない。」とする本条ただし書きも，「此の如く規定せざれば却て制限併科の趣旨に反し純粋に各刑を併科したるより一層不利益なる効果を犯人に及ぼすに至る」（倉富ほか・前掲2150頁）ことを理由としていたのです。つまり，今日では**加重主義**と呼ばれる本条の趣旨は，単に処断刑の上限引上げの限度を示すものではなくて，**併科主義**から出発して，その行きすぎを是正するものだったのです（**制限併科主義**）。したがって，本条の解釈適用において，純粋な併科主義よりも重い量刑が許されるとする最高裁の考え方には，疑問が提起されています。また，そもそも，各罪についての個別的な量刑判断抜きに「その最も重い罪」を決めること自体，論理的には不可能です。

禁錮以上の刑に処する確定裁判があったときは，その罪とその裁判が確定する前に犯した罪とに限り（たとえば，窃盗を犯した3日後に殺人を犯して，両方の罪で裁判にかけられた場合），併合罪とされます（▶45条）。それ以外は，単純に**数罪**として処理されるのです。

> **併合罪の処理**　併合罪の場合は，それらの罪に対する刑を併せて科したり，加重したり，場合によっては吸収したりします（詳しくは，46条以下を参照）。その意味で，併合罪の場合は，複数の罰条が，現実に競合して適用されるのです（これを「**実在的競合**」と呼びます）。これに対し，先に述べた「観念的競合」や「牽連犯」の場合には，科刑の上で併合罪の例外として，複数の罪名のうちの最も重い刑によって処断されます（▶54条）。

5　一罪の訴訟法上の効果

> **訴因・罪となるべき事実の明示**　刑事裁判に用いる起訴状には，起訴する事実，つまり「**公訴事実**」を書かなければなりません（▶刑訴256条2項2号）。この「公訴事実」は，「**訴因**」を明示してこれを記載しなければなら

Further Lesson 7-3
▶▶▶▶▶「かすがい作用」

　先に述べたように，「かすがい作用」が認められる場合には，そうでなければ**併合罪**として加重される行為が，全体として**科刑上一罪**で処理されることになります。その結果，2人を殴り倒してけがをさせた場合，路上であれば2個の傷害罪が併合罪加重されるのに（▶204条・47条），家屋に侵入して殴り倒せば，住居侵入罪が2個の傷害罪を「かすがい」として結びつけるので，全体として牽連犯となってしまいます（前掲 最決昭和29・5・27）。また，一事不再理効も，「かすがい作用」が及ぶ罪全体に及びます。

　そこで，学説には，この「かすがい」をはずそうと試みるものがあります。上の例では，たとえば，先に2個の傷害罪を併合罪として刑を加重しておいて，それと住居侵入罪とを**牽連犯**とし，重いほうの刑で処断するのです。しかし，この方法は，**再犯加重と法律上の減軽をしてから併合罪の加重をせよ**という法規定（▶72条）と矛盾します。わが国の刑法の法定刑は比較的広いのですから，その範囲で量刑による調整に期待するしかないでしょう。

ず，「訴因」を明示するには，できる限り犯行の日時，場所および方法をもっ
て「罪となるべき事実」を特定しなければなりません（▶刑訴256条3項）。この
「訴因」は1個の罪を基準にして数えます（「一罪一訴因の原則」）。ここにいう一
罪とは，多数説によれば，**成立上一罪**のことです。

一事不再理　　犯罪が成立上ないし科刑上一罪と認められると，その処断刑
が併合罪に比べて軽くなるほか，その全体について，「同一
の犯罪について，重ねて刑事上の責任を問はれない」という**一事不再理**の効果
が生じます（▶憲39条）。それにもかかわらず，同一の犯罪で起訴されたとき
は，判決で**免訴**の言渡しをしなければなりません（▶刑訴337条1号）。この一事
不再理の効果は，「公訴事実」全体に及びます。ここでは，**科刑上一罪**がその
基準になります。

公訴時効の範囲　　**公訴の時効**（▶刑訴253条）が完成すると，判決で免訴の
言渡しをしなければなりません（▶刑訴337条4号）。公訴
時効は，犯行全体が終わったときから進行するとされます（「水俣病事件」に関
する，前掲 最決昭和63・2・29／**百選Ⅱ3**）。その基準は**科刑上一罪**です（もっと
も，学説では，成立上一罪ごとに起算すべきであるとする見解が有力です）。ここで
は，一罪を広げすぎると一事不再理効が広がりすぎ，逆に狭めすぎると公訴時
効の壁が大きくなるというジレンマがあります。

第**Ⅲ**部 刑 罰 論

第8章　刑罰の種類と内容

1　刑罰の種類

刑罰の種類　　人類史上，刑罰の種類としては，大別すると，生命刑，身体刑，自由刑，名誉刑，財産刑の5種があります（刑罰が加えられる対象による分類）。

生命刑とは，生命を奪う刑罰のことで，一般に死刑と呼ばれているものです。身体刑とは，身体に対する侵害・苦痛を内容とする刑罰で，手足の切断，耳そぎなどの肉刑のほか，焼印，足かせ，むち打ちの刑などもこれに含まれます。自由刑とは，受刑者を拘禁してその自由をはく奪することを内容とする刑罰で，懲役，禁錮，拘留がこれに含まれます。名誉刑とは，行為者の一定の身分，地位，名誉，資格をはく奪する刑罰のことで，具体的には，さらし，入墨，烙印などの刑です。財産刑とは，強制的な金銭の徴収を内容とする刑罰で，罰金や科料がこれに当たります。

以上の刑罰のうち，身体刑は，受刑者の人格を無視した非人道的で野蛮な刑罰であることから，また，名誉刑は，人権尊重の観点および刑罰としての効果に対する疑問から，今日では，ほとんどの国で姿を消しています。死刑も，世界的にみれば廃止した国のほうが多く，ヨーロッパ連合（EU）では，死刑は非人道的で野蛮な刑罰であるとして，すべての加盟国が死刑を廃止しています（死刑存廃については，**➡ Further Lesson 1-1**）。

現行刑法における刑罰　　わが国の現行刑法は，刑罰の種類として，**死刑**，**懲役**，**禁錮**，**罰金**，**拘留**，**科料**，**没収**の7種を定めています（▶9条）。このうち，没収は，それ以外の刑罰に付加してしか科すことができないので，**付加刑**と呼ばれます。没収以外の刑罰は，付加刑に対し

て**主刑**と呼ばれます。

　主刑の重さは，原則として，刑法9条に書かれた順序によります（▶10条1項）。

2　現行刑法における刑罰の内容

死　刑　　人の生命をはく奪する**死刑**は，最も重い究極の刑罰です（世間では，しばしば「極刑」と呼ばれます）。死刑制度の是非については賛否の分かれるところですが，判例は死刑を合憲としており（最大判昭和23・3・12刑集2巻3号191頁），「罪責が誠に重大であって，罪刑の均衡の見地からも一般予防の見地からも極刑がやむをえないと認められる場合」には，死刑の選択も許されるとしています（最判昭和58・7・8刑集37巻6号609頁）。

　死刑は，刑事施設内において，絞首して執行します（▶11条1項）。絞首は，地下絞架式によります。

　現行刑法は，内乱罪（▶77条1項），外患誘致罪（▶81条），殺人罪（▶199条）など12種の犯罪に死刑を定めていますが，他に特別法が5種の犯罪に死刑を定めています。なお，18歳未満の者には死刑を科すことができません（▶少年51条）。

懲役・禁錮・拘留　　自由刑としては，**懲役**，**禁錮**，**拘留**があります。これらは，まず，自由がはく奪される期間の長さにより，懲役・禁錮と拘留とに区別されます。懲役と禁錮は，無期および有期の場合がありますが，有期の場合は1月以上20年以下とされています（▶12条1項・13条）。これに対し，拘留は拘禁期間が短く，1日以上30日未満とされています（▶16条）。なお，有期の懲役・禁錮を加重する場合には，30年まで上げることができ，これを減軽する場合には，1月未満に下げることができるとされています（▶14条）。

　懲役と禁錮とは，刑事施設内で「所定の作業」を行うことが義務づけられているか否かで区別されます。義務づけられているものが懲役，そうでないものが禁錮です（▶12条2項・13条）。もっとも，禁錮受刑者の多くは，希望して作業（請願作業）を行っています。

　懲役・禁錮については，その刑に処せられた者に「改悛の状」があるとき

は，有期についてはその刑期の 3 分の 1 を，無期については10年を経過した後，行政官庁（地方更正保護委員会）の処分によって仮に釈放すること（**仮釈放**）が認められています（▶28条）。拘留については，情状により，いつでも，行政官庁（地方更正保護委員会）の処分によって仮に出場を許すこと（**仮出場**）ができるとされています（▶30条）。仮釈放中にさらに罪を犯し，罰金以上の刑に処せられた場合などには，仮釈放は取り消されます（▶29条 1 項）。

罰金・科料・没収　財産刑としては，**罰金**，**科料**，および付加刑である**没収**の 3 種があります。罰金と科料は，徴収される金額により区別されます。すなわち，罰金は 1 万円以上（▶15条），科料は1000円以上 1 万円未満です（▶17条）。もっとも，罰金を減軽する場合には， 1 万円未満に下げることができます（▶15条ただし書き）。

　罰金・科料を完納することができない者は，労役場に留置されます（労役場留置）。その期間は，罰金の場合は 1 日以上 2 年以下，科料の場合は 1 日以上30日以下とされています（▶18条 1 項・ 2 項）。罰金・科料の言渡しをするときには，その言渡しとともに，罰金・科料を完納することができない場合における労役場留置の期間を定めて言い渡さなければなりません（▶18条 4 項）。

　没収は，主刑に付加して科されます（付加刑）。没収することができるのは，犯罪組成物件（犯罪行為を組成した物。たとえば，偽造通貨行使罪における偽造通貨），犯罪供用物件（犯罪行為の用に供し，または供しようとした物。たとえば，殺人に使用した凶器のナイフ），犯罪生成物件（犯罪行為によって生じた物。たとえば，通貨偽造罪における偽造通貨），犯罪取得物件（犯罪行為によって得た物。たとえば，賭博によって得た金銭），犯罪報酬物件（犯罪行為の報酬として得た物），対価物件（犯罪生成物件，犯罪取得物件，犯罪報酬物件の対価として得た物）です（▶19条 1 項）。没収は，犯人以外の者に属しない物に限り行うことができますが，犯人以外の者に属する物であっても，犯罪の後にその者が情を知って取得したものであるときは，これを没収することができるとされています（▶19条 2 項）。なお，犯罪生成物件，犯罪取得物件，犯罪報酬物件および対価物件の全部または一部を没収することができないときは，その価額を**追徴**することができます（▶19条の 2 ）。

9

第9章　刑罰の適用

1　刑　の　量　定

　刑罰は，裁判官が**法定刑**（個々の刑罰法規に定められた刑）の中から刑の種類
を選択し，法律上および裁判上の加重減軽を行って**処断刑**を導き，その範囲内
で**宣告刑**（被告人に言い渡す刑）を決定し，さらに執行猶予・保護観察の許否を
決定するという手続を経て科されます（広義の**刑の量定**，**量刑**。なお，狭義には，
処断刑の範囲内で宣告刑を決定することを刑の量定，量刑といいます）。法定刑から処
断刑を導く際の刑の加重・減軽については，再犯加重（▶57条），法律上の減軽
（条文で「減軽する」と定められている場合。たとえば，43条ただし書き），併合罪の
加重（▶47条），酌量減軽（▶66条）の順に行うものとされています（▶72条）。

2　執　行　猶　予

　現行刑法には，**執行猶予**の制度が置かれています（▶25条以下）。これは，被
告人が有罪を宣告されても，一定の条件を充たす場合には，その刑の執行を一
定期間猶予し，その期間を無事に経過すれば，**刑の言渡しはその効力を失う**
（▶27条），という制度です。
　具体的には，前に禁錮以上の刑に処せられたことがない者，または，前に禁
錮以上の刑に処せられたことがあるが，その執行を終わった日またはその執行
の免除を得た日から5年以内に禁錮以上の刑に処せられたことがない者につい
ては，3年以下の懲役・禁錮または50万円以下の罰金の言渡しをするとき，情
状により，裁判が確定した日から1年以上5年以下の期間，その刑の執行が猶
予されます（▶25条1項）。前に禁錮以上の刑に処せられたが，その執行を猶予

された者に1年以下の懲役・禁錮の言渡しをする場合にも，情状に特に酌量すべきものがあるときには，執行を猶予することができます（▶25条2項）。

　25条1項の執行猶予については，猶予期間中，保護観察に付することができ，同条2項の執行猶予の場合には，猶予期間中，保護観察に付するとされています（▶25条の2）。執行猶予は，必要的または裁量的に取り消されることがあります（▶26条・26条の2）。

　なお，2013年に「一部執行猶予」制度の導入が決まり，施行されています。この制度は，3年以下の懲役・禁錮の言渡しをする場合に，刑の一部の執行を1年から5年の範囲内で猶予できるというもので（▶27条の2），初犯者や薬物犯罪者などを対象に，その円滑な社会復帰と再犯防止を目指すものです。

刑法の学習の指針

松宮孝明

1　はじめに

　ここでは，筆者の体験も交えながら，初学者のために，刑法を学習する指針
を示しておきます。

　筆者は，刑法を学び始めたのがすでに40年前のことなので，思い出せるの
は，当時の2回生（2年生）配当の刑法総論の講義の中で，担当の平場安治先
生が，「秋には刑法総論の教科書を出しますので，教科書の購入はそれまで
待ってください。」と約束されたのに，結局，平場先生がお亡くなりになるま
で，ついに教科書は出なかったということです。それで，定期試験前には教科
書がないと困るので，まずは定評のある団藤重光先生の『刑法綱要総論』を
買って表紙を開いてみたら，いきなり，外国語を交えた難しそうな参考文献が
羅列してあったので，すぐさま表紙を閉じました。次に，大塚仁先生と福田平
先生の共著になる有斐閣双書『刑法の基本問題(1)』から，試験のヤマと思われ
る「許された危険」と「社会的相当性」の箇所を読んで，それなりの評価で単
位は取りました。しかし，刑法がわかったという気持ちはまったくなく，これ
ではだめだと思いました。そこで，司法試験受験サークルの合宿に参加し，平
野龍一ほか編『判例演習刑法総論』（有斐閣。以下，『判例演習』と呼びます）とい
う事例問題集で先輩に指導してもらって，ようやく，刑法総論というものの全
体像が見えてきたしだいです。

2　典型例から学ぶ

　それにしても，『判例演習』というのはよくできた演習書で，当時の一流の
刑法学者が主要論点の典型例を素材として，その論点を解説してくださってい
ました。『判例演習』といっても，判例の事案をそのまま用いるのではなく，

それを簡略化して典型事例に仕上げてあり，その上で，実際の判例の要旨を，参照資料として載せてあるのです。ですので，枝葉末節に目を奪われることなく，典型事例を頭に入れることができました。「間接正犯」の説明で挙がっていたのは，以下のような設例です（これは，大審院の明治37年12月20日の判決を素材として作られた事例ですが，ここでは，『判例演習』に掲載されているよりもさらに簡略化しています）。

> 借金の返済を免れようとした債務者が，10歳になる債権者の息子に借用証書を取ってきてくれと頼んで，債権者の自宅の引き出しにしまってあったこの借用証書を持ってこさせた。

当時，刑法の素人だった筆者は，この債務者は自分で取ってこずに他人に持ってこさせたのに，なぜ裁判所はこれを窃盗の正犯だというのだろうと不思議に思っていました。ですから，「極端従属形式」では被教唆者が構成要件に該当する違法で有責な行為に出たときだけ教唆犯は成立するが，10歳の子供は責任能力ないし是非弁別能力がないから，犯罪の「道具」にすぎないので，これを利用した人間が「正犯」となるのだという「理論」を聞いたときには，刑法学というのはなんとも不思議なことをいうものだと感じました。素人には，10歳であっても窃盗は窃盗だし，したがって「他人の財物を窃取した」のは，あくまで10歳の子供のほうだと思ったからです。

3　学説の対立とその理由を学ぶ

でも，まあそれが刑法の約束事なのだろうと「割り切って」読み進めていくと，被教唆者が14歳未満であっても教唆犯の成立を認める「制限従属形式」という考え方では，背後者に教唆犯を認めることができるという解説が出てきます。「せっかく判例で正解を覚えたばかりなのに，なんだよ，これは！」という思いがしたのですが，このほうが，自分では盗んでいない人に窃盗の正犯を認めなくてすむため自分の感覚に近いものですから，「それなら，それで答案を書いてもいいや。」と考えるのですね。そこで，学説の争いに興味をもち，その対立がなぜ生じたのかという理由と，それをめぐる主要な対立学説の長

所・短所を理解するために勉強することになります。

4　体系的に学ぶ

　ただ，それにしても，10歳の子供の行為が窃盗罪という「犯罪」に当たらなければ，それをそそのかした人物に教唆犯は成立しないはずです。というのも，「人を教唆して犯罪を実行させた」（61条1項）というのが，刑法における教唆の定義だからです。ここで，10歳の子供をそそのかして自宅にあった借用証書を持ってこさせた場合も，「人を教唆して──窃盗罪という──犯罪を実行させた」と言えなければ，現行法では，制限従属形式によって，背後者を窃盗罪の教唆犯とすることはできません。

　ところで，刑法の講義では，冒頭で，「犯罪とは，構成要件に該当し違法で有責な行為である。」と習います。そうでなければ，その行為者に刑罰を科すことはできないのです。でも，この定義を61条1項の「犯罪」にそのまま当てはめると，10歳の子供の行為は「犯罪」になりませんから，これに対する教唆が「人を教唆して犯罪を実行させた」に当たることはありえないことになります。実は，「極端従属形式」というのは，このような考え方なのです。

　これに対して「制限従属形式」の考え方を採用するためには，何とかして，刑法61条1項にいう「犯罪」には責任能力は含まれないのだと主張し論証しなければなりません（ちなみに，そのために，日本の刑法学に大きな影響を与えたドイツの刑法典では，共犯の対象を「犯罪」から「刑罰を科される行為」に書き換える改正を行いました）。同じことは，刑法60条の共同正犯における「犯罪」の定義にも当てはまります。ここでも，14歳未満の者との間の共同正犯を認めるためには，60条にいう「犯罪」に責任能力は含まれないことを論証しなければなりません。その方法は，この教科書の本文を読んでから考えてください。

5　基本概念に遡って考える

　さらに，「犯罪」は「行為」ですので，責任無能力者にも「行為」が可能であることを論証しなければなりません。「そんなこと，当たり前じゃないか。」と思う人には，「行為とは行為者人格の主体的現実化である。」とする「人格的

行為論」という団藤先生の考え方があることを指摘しておきましょう。

　この「人格的行為論」は立派な考え方です。しかし，責任無能力者にも「行為」を認めようとすると，そのハードルはちょっと高いように思います。というのも，自分のやっていることの是非が弁別できない10歳の子供や心神喪失者に，「行為者人格の主体的現実化」があるのかと問われたら，ちょっと返答に窮するからです。

　ですから，刑法における「行為」概念は，そのような高いハードルを備えていてはなりません。むしろ，何らかの意思に基づく身体運動であればよく，そのためには責任能力より低い意思能力ないし行為能力があれば足りるということになります（ここにいう行為能力は，民法にいう「法律行為をする能力」という意味での「行為能力」ではありません）。

　このように，個別の論点を解決するためには，刑法の基本概念に遡って，体系的に考えなければならないことが多々あるのです。「行為論」のような，一見すると不毛に思える抽象論も，その背後にある実際的問題を知れば，論争の意味が明らかになります。

6　議論の実益を考える

　でも，冒頭の10歳の子供を利用して借用証書を取ってこさせる例では，背後者を間接正犯と考えようが教唆犯と考えようが，ともかくも窃盗罪の刑で処罰できます。こんな事例で「間接正犯か教唆犯か」という論争を繰り広げても，大して実益はないように思えます。

　そこで，背後者が10歳の子供を14歳だと誤信して，借用証書の持ち出しを頼んだ場合を考えてみましょう。ここでは，実益は明らかです。というのも，教唆犯が成立するためにはあくまで責任能力者による「犯罪」が必要だという「極端従属形式」に固執すると，この場合には教唆犯は成立しませんが，同時に，14歳という責任能力者に犯罪をそそのかしているつもりの背後者には，責任無能力者を利用するという故意がありませんので，少なくとも間接正犯の故意がないとして，窃盗罪の間接正犯も成立しなくなるからです。

　ここで，「制限従属形式」の考え方によるなら，このような錯誤があって

も，背後者には，ともかくも他人に違法な窃盗行為をさせたのだから，窃盗罪の教唆犯が成立するという結論になります。つまり，「制限従属形式」には，そうでなければ処罰ができなくなる事例について，共犯としての処罰を確保できるという実益があるのです。

7　考察をフィードバックさせる

　以上の説明から，「間接正犯」という個別論点が，論争の実益をもちつつ，刑法の基本概念をめぐる争いにまで遡るものであることが理解されたと思います。そして，同じようなことは，他の論点についても，多かれ少なかれ当てはまるのです。

　でも，ここまで読んで，間接正犯と共犯との関係について「おや？」と思った人はいないでしょうか。というのも，学説の中には，「制限従属形式」によれば責任能力のない人の窃盗行為に対しても教唆犯などの共犯が成立するはずであって，間接正犯は成立しないと説明しているものがあるからです。つまり，「極端従属形式」と「制限従属形式」の争いは間接正犯と教唆犯等の区別をめぐる争いであって，間接正犯と教唆犯が重なって成立するということはない，という理解です。

　でも，6の説明では，「制限従属形式」によると10歳の子供の利用は間接正犯にも教唆犯にも当たることを前提に，この子供を14歳だと誤信していた場合には，間接正犯の故意がないので教唆犯が残ると説明しています。

　実は，現実にドイツで主張された「制限従属形式」は，このような考え方だったのです。それは，あくまで，何らかの理由で間接正犯が成立しないときに，処罰の間隙を埋めるために考案されたものでした。ですから，「制限従属形式」であっても，責任無能力者を利用すれば間接正犯が認められるのです。あとは，間接正犯と教唆犯の両者が成立するのなら，正犯である間接正犯が優先して成立するだけなのです。

　この両者の重畳的成立という考え方は，筆者が最初に読んだ『判例演習』には出ていませんでした。でも，『判例演習』の説明では，議論の実益を重視する筆者にとって，違和感が残ります。この違和感は，ドイツの文献で「制限従

属形式」が提唱された経緯を研究することによって，初めて払拭されました。この教科書は，そのような知見をみなさんにお伝えしています。その意味で，学説・理論は常に研究によって発展し教育にフィードバックされています。そのようなダイナミズムを面白いと感じられるようになられることが，刑法学習の最善の方法であるように思います。

　なお，その際，基本概念の定義を論理的に積み重ねる思考方法を忘れないでください。雰囲気に流されて，「これが通説なんだから割り切っておこう。」と考えると，ここに紹介したようなフィードバックはできません。筆者は，以前，ある刑事裁判で，当事者の誰もが前提にしていた解釈が誤っていることを弁護人に指摘して無罪判決を得たことがあります。雰囲気に流される態度は，学問的でも実務的でもないのです。

8　ま と め

　最後に，刑法学習の指針を，以下にもう一度まとめておきましょう。
　① 刑法の基本論点は，その典型例から学ぶこと。
　② 基本論点をめぐる学説の対立とその理由を学ぶこと。
　③ 基本論点の相互関係を体系的に学ぶこと。
　④ 基本論点の理解は基本概念に遡って考えること。
　⑤ 議論の実益を常に考えること。
　⑥ 考察をフィードバックさせて出発点を見直すこと。

補論——「共謀罪」立法による刑罰の大幅な拡張

　2017年の「組織的犯罪処罰法」（「組織的な犯罪の処罰及び犯罪収益の規制等に関する法律」）改正により，その6条の2に「共謀罪」（「テロリズム集団その他の組織的犯罪集団による実行準備行為を伴う重大犯罪遂行の計画」の罪）が設けられた。これは，本法の別表第4に掲げる277もの罪につき，「テロリズム集団その他の組織的犯罪集団……の団体の活動として，当該行為を実行するための組織により行われるものの遂行を2人以上で計画した者は，その計画をした者のいずれかによりその計画に基づき資金又は物品の手配，関係場所の下見その他の計画をした犯罪を実行するための準備行為が行われたとき」に，計画された犯罪が「死刑又は無期若しくは長期10年を超える懲役若しくは禁錮の刑が定められているもの」であれば5年以下の懲役または禁錮に処し，「長期4年以上10年以下の懲役又は禁錮の刑が定められているもの」であれば2年以下の懲役または禁錮に処するというものである。

　この罪については，従来，未遂すら処罰されていなかった傷害罪（刑法204条）や横領罪（252条）についても，組織によって行われるものを二人以上で計画した場合には，そのうちの誰かが何らかの「準備行為」をしただけで——たとえ反省して犯罪実行を中止しても——処罰されることになり，中止未遂制度による犯罪の自発的中止促進を妨げるほか，電話やメール等の通信傍受という捜査方法と相まって，市民の日常を広く監視する「監視社会」の到来を招くという懸念が多くの論者から表明されている。

　また，「準備行為」については，政府はこれもまた構成要件要素であり，これが行われる前は逮捕や捜索・押収などの「強制処分」（刑訴法197条1項但書）をしないと説明しているが，「準備行為」が構成要件要素であれば，「計画」ではなく「準備行為」にのみ関わった人物もまた，準備行為が本来処罰されない窃盗罪などにつき，その「共謀罪」の承継的共犯となってしまうという矛盾がある。そのため，「準備行為」は客観的処罰条件（➡第4章1の3）と解するとともに，これが充足されない以上「刑罰権」は発生しないのだから，「強制処分」もできないと解するべきである。

　いずれにしても，「共謀罪」には，解釈上，既遂処罰を中心とする伝統的な刑法体系と矛盾する困難な問題が多数存在する。

参考文献案内

1 刑法総論の教科書

代表的なもの，または，比較的最近のものを中心に紹介する。

浅田和茂『刑法総論〔補正版〕』（成文堂，2007年）

浅田和茂＝斉藤豊治＝佐久間修＝松宮孝明＝山中敬一『刑法総論〔改訂版〕』（青林書院，1997年）

井田　良『講義刑法学・総論〔第2版〕』（有斐閣，2018年）

板倉　宏『刑法総論〔補訂版〕』（勁草書房，2007年）

伊東研祐『刑法講義総論』（日本評論社，2010年）

植松　正『再訂刑法概論Ｉ総論』（勁草書房，1974年）

内田文昭『改訂刑法Ｉ（総論）〔補正版〕』（青林書院，1997年）

大越義久『刑法総論〔第4版〕』（有斐閣，2008年）

大塚　仁『刑法概説（総論）〔第4版〕』（有斐閣，2008年）

大谷　實『刑法講義総論〔新版第5版〕』（成文堂，2019年）

小野清一郎『新訂刑法講義総論〔増補版〕』（有斐閣，1950年）

香川達夫『刑法講義（総論）〔第3版〕』（成文堂，1995年）

川端　博『刑法講義総論〔第3版〕』（成文堂，2013年）

吉川経夫『三訂刑法総論〔補訂版〕』（法律文化社，1996年）

木村亀二著／阿部純二増補『増補刑法総論』（有斐閣，1978年）

刑法理論研究会 編『現代刑法学原論（総論）〔第3版〕』（三省堂，1995年）

斉藤信治『刑法総論〔第6版〕』（有斐閣，2008年）

齋野彦弥『基本講義刑法総論』（新世社，2008年）

佐伯千仭『四訂刑法講義（総論）』（有斐閣，1981年）

佐伯仁志『刑法総論の考え方・楽しみ方』（有斐閣，2013年）

佐久間修『刑法総論』（成文堂，2009年）

荘子邦雄『刑法総論〔第3版〕』（青林書院新社，1996年）

鈴木茂嗣『刑法総論〔第2版〕』（成文堂，2011年）

曽根威彦『刑法総論〔第4版〕』（弘文堂，2008年）

高橋則夫『刑法総論〔第4版〕』（成文堂，2018年）

瀧川幸辰『犯罪論序説〔改訂版〕』（有斐閣，1947年）

団藤重光『刑法綱要総論〔第3版〕』（創文社，1990年）

内藤　謙『刑法講義総論（上）』（有斐閣，1983年），『刑法講義総論（中）』（有斐閣，1986年），『刑法講義総論（下）Ｉ』（有斐閣，1991年），『刑法講義総論〔下〕Ⅱ』（有斐閣，2003年）

中　義勝『講述犯罪総論』（1980年）

中野次雄『刑法総論概要〔第3版補訂版〕』（成文堂，1997年）

中山研一『刑法総論』（成文堂，1982年）

西田典之〔橋爪隆補訂〕『刑法総論〔第3版〕』（弘文堂，2019年）

西原春夫『刑法総論〔改訂版＋改訂準備版〕』（成文堂，1991年）

野村　稔『刑法総論〔補訂版〕』（成文堂，1998年）

林　幹人『刑法総論〔第2版〕』（東京大学出版会，2008年）

平野龍一『刑法総論Ｉ』（有斐閣，1972年），『刑法総論Ⅱ』（有斐閣，1975年）

平場安治『刑法総論講義』（有信堂，1952年）

福田　平『全訂刑法総論〔第5版〕』（有斐閣，2011年）

藤木英雄『刑法講義総論』（弘文堂，1975年）

堀内捷三『刑法総論〔第2版〕』（有斐閣，2004年）

前田雅英『刑法総論講義〔第7版〕』（東京大学出版会，2019年）

町野　朔『刑法総論』（信山社，2020年）

松原芳博『刑法総論〔第2版〕』（日本評論社，2017年）

松宮孝明『刑法総論講義〔第5版補訂版〕』（成文堂，2018年）

宮本英脩『刑法大綱』（弘文堂，1935年）

山口　厚『刑法総論〔第3版〕』（有斐閣，2016年）

山中敬一『刑法総論〔第3版〕』（成文堂，2015年）

2　判例集・注釈書・演習書

西田典之＝山口　厚＝佐伯仁志 編『別冊ジュリスト　刑法判例百選Ｉ総論〔第7版〕』（有斐閣，2014年）

西田典之＝山口　厚＝佐伯仁志 編『別冊ジュリスト　刑法判例百選Ⅱ各論〔第7版〕』（有斐閣，2014年）

西田典之＝山口　厚＝佐伯仁志 編『ジュリスト増刊　刑法の争点』（有斐閣，2007年）

岩間康夫，塩見　淳 他『ケースブック刑法〔第3版〕』（有斐閣，2017年）

前田雅英編集代表『条解刑法〔第3版〕』（弘文堂，2013年）

浅田和茂＝井田　良 編『新基本法コンメンタール刑法〔第2版〕』（日本評論社，2017年）

伊東研祐＝松宮孝明 編『新コンメンタール刑法』（日本評論社，2013年）

大塚　仁＝河上和雄＝佐藤文哉＝古田佑紀 編『大コンメンタール刑法〔第2版〕第1

巻～第13巻』（青林書院，1999年～2008年），『大コンメンタール刑法〔第3版〕第1
巻～第13巻』（青林書院，2013年～2014年）

松宮孝明『プチゼミ⑧刑法総論』（法学書院，2006年）

3　講座・論文集・その他

川端　博＝浅田和茂＝山口　厚＝井田　良　編『理論刑法学の探究Ⅰ』（成文堂，2008
年）

芝原邦爾＝堀内捷三＝町野　朔＝西田典之　編『刑法理論の現代的展開・総論Ⅰ・Ⅱ』
（日本評論社，1988年，1990年）

阿部純二＝板倉　宏＝内田文昭＝香川達夫＝川端　博＝曽根威彦　編『刑法基本講座第
1巻～第4巻』（法学書院，1992年～1994年）

中山研一＝西原春夫＝藤木英雄＝宮澤浩一　編『現代刑法講座第1巻～第3巻』（成文
堂，1977年～1979年）

判例索引

大 審 院

最高裁判所

高等裁判所

地方裁判所

簡易裁判所

事 項 索 引

Horitsu Bunka Sha

ハイブリッド刑法総論〔第3版〕

2009年1月15日　初　版第1刷発行
2015年5月15日　第2版第1刷発行
2020年4月10日　第3版第1刷発行

編　者　　松　宮　孝　明
　　　　　まつ　みや　たか　あき

発行者　　田　靡　純　子

発行所　　株式会社 法律文化社

〒603-8053
京都市北区上賀茂岩ヶ垣内町71
電話 075(791)7131　FAX 075(721)8400
https://www.hou-bun.com/

印刷：中村印刷㈱／製本：㈲坂井製本所
装幀：白沢　正

ISBN 978-4-589-04073-2

学部とロースクールを架橋する
ハイブリッドシリーズ
基礎から応用まで，多面的かつアクセントをつけて解説・展開

新ハイブリッド民法

1 民法総則   3,100円
小野秀誠・良永和隆・山田創一・中川敏宏・中村 肇【著】

2 物権・担保物権法   3,000円
本田純一・堀田親臣・工藤祐巌・小山泰史・澤野和博【著】

3 債権総論   3,000円
松尾 弘・松井和彦・古積健三郎・原田昌和【著】

4 債権各論   3,000円
滝沢昌彦・武川幸嗣・花本広志・執行秀幸・岡林伸幸【著】

ハイブリッド民法
5 家 族 法 〔第2版補訂〕   3,200円
半田吉信・鹿野菜穂子・佐藤啓子・青竹美佳【著】
『新ハイブリッド民法』に改訂予定

ハイブリッド刑法
松宮孝明【編】 総論〔第3版〕3,300円 各論〔第2版〕3,400円

ハイブリッド会社法
石山卓磨・河内隆史・尾崎安央・川島いづみ【著】   3,300円

A5判，横組，カバー巻，表示価格は本体（税別）価格です

法律文化社